ミネルヴァ日本評伝選

梟のごとく黙坐しおる

南方熊楠

飯倉照平著

ミネルヴァ書房

刊行の趣意

「学問は歴史に極まり候ことに候」とは、先哲荻生徂徠のことばである。

歴史のなかにこそ人間の智恵は宿されている。人間の愚かさもそこにはあらわだ。この歴史を探り、歴史に学んでこそ、人間はようやくみずからの正体を知り、いくらかは賢くなることができる。新しい勇気を得て未来に向かうことができる。徂徠はそう言いたかったのだろう。

「ミネルヴァ日本評伝選」は、私たちの直接の先人について、この人間知を学びなおそうという試みである。日本列島の過去に生きた人々の言行を、深く、くわしく探って、そこに現代への批判を聴きとろうとする試みである。日本人ばかりではない。列島の歴史にかかわった多くの異国の人々の声にも耳を傾けよう。先人たちの書き残した文章をそのひだにまで立ち入って読み、彼らの旅した跡をたどりなおし、彼らのなしとげた事業を広い文脈のなかで注意深く観察しなおす——そのとき、はじめて先人たちはいまの私たちのかたわらによみがえってくる。彼らのなまの声で歴史の智恵を、また人間であることのよろこびと苦しみを、私たちに伝えてくれもするだろう。

この「評伝選」のつらなりのなかから、列島の歴史はおのずからその複雑さと奥ゆきの深さをもって浮かび上がってくるはずだ。これを読むとき、私たちのなかに新たな自信と勇気が湧いてきて、その矜持と勇気をもって「グローバリゼーション」の世紀に立ち向かってゆくことができる——そのような「ミネルヴァ日本評伝選」にしたいと、私たちは願っている。

平成十五年（二〇〇三）九月

上横手雅敬
芳賀　徹

南方熊楠

フロリダ州ジャクソンヴィルで（1891年7月30日，25歳）

楠の巨樹に守られて
（ともに2006. 5撮影）

（上）後半生を過ごした田辺の旧宅と庭（中央奥に南方熊楠顕彰館の屋根が見える）

（下）産土神である藤白神社内の楠神社

はじめに

南方熊楠《みなかたくまぐす》（一八六七～一九四一）が、「大東亜戦争」の開戦直後に七十五歳で世を去ってから、すでに六十五年が過ぎた。その間、熊楠はさまざまな額縁を作られて、異なった顔を人々に見せてきた。没後まもない戦中には、きびしい出版事情にもかかわらず、一九四三年に中山太郎、一九四四年に平野威馬雄と、二冊の伝記が出されていて、共通して取り上げられている話題がある。

熊楠の粘菌研究の門弟である上松蓊《しげる》は、山本五十六連合艦隊司令長官と同郷で、親交があった。真珠湾奇襲成功の報を聞いたとき、すでに筆をとれる状態ではなかった熊楠は、野口利太郎に代筆をたのんで、上松に送った自宅の安藤ミカンを、アメリカのグレープ・フルーツにまさるものとして、山本に感謝のために贈ってほしいと頼んだというのである。

これをとりあげた新聞記事では、「米英撃滅に空の陣頭指揮に立ち散華した故山本五十六元帥と『米英の学問に負けるな』と日本の科学確立に一生を捧げた万能学者故南方熊楠翁」の「交情秘話」として語られている。安藤ミカンを山本に贈ることがほんとうに熊楠の指示であったかどうか、今となっては確かめようもない。しかし、これもまた熊楠の一つの顔とされたことは疑いない。

戦後になって、渋沢敬三によってミナカタ・ソサエティが設立され、一九五〇年代の初めに乾元社版全集が出された。熊楠を「日本人の可能性の極限かとも思い、また時としては更にそれよりもなお一つ向うかと思うことさえある」などの最高の賛辞をふくむ文章を、柳田国男が発表したのは、この時期であった。かつて柳田と熊楠のあいだに横たわっていたわだかまりは拭いさられ、アメリカの占領から脱却しかけている日本人に、自国の文化に誇りをもてと教えさとす見本であるかのような、高ぶった口調が感じられる。これもまた新しい熊楠の顔であった。

しかし、たとえば乾元社版全集で初めて活字化された「履歴書」では、熊楠流の性の描写が切りきざまれて、裸女のスケッチとともども削除されていた。さらに「蕞爾《さいじ》たる東大」なんぞに執着してと非難した箇所で、「東大」がただの「学校」に改変されていた。時代による制約もあったとはいえ、熊楠への無理解がこのような取り扱いを許したのであった。

一九七〇年代前半に平凡社版全集が出て、新聞に掲載されたものや書簡をのぞく大半の文章が、ようやく読みやすい形で提供されるようになった。これ以後、先ごろ故人となった鶴見和子をはじめ、中沢新一、松居竜五らをふくむ多くの研究者の仕事によって、熊楠の世界に入ることのできる、さまざまなドアが用意されることになった。

一九八〇年代の終わりごろから、神坂次郎と津本陽という和歌山出身の二人の作家による伝記の競作があり、さらに水木しげるの『猫楠』や内田春菊（原作山村基毅）の『クマグスのミナカテラ』などの出現によって、さらに多数の読者を誘いこんで、「熊楠ブーム」を招きよせることになった。

かつて熊楠自身が流布のルーツであったさまざまな伝説は、時に否定されて消えかかることもあったが、あらためて多くの作者たちに語りつがれて、話題となりつづけているようである。

これらのなかでも、おそらくもっとも多くの読者をもったと思われる『猫楠』の作者水木は、その「水木しげるの人生絵巻」（二〇〇四年）で、一九九一年に紫綬褒章を受けた時に南方熊楠の扮装で記念写真を撮影したと記している。その絵を見ると、例のアメリカ時代に熊楠が友人からもらったフロックコートに、イギリス時代の自画像に見えるシルクハットにフロック・コートといった出で立ちである。南島で一兵士として逃げまわり敵襲で左腕を失った水木にとって、日本政府から勲章をもらう感慨がどんなものであったか。水木がゆくりなくも昭和天皇に進講をした時の熊楠の心境に思いをはせて、その姿に扮装して記念写真をとったことに、筆者は深い共感をおぼえる。

筆者は以前に書いた熊楠の小伝で、熊楠が独学を意味する「自学」ということばを使っていることにふれて、「自分の生まれつきの性向に忠実であろうとすればするほど、時代の流れから片隅に押しやられていく熊楠が、これだけはと死守することを余儀なくされた信条」が「自学」であったと書いたことがある。まさに熊楠は「知的好奇心のあり方から、他人に拘束されない自由自在な生きざま、さらには学歴や権威にとらわれた日本の学界への反発など、ほとんどすべての点で、明治以後の日本で支配的であった方向に背くような生き方を選択していた」といえる。

そのような熊楠にとって、昭和天皇との出会いは、ただ「光栄」の一語で尽せるものではなかったにちがいない。

本書を書くにあたって筆者の心がけた方法は、さまざまに伝説化された世界をできる限り排除し、熊楠の日常生活を埋めていた時間の流れを、年代記風にあとづけてみたいということであった。力不足に加えて、とくに最後の部分では枚数に限定されて不十分におわらざるをえなかったが。

本書の副題について、筆者は、熊楠が『水滸伝』でおぼえたという「人となれば自在ならず、自在なれば人とならず」という句を当初考えていた。しかし、対句のまま使うと長すぎる。「梟《ふくろう》のごとく黙坐しおる」は、本書を通読した編集者の提案したものである。イギリスに亡命したころの不遇な孫文とは心をかよわせることのできた熊楠だが、危うい政治の舞台にのせられた孫文の姿にはなじめず、今は会う気にもなれないという心境を語ったことばである。それは時代に背を向けて、かたくなに自分の日常を固守する熊楠の姿であった。

いずれにせよ、本書が熊楠の世界を知ることを志す新しい読者に、一枚の見取り図として活用されることがあれば幸いである。

南方熊楠——梟のごとく黙坐しおる　目次

図版一覧

関係地図

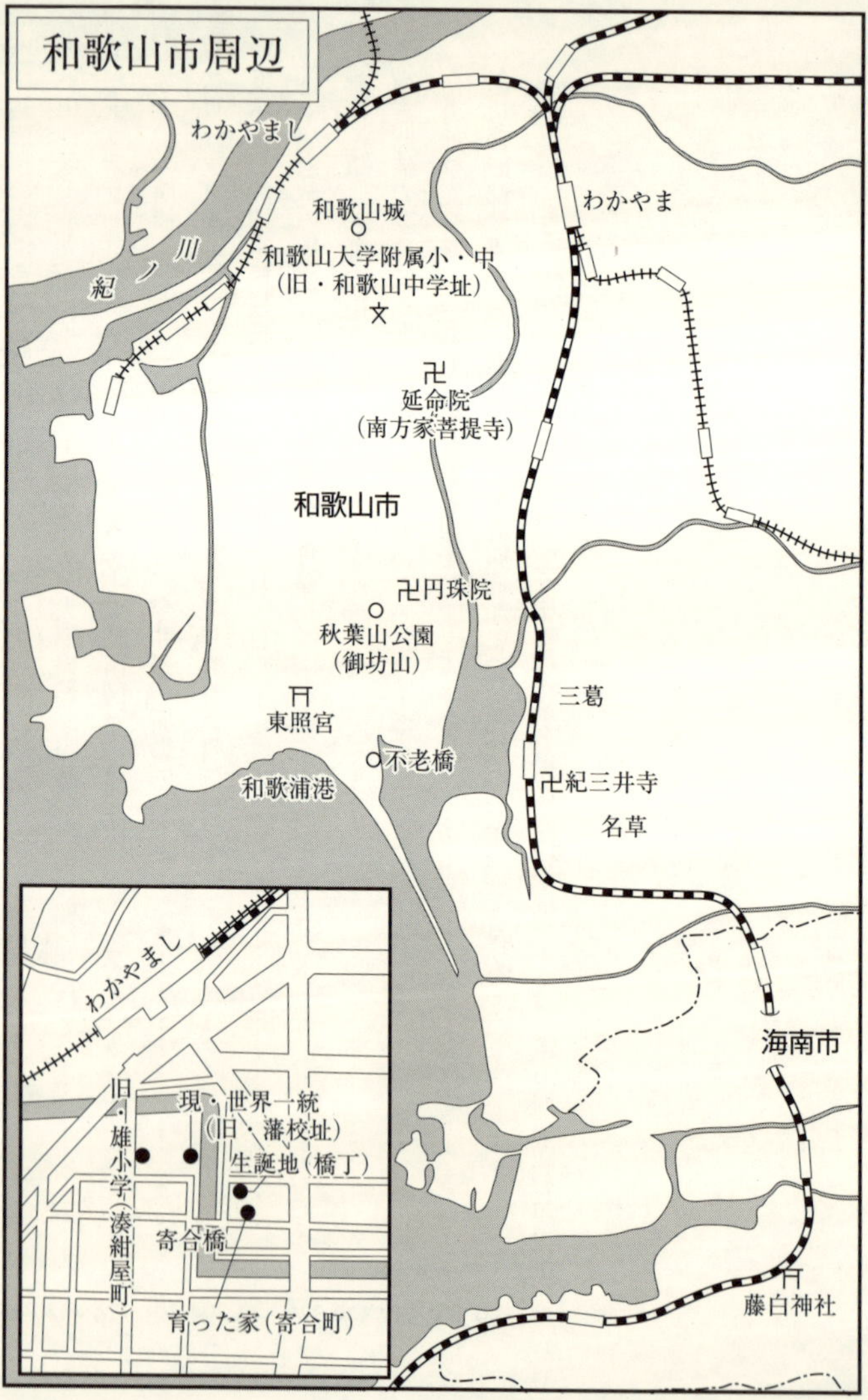
和歌山市周辺
わかやまし
紀ノ川
和歌山城
和歌山大学附属小・中
(旧・和歌山中学址)
わかやま
延命院
(南方家菩提寺)
和歌山市
円珠院
秋葉山公園
(御坊山)
東照宮
三葛
不老橋
紀三井寺
和歌浦港
名草
海南市
藤白神社
わかやまし
旧・雄小学(湊紺屋町)
現・世界一統
(旧・藩校址)
生誕地(橋丁)
寄合橋
育った家(寄合町)

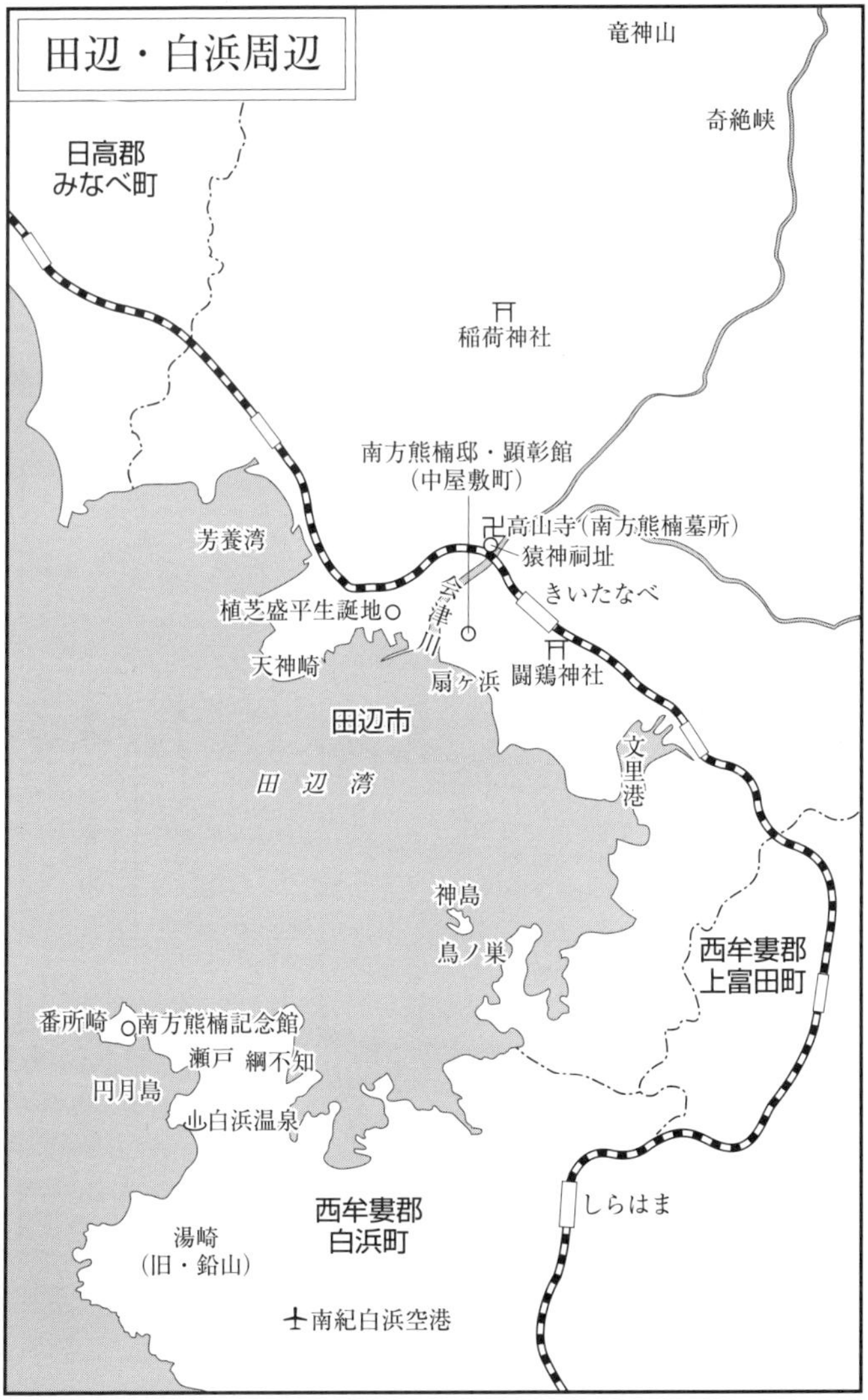

田辺・白浜周辺
竜神山
奇絶峡
日高郡
みなべ町
稲荷神社
南方熊楠邸・顕彰館
（中屋敷町）
高山寺（南方熊楠墓所）
猿神祠址
芳養湾
きいたなべ
会津川
植芝盛平生誕地
天神崎
扇ヶ浜
闘鶏神社
田辺市
文里港
田辺湾
神島
鳥ノ巣
西牟婁郡
上富田町
番所崎
南方熊楠記念館
瀬戸
綱不知
円月島
白浜温泉
西牟婁郡
白浜町
しらはま
湯崎
（旧・鉛山）
南紀白浜空港

南方家系図

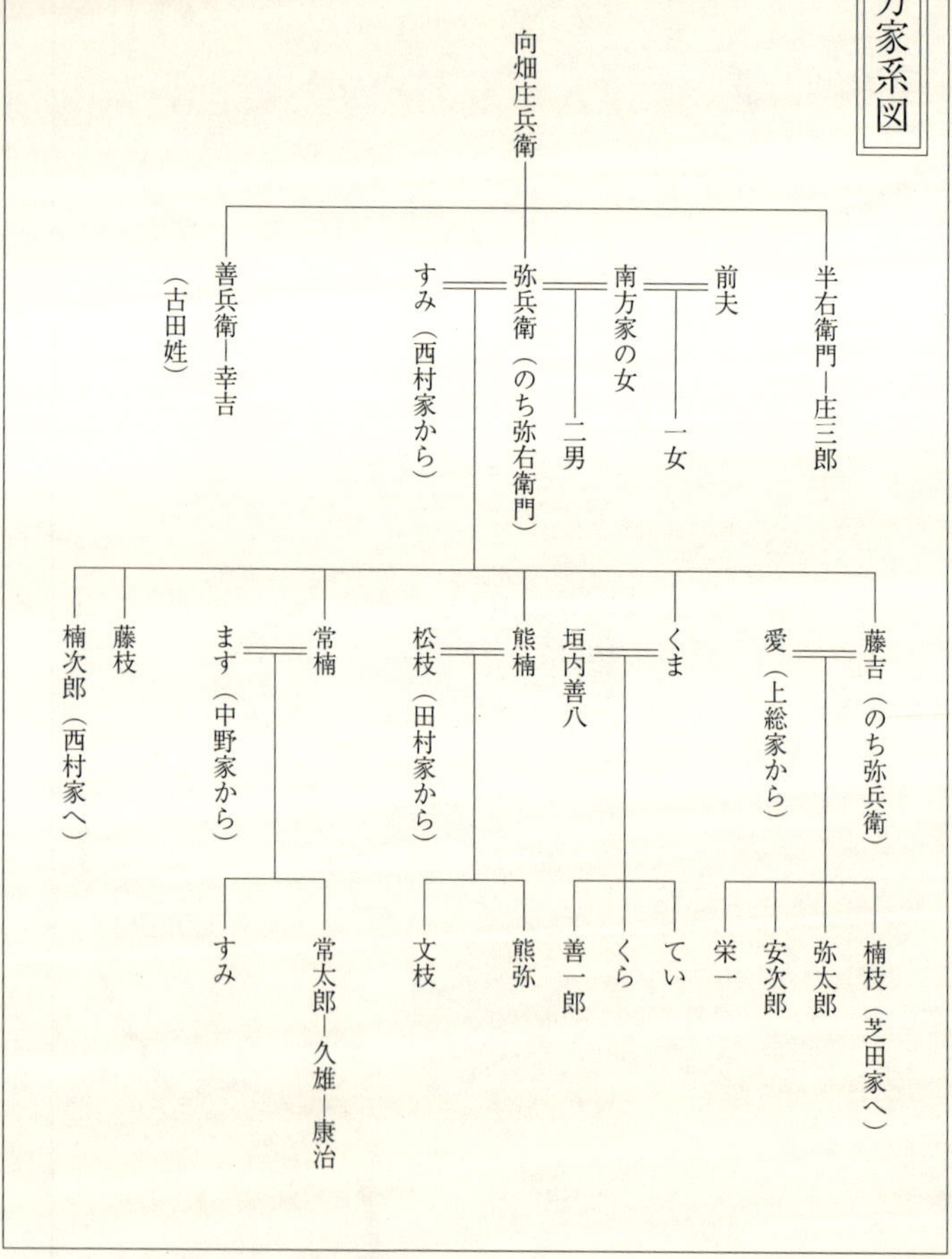
向畑庄兵衛
半右衛門―庄三郎
前夫
一女
南方家の女
二男
弥兵衛（のち弥右衛門）
すみ（西村家から）
善兵衛―幸吉
（古田姓）
藤吉（のち弥兵衛）
愛（上総家から）
くま
垣内善八
熊楠
松枝（田村家から）
常楠
ます（中野家から）
藤枝
楠次郎（西村家へ）
楠枝（芝田家へ）
弥太郎
安次郎
栄一
てい
くら
善一郎
熊弥
文枝
常太郎―久雄―康治
すみ

第一章　和歌山時代

1　生い立ち

父親の生地入野村

熊楠は渡米する一八八六（明治十九）年の四月、父親の生まれた日高郡入野村《にゅうの》の向畑《むかいばた》家を訪れている。和歌山から藤白浦まで人力車に乗り、そのあと荷物担ぎの少年を雇って藤白峠を越え、湯浅に一泊。翌日も、けわしい山道をたどり、藤滝嶺で従兄にあたる当主向畑庄三郎の出迎えを受け、夕方ようやく同家に着いた。往路の道々では、化石をさがし、めずらしい蟹をつかまえて、発見の多い自然を楽しみ、夜には近くを流れる日高川の川音を耳にして、流れの速さに驚いている（「日高郡記行」）。

「入野村は一寒村、人家わずかに五十に過ぎず」と熊楠は紀行文に書いているが、これは『紀伊続風土記』（一八三九年完成）に記された戸数五十二軒、人口二百二十一人とあまり変わっていない。一八八九年の水害で大きな被害にあい、戸数も減少して四十戸ほどになったという。昭和になってから開通した鉄道では、道成寺駅を過ぎて日高川を渡る手前に位置する。明治後期には矢田村、一九五五年からは川辺町に所属し、二〇〇五年の合併で日高川町となった。

熊楠の父親は、一八二九（文政十二）年、入野村の庄屋向畑庄兵衛の次男として生まれた。十三の時に家を出て、日高川の川口にある御坊《ごぼう》村（現、御坊市）で丁稚奉公《でっちぼうこう》をし、その後和歌山城下へ出た。清水という家の丁稚となって島吉と呼ばれたが、やがて番頭に進んでからは佐助を名乗った。その家は福島屋という藩の金融にかかわる両替商で、二人いた大番頭のうち佐助は京阪方面の担当で、その仕事ぶりを認められてのれん分けをすすめられた。

しかし佐助は、福島屋ののれん分けよりは、独立で店を開く機会を望んで南方家の入り婿となった。婿入りしてからは同家代々の弥兵衛を名乗り、のちに家督をゆずって弥右衛門と改名した。ところが、家つきの娘は、前夫とのあいだに女子が一人おり、弥兵衛とのあいだに二人の男の子が生まれてまもなく、その母親と前後してともに世を去った。

幼児二人をかかえて途方にくれた弥兵衛は、直清《のうせい》というお茶を売る店で働いていた、その店の主人の妻の姪を後妻として迎えた。これが熊楠の生母すみ（旧姓、西村）である。二人のあいだには、長男藤吉、長女くま、次男熊楠、三男常楠、次女藤枝、四男楠次郎の六人が生まれた。

慶応三年四月十五日（一八六七年五月十八日）、熊楠の生まれた時、弥兵衛は三十九歳、すみが三十歳であった。寄合橋に近い橋丁《はしちょう》二十二番地が生誕の場所で、その跡地にあたる駐車場の角に、和歌山市によって熊楠の胸像が立てられている（一九九四年建立）。

南方という姓

熊楠自身の解説によると、南方という姓は和歌山県海草郡（現、和歌山市）三葛《みかずら》にある南方新田から出た姓で、ふつうはミナカタと読むが、ナンポウと読ませる人もいる。信濃守護についていた小笠原家に北方、南方、東方、西方という四家老がいて、その庶出の孫などが各地に分かれて南方を名乗ったとされる。維新前はみな小百姓であったが、のちに商家になったものもあって、その一人が父親の婿入りした南方家を起こした。もともとあまり格の高い家ではないという（「南方姓の読み方について」および宮武省三あての一九二三年十二月十二日付の手紙など）。

兄妹の名前に見える楠や藤の文字は、子どもが生まれると藤白王子《ふじしろおうじ》の境内にある楠神社《くすのじんじゃ》から授けてもらい、神の加護によって無事成長することを祈って命名した。これは楠の木に対する信仰に由来し、熊楠の名前の場合、熊と楠の二字とも楠神から授かったとする（「南紀特有の人名」）。王子は熊野権現の末社の呼び名なので、熊の字も使われたのであろう。本来は成人するまでの名前で、家督を継ぐと改名することが多かったという。

藤白王子が周辺二十四か村の産土神《うぶすながみ》であり、楠神社から名前を授かる風習のあったことは、江戸時代の『紀伊国名所図会』にも見える。かつては熊野詣の道筋にあった王子のなかでも特別の王子の一つとして尊ばれていた。現在は海南市に属して藤白神社と呼ばれるが、境内にそびえる多数の楠の巨木は古い面影をよく伝えている（口絵の「藤白神社」参照）。

幼い日々の映像

熊楠は四歳のころ脾疳《ひかん》という病気をわずらい、医者には「とても育つまい」といわれた。心配した父親は、店の手代《てだい》に熊楠を背負わせ、十数キロ離れた藤白王子まで治癒の願いをこめてかよわせた。その時、熊楠は、山頂にある辻堂に地獄と極楽を描いた大きな額があり、堂の外に地蔵菩薩の石像があるのを見た。渡米前の入野村行きのさいに、そこを通ると、額も像もそのままであったという。

また脾疳の子はものを食べたがって泣きわめくのか、店にいては商売のじゃまになるというので、十五、六になる叔母（母親の妹）が熊楠を背負って、あちこち外を歩きまわった。そのさい須藤家のうしろにあるサンゴ寺山の稲荷の社にもたびたびお参りをし、朱《あか》い鳥居のかさなった奥にある祠に狐の嫁入りの額があるのを見た。これも後年、そのまま残っているのを熊楠はたしかめている。

おなじころ、和歌浦東照宮の祭礼行列に「鬼面を冒《かぶ》り棍棒を持ち、また百面とて異様の仮面を被った者数十人歩み来るを真の妖怪と心得、逃げ帰った」ことがある（「千疋狼」）。

これらの記憶が、熊楠にとってはもっとも幼いころのものであったと思われる。

それは「小生はちと鈍感な生れにて、言語は六歳のころまで発し難《がた》かりし」とか、娘の文枝によると、「癇癪《かんしやく》持ちで病弱のため（小学生となってからも）八歳まで乳母の（膝にまたがって）乳を飲んでいた」といわれるような、神経が高ぶりやすく病気がちであった熊楠の眼に焼きつけられた映像であった。

町人の子

入野に近い江川《えかわ》の庄屋で歌人でもあった瀬見善水《せみぜんすい》は、南方家をたびたび訪れ、五歳のころの熊楠が猫や三味線の絵を描いてみせると、「佐助（父親の名）に不似合いな麒麟児《きりんじ》なり、後世畏るべし」と言い（「上京日記」）、また「嬰児の時、（熊楠の）眼がことに光った」のを見て、これは中国で、伝説上の皇帝舜《しゅん》や楚王の項羽《こうう》が一つの眼に瞳の二つある「重瞳《ちょうどう》」で、傑出した人物の相とされたのと同じで、「町人の悴《せがれ》にしては異《かわ》っている」と語り、その非凡さを予見していた（「南方先生百話」中の「南方先生自叙伝の二、三節」）。

おなじ回想によると、南方家の家つきの娘の兄に、商売には身をいれず藩の学校に出入りしていた学問好きな人物がいて、熊楠はこのんでその人の残した本を読み、学校に入らぬうちから漢字の読み方をおぼえた。また、さきにふれたように熊楠をよく背負ってくれた叔母が、屋敷奉公をしていたころにおぼえた謡曲や狂言の一節を教えるともなくうたうと、熊楠は一度聞いたら忘れず、兄の羽織を着て扇子を持ち、よその家の玄関先におしかけてうたってみせたりした。

幼い熊楠の利発さに気づいた父親は、これはきっと学問の道へ進めずに亡くなった亡妻の兄が、この子に生まれ変わったにちがいないと思い、血筋の絶えた南方家の祖先への報恩にもなるとして、この子にだけは好きな勉強をさせてやるしかないと考えたのではないか、と熊楠は記す。

小学校に入ってからのことだが、熊楠には忘れられない出来事があった。

「そのころ学校へ満足に通う者多くは士族の子弟で、平民と見れば侮蔑することはなはだしく」と熊楠は書きおこす。彼らは熊楠の姿を見ると、「鍋釜売っても嬶《かか》売らぬ、嬶に大事の○○がある」とはやし立てた（同前「南方先生百話」）。旧時代の鋳物師《いものし》に対する差別的な扱いが、その人たちの作った鍋釜を商う商人にまで向けられていたのだが、熊楠は学校から帰ると、父親に向かって鍋釜を売る商売をやめて武士の使う刀剣を売ってほしいと懇願したという。その父親にもまた、店に来て品物を強奪しようとした暴漢に、和歌山へ出てきたころは風呂焚きをしていたくせにと侮蔑され、思わずつかまえていた手をゆるめてしまうような屈辱の体験があった。

熊楠についてはじめて行きとどいた伝記を書いた笠井清は、こうした少年期の不合理な処遇についての不満が、後年の熊楠の官僚に対する激しい憎しみの一因ではなかったか、と指摘している。

心学塾の講話

そのような熊楠が、敬愛の念をいだいてふり返っているのは心学塾の講話である。

商人の役割を肯定して勤勉と倹約を説く心学の庶民教育は、江戸時代中期に石田梅岩や手島堵庵によって京都で始められ、やがて関西から全国へと広まった。明治になってからは、新学制の普及でしだいに役割を失ったが、講話はまだ各地でつづけられていた。おそらく小学校に入る前後のことと思われるが、日曜ごとに通った心学塾について、熊楠は「わが国の小児に対する教育は何とぞかようのことに致したし、と小生は思えり。小児のときにおぼえたる言語は一生忘れず。そのごとく小児のときの信は必ずのこるものなり」（土宜法龍にあてた一八九三年十二月二十一日付の手紙）と書いている。

「湊《みなと》のエベス様」と呼ばれた伊達《いだつ》神社の神官をしていた倉田績《つむぐ》は、伊勢の出身で佐藤一斎に学んだ漢学者であった。倉田がどこまで手伝ったかはよく分からないが、こうした学者や民間の篤志家が協力しあって、分かりやすい内容の講話をするのが心学塾の特色であった。

忠孝仁義は第一の徳目としてとりあげられたので、褒美をもらうために孝行のふりをした人の話をのちに論文にとりあげた時も、ここの講話で聞いたと熊楠は語っている（「贋孝行を褒賞した話」）。また、例話として挙げられた『忠臣蔵』については、熊楠が旧士族の子弟たちにばかにされてもどったおりに、百姓の子でありながら武士の悴《せがれ》を誤って死なせ、代わりに養子となって討入りで奮闘した神崎与五郎《かんざきよごろう》の話を、どんな身分であっても努力すれば功名をかちうる教えとして、父親から寝物語に聞かされたことも書きとめている。

熊公の思い出

どちらかといえば文字や絵図に興味をいだく子どもであった熊楠は、子どもらしい遊びの思い出をあまり語っていないが、まったくないわけではない。

予幼少の時、和歌山市で夕方に、子供が多く集まってレンコの戯れをした。鬮《くじ》を引いて中《あた》った子が鬼となり、戸の内に隠れおる間に、外にある子供が横に列び、その一人が、レーンコレンコ、誰様隣りに誰がいる、と声高に問うと、鬼なる子が吉さん隣りに房公がいる、と答える。それが中ってておったら、あてられた房公が、今まで戸内に立った子の代りに鬼になるので、中っておらなかったら、一同声を揃えて、言いそこないも聞き損い、熊ん（熊様）のチ〇〇はむけ損いなど言って踊り立てて、熊公は依然鬼の役を続けるのだった。

（「新庄村合併について」）

さらに「竹馬《ちくば》の友」ということばのもととなった竹馬の遊びについて書いた文章では、五十二歳の熊楠は、「七、八歳のころ遊んだ友で現存すると確かに知れおるは陸軍少将長尾駿郎〔熊楠は俊郎と書く〕氏一人あるのみ」として、つぎのようなエピソードを記す。

身その数にあらざれど、余も七、八歳のころ、同歳なる長尾少将と打ち連れて、雄小《おの》学校とて今も舎弟方の隣にある学校へ寄合町の自宅から通う途上、わずか二町足らずの間を一時間も懸かって歩き、しばしば教課時間に後れて二人ながら立罰という奴に処せられた。かく後れた訳は、長尾が寄合橋の欄干外の縁《へり》を前後疾走しながら横笛を吹く真似をすると、今一人和田という同年輩の児が太鼓打つ真似をなし、時々、熊公○○向け、おら太鼓叩く、と囃《はや》す。それと同時に、予○○を露わし手ぶらで欄干の上を牛若《うしわか》同前飛鳥ごとくに駆け廻ったので、実に前代未聞の見世物、近処の仲仕、人足等、昼飯後の休息しながらこれを見て、また始まった、阿呆な児が三人までよく揃うた、と嘲り笑うた（後略）。

（「竹馬およびホニホロ」）

当時の寄合橋は、長さ二十間あまり（約三十六メートル）、幅三間五尺（約七メートル）の木造の反橋《そりはし》で、欄干には擬宝珠《ぎぼし》があったという。今は作りかえられて昔の面影はないが、川幅がもっと広かったのであろう。

病気がちな熊楠の、もう一つの面、しばしば人の意表をつくパフォーマンスで喝采を博そうとした後年の萌芽は、すでにここにも見られる。

2　小学校と塾通い

雄小学校

熊楠邸の蔵書のなかに『三花類葉集』という小冊子がある。花の絵に簡単な説明のついた木版本で、第三巻の一冊だけしか残されていないが、その巻頭に「この書は、予、四、五歳の時、和歌山橋丁《はしちょう》川岸住宅の隣家、島作《しまさく》という荒物屋の物をもらいたるなり」という熊楠の書きこみがある。おそらく子どものころの熊楠がはじめて手に入れたなつかしい本なのであろう。

私は至賤のものの子にて、幼時手習もろくろくさせられず、父が釜をみがき、兄が店に坐し、叔父なるもの市に出でて鬻《ひさ》ぐ間に、店に売るブリッキ板一枚に、釜鍋にフチョウ付くべき用に供うるベンガラと申すものおよび藍玉を貰い、それで画を学び、唾でふきけしては学び学び致し、それより雪隠《せっちん》に用うるすきなおし紙十二枚ほど綴り、水にて手習いし、七歳のとき、三十銭ばかりで、反古《ほご》にするとて売り来たりし『訓蒙図彙《きんもうずい》』というもの十冊買い与えられしを、三年ばかりよみて、物の名に用うる漢字を知りなど致し（後略）。

（土宜法龍にあてた推定一八九三年十一月の手紙）

南方家の商売がしだいに上向きになったのか、家を新築して橋丁から寄合町《よりあいまち》三番地に移ったのは、一八七二（明治五）年、熊楠が六歳の時であった。

五、六歳のころ寺子屋へ習字にかよったというのは、それに先立つ時期であろうか。寺子屋は卜半町《ぼくはんまち》河岸に住む西島という士族の浪人が教えていた。ブリキ板にベンガラで画を描いたのは、それよりも早く、『三花類葉集』を手に入れたころかもしれない。寺子屋へかよいはじめてから、すきなおしの紙に水をふくませた筆で文字を書き、乾くとまた書いて、手習いをしたのであろう。紙を買う金がなかったのではなく、商人の家では、その程度の倹約はふつうであった。

寄合橋

（江戸時代の『紀伊国名所図会』から
橋の左上が藩校，橋の右上が寄合町）

明治政府の新しい学制にもとづいた公立の小学校は、和歌山では一八七三年に始成小学が開校したあと各地に作られた。熊楠は湊紺屋町の藩校跡地に隣接して作られた雄《おの》小学校に七歳で入っているが、設置されたばかりの学校の実体は寺子屋とあまり大きな違いがなかったらしい。年代などは確定できないが、心学塾に講話を聞きに行ったり、漢学塾へ通って漢文の読み方を学んだりしたのは、そのような事情があってのことであろう。

一八七五（明治八）年十二月には、雄小学校内に下等小学の三年を卒業した者を対象とする速成高等小学校が設置され（三年制）、まもなく鍾秀《しょうしゅう》学級と改称された。単なる小学校の延長ではなく、優秀な生徒を鍾《あつ》めて充実した教育をする、との意を強調した命名であった。この課程をふくめて、熊楠は小学校を六年かかって終えている。

『訓蒙図彙』

小学校に入学するころ、熊楠がはじめて父親に買ってもらった『訓蒙図彙』は、江戸時代初期に中村惕斎《てきさい》の編集した百科事典で、それから二百年以上も改訂をかさねて使われてきたものであった。日本では最初の動植物の絵が入った本とされる。熊楠はその十冊の本を昼も夜もくりかえしながめて、すべての項目の名前と読み方をおぼえてしまった。

いま熊楠邸の蔵書にある『訓蒙図彙大成』には、几帳面な文字による書きこみがあり、とくに龍魚や虫介の部（つまり動物の部）では上部の空白が文字でほとんど埋められている。熊楠が入手の経緯などを書きつけてあることの多い第一冊が失われているため、父親に買ってもらった現物かどうかは不明だが、たとえば「加太より和歌浦に至るまでの間の蟹の種類八十」といった内容から考えると、書きこみは中学時代にまで及んでいるものと思われる。

さらに絵入りの百科事典としては当時の最高水準をもつ『和漢三才図会《わかんさんさいずえ》』の存在を知ったのも、そのころであった。送り仮名や返り点がついているとはいえ、全体が漢文で書かれていて、しかも全百五巻八十一冊となれば、小学生の手には届きにくい本であった。

ところが熊楠は、山本義太郎という友人から、その叔父の家に『和漢三才図会』があると聞くと、巻四十五龍蛇部や巻五十四湿生類の項目名を書き写してもらい、野槌蛇《のづちへび》、黄頷蛇《さとめぐり》、蛜《いさごむし》などの名をおぼえて、その画を想像するだけで胸を躍らせていた。

本を実際に見たのは、八つ（あるいは九つ）の時、相生丁《あいおいちょう》にあった佐武という産科医の家であった。天方《あまかた》金三郎という級友が親族にあたる同家に世話になっていて、そこへ連れ立って遊びにゆき、ほかの友だちが外へ出てしまったあとも、熊楠は一人で二階の部屋に残り、日が暮れるまで夢中になって『和漢三才図会』のページをめくり、巻三天象類、巻十三異国人物、巻十四外夷人物の項目名をすべて書き写した。（別の回想によると、このあとも佐武家にくり返し訪れ、同家の母娘からセンベイの包みをもらったり、ぼんのくぼに残したモズが可愛いらしいといわれたりしたという。）

十歳になった年の秋、本屋をしている家の級友から『和漢三才図会』が七円で売りに出ていると聞き、母親にぜひとも買ってほしいと頼んだ。ところが、その話が父親の耳に入ると、熊楠はきびしい叱責をうけることになった。小学生としては分不相応な買い物をねだったとされたのであろう。従姉が中に立って詫びてはくれたものの、熊楠は恨めしく悲しかった、と後年に記している（この前後のいきさつは、活字本『和漢三才図会』に書きこまれた「南方熊楠辞」による）。

まとまった内容の書写は中学へ入ってから始められたとしても、漢文で書かれた『和漢三才図会』をながめるだけでも、それなりの基礎的な勉強は必要であった。

漢文の素読

おもに習字をならう寺子屋に対し、旧士族の出身者などの教える漢学塾では、江戸時代の藩校となじく中国古典の素読《そどく》がおこなわれていた。

熊楠が「小生の師匠というはこの人しか」いないと書いたこともある武田万載には、「幼時素読を学んだ」というし、遠藤徳太郎の漢学塾に毎夜通った時期もあるという。遠藤は藩校の督学であった川合梅所（『小梅日記』の著者小梅の夫）の甥にあたる。「小生は幼時『左伝』を暗誦せし男」とか、「十歳の時『史記』の講義を聞く」とか、おなじころ、『文選《もんぜん》』にある「海の賦」や「江《こう》の賦」を「師匠よりもすみやかに読んだ」という熊楠の回想は、これらの漢学塾でのことであろう。

当時の熊楠がどの程度の漢文を読んでいたかを示す本が、熊楠邸の蔵書に残されている。江戸時代に後藤光生の編纂した『本草綱目補物品目録』（全二冊、一七五二年）がそれで、同書の巻頭には、熊楠が「この書は、熊楠十歳（明治九年）の冬、和歌山本町五丁目の西側の書肆《しょし》に出で居りしを自宅（寄合町）より九町歩しゆき、しばしば窃《ひそ》かに読みしが、終《つい》に四銭ばかり持ち行き買い取りしなり。昭和六年五月五日、甥南川楠雄もち来る」と書きつけている。

ことによると、この本屋は、その数か月前に七円の『和漢三才図会』の出物があった店かもしれない。欲しい本があると、何度も店にかよっては手に取って立ち読みしたという体験を、熊楠はくりかえし書いている。この時はなんとか買ってもらえる金額であったのだろう。

『本草綱目補物品目録』は、その書名のとおり、中国の『本草綱目』には出ていない動植物や鉱物について、日本の学者が漢文で紹介した本である。たとえば、最初に出てくる「万年青《おもと》」では、中国の『三才図会』や『花鏡』などの書物には出ているとして、『本草新編』という本から別名や薬効を引用し、日本では稲生若水が「穏没兎《おもと》」と読ませていると記す。そのあと、駆虫剤に使う海藻の鷓鴣《まく》菜《り》、木棉《わた》草、落花生《ピーナッツ》、煙草《タバコ》と実用的な外来植物がつづく。この時期すでに動植物への関心が強かったとはいえ、実際にこういう本まで読んでいたのだろうかと思わせる内容である。

3 和歌山中学

一八七九（明治十二）年三月、新設されたばかりの県立和歌山中学校に熊楠は入学した。

数学は不得手

和歌山城の南側にあたる岡山には、一八七二年に小学校教員の養成学校が作られ、三年後に和歌山師範学校と改称された。中学校は、その師範学校の敷地内に校舎を新築して発足し、当初は教職員も校舎も不足していたため、たがいに融通しあって運営されていた。（のち一八八九年には、岡山から和歌山城内西の丸に移転して独立する。）

小生、中学校にありし日、気に合わぬことをむりに勉学するも入らぬことなりとて、ただただ落第せぬことを心掛け、勉強を少しもせず。その方法は、漢学と今一つ何かと二課で、試験総点の五分一はたしかにとれる（小生は漢学等がはなはだ上出来、百点とること受合いなりし）。五分一とれば落第はせぬなり。その上多少の点数を取ったところが、国王にも巨富にもなれず、また、一番になるには骨が折れる、つまり精神を労するだけの損耗と心得、試験で白紙を差し出し逃げてくる。（中略）十四歳の者にしては妙な考えなり。

（高木敏雄にあてた一九一二年四月十六日付の手紙）

このような中学校での試験対策の成果はどうだったのだろうか。卒業をひかえた一八八三年三月の定期試験の成績表を見ると、十一学科あわせて一二四五点満点で熊楠は八八四点、同級生七人中五番である。ただし七人の点数差は二〇〇点前後なので、それほど大きな開きはない。

熊楠の成績で、良かったのは「生理」の四七点と「化学」の四二点、良くなかったのは「修身」の二二点、「記簿」の二六点、「幾何」の二七点（いずれも五〇点満点）。理科が得意でありながら数学は不得手であったことが歴然としている。英語は七五点（一〇〇点満点）でまずまずだが、意外なのは「和漢文」の四八点（七五点満点）である。さきの回想にもあるように自分の学力を過信しすぎて、授業を軽く見た結果なのかもしれない。いずれにしても、とくに目立つような優等生ではなかった。

にもかかわらず、和歌山中学は熊楠がまともに勉強した最後の学校であった。

『和歌山新聞紙摘』

中学に入る前の漢学塾や鍾秀学級も学習の基礎を身につけるために役立ったと推定されるが、それにもまして和歌山中学での四年間は熊楠の生涯にわたる「独学」への萌芽をはぐくんだ重要な時期であった。開校直後で教育体制のととのわない状況が、かえって熊楠には幸いしたと思われる。

授業の手抜きをして作り出した時間は、さまざまな本の書き写しと動植物の観察・採集にあてられた。中学時代に書き写した写本で、熊楠邸に残されているものは数十冊にのぼる。ほとんどは和紙を折りたたんで綴じた帳面に几帳面な細字で書きこまれている。

まとまった分量のある写本のうち、比較的早い日付をもつのは『和歌山新聞紙摘』である。

『和歌山新聞』は県下では最初の新聞として一八七八(明治十一)年六月に創刊されている。その翌年の一八七九年五月三日から七月二十五日までの分から三十数項目が書き抜かれ、最後は中絶のままとなっている(翻刻は『熊楠研究』第一号に掲載)。

記事のなかに男女関係をあつかった話題がかなり多いことから見て、教師の指導を受けて着手した作業とは思えない。おそらく中学に入ってまもない熊楠が、新聞を読むことを自分に義務づけ、そのノートとして書き抜いたのであろう。社会面の記事のほか、野バラに紅い花が咲いた話や犬に嚙みついた蛇の話があるかと思えば、和歌浦の南龍神社の碑文、全三十一条の小児養育心得、当時日本訪問中の前アメリカ大統領グラント略伝などの連載ものも、ていねいに写しとられている。

書き抜き帳の最初の試みともいえる『和歌山新聞紙摘』には、すでに自分の関心に忠実な熊楠の姿がある。この数か月後に書かれた「祝文」「火ヲ慎ム文」「教育ヲ主トスル文」などの文語体の作文に見られる生真面目な表情の裏がわを、そこにかいま見ることも可能である。

中学時代の写本

小学校のころにはじまる『和漢三才図会』への執着が一段落するのも、和歌山中学に入学する前後からであった。久保町の岩井屋という酒屋の子に津村多賀三郎という級友がいて、その家にも『和漢三才図会』があることを、熊楠は前から知っていた。その友人が父親に死なれて叔父の家にいると聞き、十三歳になった年の正月、家の使用人に頼んで数冊ずつ借りてきてもらい書き写しはじめた(その年の三月、中学に入学)。一年半ほどたって、友人の叔父の口添えで本箱に入った百五巻をそのまま貸してくれることになり、最後まで書き写しおわったのは熊楠十五歳の夏のことであった。

熊楠が『和漢三才図会』を書き写した写本は十冊ほど残されていて、原本の巻数のほぼ三分の一にあたる。書き入れてある日付はすべて中学に入った年の秋以降だが、同じ巻数の重複した写本などにはそれ以前の筆写がふくまれている可能性はあるものの、全巻は書き写さなかったのかもしれない。各項目についてもかならずしも全文を書き写しているわけではなく、要点を摘記したものも多いが、挿絵についていえば木版の原本にくらべて熊楠の書いたものの方が断然生きいきしている。

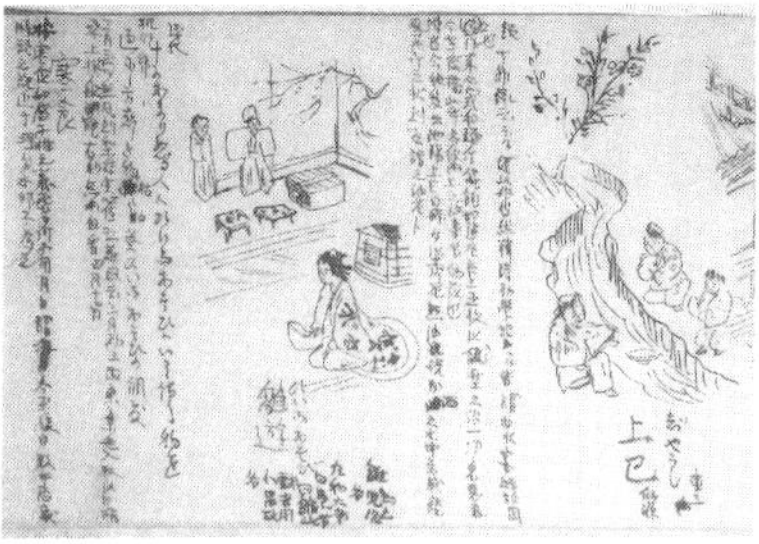

『和漢三才図会』巻4の抜書
（中学1年ごろ）

『和漢三才図会』とおなじ体裁で書き写した中学時代の写本には、『本草綱目《ほんぞうこうもく》』十冊と『大和本草《やまとほんぞう》』十五冊も残されているが、原本をどこから借りたかは不明である。『可所斎雑記』と題する三冊の写本には、これらをふくむ諸書の挿絵などが収められている。

中国本草学の基本文献である『本草綱目』全五十二巻は、明代の李時珍（一五一八〜一五九三）が歴代の本草書を参照して編纂した。中国で十六世紀末に刊行されたあと、数十年後には日本でも翻刻された。熊楠邸の蔵書はすべて和刻本である。『本草綱目』には、動植物だけでなく、ほかの鉱物などをふくむ薬材の記述もあって、名称の由来や伝承など博物学的見解も多く見られる点に特徴があり、『和漢三才図会』にも随所に引用されている。

『大和本草』は、江戸時代の本草学者である貝原益軒（一六三〇〜一七一四）が、中国の『本草綱目』を参照した上で日本独自の固有種をも加えて増補し、宝永六（一七〇九）年に本文十六巻（六年後に諸品図・附録四巻をあわせて二十巻となる）を刊行したものである。

『和漢三才図会』

大阪の医師寺島良安が三十年以上かけて編纂し、正徳三年（一七一三）に完成した『和漢三才図会』は、十七世紀に中国で刊行された『三才図会』から全体の着想は借りているものの、日本の事項を書き加えただけでなく、中国の部分についてもかなり手を加えている。個人の著作という限界はあるとしても、日常生活に役立つ記述を充実したという点では、『和漢三才図会』の方がすぐれている。

三才すなわち天・地・人は世界を構成する諸要素を意味する。少年期の熊楠は、『和漢三才図会』という窓を通して世界を見ていた。同書では、動植物についての記述は李時珍の『本草綱目』からの引用を中心とするなど、中国の本草学の成果を積極的に取り入れている。

熊楠の筆写が『和漢三才図会』に始まり、さらに『本草綱目』から『大和本草』へと拡大していったのは、中国と日本の本草学の集約を通観することで博物学上の知見を深めようとした、きわめて正統的な手順であった。それは中学時代の熊楠が、もっぱら学校の課程以外の時間をついやし、苦心して達成した勉強の成果であった。

鳥山啓の博物学

熊楠の博物学への傾倒には、当時の和歌山中学の教育方針もかかわっていた。全国的な政策の一環であったのだろうが、開校直後に博物標本室が新築され、翌年に理化学専用の教室を作っていることからも、博物学や理科系の学科が重視されていたことが分かる。とくに田辺小学校の教師から和歌山師範に抜擢され、さらに和歌山中学でも博物学を教えることになった鳥山啓《とりやまひらく》（一八三七〜一九一四）は、熊楠に大きな影響を与えた。鳥山は田辺出身で、京都の本草学者小野蘭山の孫弟子にあたる石田三郎（号は酔古）に教えを受け、また国学を学ぶかたわら洋学にも関心をいだき、英語を学びはじめていた。明治になってからは、新しい学制に即した教科書づくりにも尽力し、後年には軍艦マーチの作詞者として知られた。

（前略）幼年のころ就いて学んだ鳥山啓先生、この人は後に東京へ出て、華族女学校［学習院女子部の前身］に教務を操り、八、九年前歿せられたが、和漢蘭の学に通じ、田中芳男男［男爵］もつねに推奨された博識だった。この先生、予輩に、『論語』に北辰《ほくしん》のその所におって衆星《しゅうせい》これに向かうがごとしとあるを講ずるついでに、孔子の時は北辰が天の真中にあったからこう言われた、只今は北辰の位置がすべって句陳《こうちん》という星が天の真中に坐りおる、と説かれた。（「鼠に関する民俗と信念」）

孔子のいたのは約二千五百年前だが、四千年前には竜座のアルファ星が北辰すなわち北極であったが、現在では北極が移動し、中国で句陳（勾陳）と呼ばれた小熊座のアルファ星が北極星となっている。このように自分の身につけた中国古典の内容を西洋から入った知識で解釈するというところに、鳥山の教育者としての新しさがあった。それは後年の熊楠が意図して用いた方法でもあった。

鳥山に引率されて植物採集に行ったさいに、ミミズをこわがっていては自然科学の道には進めないと言われた熊楠が、練習をくりかえしてミミズを手でつかめるようになったという話を、娘の文枝が書きとめている（「父熊楠のプロフィール」）が、熊楠が鳥山に言及した文章はあまり多くない。同校で漢文を教えていた浅井篤《あつし》は、のちに京大教授となる田辺生れの小川琢治《たくじ》の父親で、湯川秀樹や貝塚茂樹の祖父にあたる。直接に授業を受けたかどうかは不明だが、熊楠は「書（習字）の教師」として、その名を記しているだけである。

『動物学』の教科書

当時の中学校で使った教科書は、これも全国的な傾向であろうが、西洋人の書いた概説書の翻訳が多かった。

なかでも『具氏博物学』（一八七六〜七七年刊、文部省師範学校蔵板）は、全十巻のうち第十巻を欠くが、裏表紙に自分のサインともいうべき天狗の顔の絵を書き入れたりして、熊楠がくりかえし読んだものと思われる。同書はアメリカ人グードリッチの『絵入り博物学』を須川賢久が訳したもので、天文、地質鉱物、動植物にわたる概説で構成されている。

教科書を書いたことのある鳥山の仕事に触発されたのか、熊楠が書きかけて未完成に終わった『動物学』の手書きの稿本がある。鳥山か誰かに見てもらったのかもしれないが、中学一年の秋から翌年初めにかけて四回も書き改めたものが残っている。第一稿の自序に「英国諸書を参校し、漢書《かんしょ》、倭書《わしょ》をもってこれを裨《たす》け、もってこの書を編輯せり」とあるように、全体の構成は英文の概説書にならっているが、細部では熊楠が勉強したばかりの中国や日本の知識も書きこまれている。

また熊楠は、同様の教科書を植物学についても書くことを考えていたのか、スウェーデンの生物学者リンネの分類法にならった『植物人工学科』と題する稿本や、文部省の出した『百科全書植物綱目』の写本なども残されている。

虫を採って自適

中学二年生のころの簡略な「明治十四年日記」によると、和歌浦のあたりによく出かけている。五月十一日には、不老橋の近くで交尾している饅頭蟹《まんじゅうがに》を見つけ、その姿態を書きとめている。前にもふれたように、『訓蒙図彙』の書き込みに「加太より和歌浦に至るまでの間の蟹の種類八十」とあって、熊楠はカニに特別の関心をいだいていた。

また四月二十四日には、和歌浦で手亡蟹二匹と雌一匹をつかまえて持ち帰ったとある。これは『和漢三才図会』にも紀州の和歌浦に多いと記された独螯蟹（テボウガニ、熊楠はテンボガニと記す）で、雄の一方のハサミが大きく、雌は両方とも小さいハサミを持つシオマネキの異名である。

この時の飼育観察の結果と思われるが、大学予備門のころのノートに、「予、明治十一年［十四年の誤りか］の夏、三個のテンボガニを取り獲、これを盆中に養いしに、当初は甚《いた》く人を畏《おそ》れたれども、後には返りて人に狎親《こうしん》する［なれしたしむ］を見たり」として、その穴の掘り方までもくわしく書きとめている（『課餘随筆』第一巻）。さらに雌雄のハサミのちがいを「雌雄淘汰」の結果とする見解は、同書だけでなく、おなじころのノートである『輯録』にも見える。

熊楠がカニとともに強い関心を持っていたヒキガエルについては、「明治十四年日記」に一度だけ「余、学校にて蟾蜍《ひき》を殺す」とあるが、別の文章では「予、幼年のころ、しばしば蟾蜍《ひき》を育てた」

（「蛇に関する民俗と伝説」）ともいう。

授業で手抜きをした余暇に「虫を採って自適した」（「馬に関する民俗と伝説」）とするのが熊楠の回想だが、たまたま残っている半年ほどの日記からでも、興味のおもむくままに熱心に動植物の採集や観察をしていた様子をうかがうことができる。

テンギャン（天狗）

「小生幼きとき日本人に例少なきほど鼻高かりしゆえ、他の小児《しょうに》みな小生を天狗と綽名《あだな》せり」（上松蓊にあてた一九二九年六月十八日付の手紙）と熊楠は語っている。天狗《てんぐ》を、おそらくは「熊やん」といった呼び方同様に親愛と畏敬の気持ちをこめてテンギャンと呼んだのであろう。和歌山中学のころのノートには、「テンギャン」と「ヲンゴロ（モグラの方言）」の二人が戦っている姿のらくがきも残されている（「算術簿」）。

山中の妖怪である天狗は、高い鼻と鋭い眼光をもち、人間にはうかがい知れぬ予知能力をもっているとされた。天狗と呼ばれたそもそもの由来は、自分でも語っているように特徴的な高い鼻なのであろう。あるいは、自信の強い人をさす比喩的な使い方も、いくらか加味されていたかもしれない。

しかも熊楠自身は、そのあだ名を引きとって、自称としてしばしば使った。中学時代に大切にしていた『具氏博物学』裏表紙では、天狗の絵を描くだけで自分の所有を示すサインとしていた。さらに大学予備門時代の「江島記行」や『課餘随筆』第三巻へのらくがきでは、その天狗が王朝風の衣装をつけた女性の水を汲む姿を注視している（第二章図版参照）。そこではすでに天狗は女性に執心する熊楠の男性的象徴として描かれている。

後年には、昭和天皇に進講をして脚光をあびたさいに、熊楠は知人にあてた手紙に「年をへてけふ（今日）浮出《うかびで》る海天狗」の句を書き送った（前出、上松蓊にあてた手紙）。海天狗はシー・ドラゴンとも呼ばれる十センチほどの魚で、ごくまれにしか海面に出てこないので、それを自分にたとえたという。その異様な形から天狗の仲間として命名された魚である。

病を発したころ

いわゆる「履歴書」によると、南方家は「明治十（一八七七）年、西南の役ごろ非常にもうけ、和歌山のみならず、関西にての富家となれり。もとは金物屋なりしが、明治十一年ごろより米屋をも兼ね、後には無営業にて、金貸しのみを事とせり」とある。

これについては仁科悟朗の解釈が分かりやすい。熊楠の父親は、南方家へ婿入りする前に番頭をしていた福島屋が金融業を営んでいたため、両替や金貸しの業務に通じていて、県の財務関係や銀行などとの交際も広かった。「履歴書」に見える「後には無営業にて」の意味するところは、「金物屋、米屋の次に、店舗を構えずに、新たに金貸しを始めた」のではなく、「金物商、米穀商の営業と平行していた金貸し業だが、これからは看板はかけないが、金貸し業一本に絞った」と解釈できるのではないかとして、さまざまな例証を挙げている（『南方熊楠の生涯』）。

たしかに金物屋あるいは米屋で大きな利益をあげたとは考えにくいので、長年にわたって手広く金貸し業を営んだ結果と見る方が妥当かもしれない。金物屋と米屋をやめて金貸しの専業だけとなったのは、熊楠が中学に在学中のことであった。父親が酒造業を始めるのは一八八四（明治十七）年だから、すでに家業を転換する準備を進めていたことであろう。

熊楠は、『和漢三才図会』に書きつけた「南方熊楠辞」で、その書写を終えた一八八一年前後の事情にふれて、「我本来怒りつよき質なるに、かく忍びこらえてその業を挙げつるなり。その頃家のことども憂うべきこと多くなりて、心にかかること日に夜にやまず。さる上に又つとむる所かくありしかば、その積る所終に発して病となり、今に全くは癒えざるぞ憂き」と書いている。

家のことで悩みごとがあったというのは、その家業を誰が引き継ぐかをめぐってのやりとりであった可能性が高い。それは当然、熊楠の大学進学をどうするかにも関係していたはずである。熊楠の最初の発病がこの時期であったことは、それらへの対応に苦慮していたためかもしれない。

高野山への家族旅行

一八八二（明治十五）年の春、両親や弟（常楠）といっしょに、熊楠は初めて高野山に登り、千蔵院（刈萱堂）に三泊している。弘法大師一千年忌ということで金剛峯寺《こんごうぶじ》で展示されている宝物を見たいために、これまで父母と外出したことのなかった熊楠も家族旅行に加わったのであった。

宝物のなかでは、漢の蔡邕《さいよう》筆の碑文拓本とされるものや鴻池《こうのいけ》家奉納の玳瑁《たいまい》製の万年青《おもと》などを、とくに印象にとどめた。また宝物展の会場で説明したり、寺院で働いたりしていた小姓たちに関心をもち、「中にはまるで十七、八の娘のごとく柔らかなもの」もいることに驚いていたが、四年後の渡米前にたずねた時には、寺々の衰微によって落ちぶれた小姓たちの姿を目にして心を痛めている（宮武省三にあてた一九二四年二月二十一日付の手紙）。

第二章　東京時代

1　共立学校のころ

一八八三（明治十六）年三月、和歌山中学を卒業した熊楠は、同月十八日、東京に向かって出立した。東京では、まず郷土の先輩で東京日々新聞社に入ってまもない関直彦を訪ねた。そこで和歌山中学を前年五月に卒業した中松盛雄に出会い、中松の在学していた神田区淡路町にある共立学校に入学することになった。

高橋是清校長

共立学校（開成中学の前身）は一八七一年に加賀藩士佐野鼎が創立したが、佐野の没後、経営が悪化していた。一八七八年、東京大学予備門の教員をしていた高橋是清《これきよ》が校長となって、予備門への入学希望者を教育する課程を作り、経営の立て直しを図った。今も残る「明治十七年八月生徒氏名簿」によると、熊楠は一八八三年五月に入学している（『佐野鼎と共立学校』）。同級生百余名のうちには薗田宗恵、秋山真之、正岡常規（子規）、水野錬太郎、一級上に中松盛雄、芳賀矢一らがいた。芳賀矢一はのちに数学の教員と喧嘩して退学させられ、明治英学校に転じている。

熊楠は高橋から英語を教えてもらったと書いているが、正岡子規によると、そのテキストはパーレーの『万国史』であった。この『万国史』は一八七六〜七七年にすでに文部省などから訳本が出ており、熊楠が中学二年の夏休みに学校から借り出したと日記にあるのは、その訳本であろう。共立学校の校長となってからも予備門の教員をつづけていた高橋は、一八八一年からは農商務省の役人となっており、形式的には一八九〇年まで校長を兼任していたものの、熊楠のいたころはすでに授業で教えることに集中できる状態ではなかったと思われる。

英語の不得手であった子規は、高橋の『万国史』を受けただけでは不安なので、予備門を受験する前の夏休みに進文学舎というところへ行き、坪内雄蔵（逍遥）にユニオン・リーダーを習ったが、これも初学者の英語修業にはあまり役立たなかった、と『墨汁一滴』に書いている。英語の比較的得意であったはずの熊楠にとっては、また別の意味で物足りない授業であったかもしれない。

共立学校では、中松盛雄にならって熊楠も最初は寄宿舎に入り、東京での生活を始めた。寄宿舎では、つぎのような奇行も演じている。

牛長者の賄征伐

熊楠は何の因果か紀州で牛長者《うしちょうじゃ》と呼ばるる生れで、稚い時から食うた物を何度も何度も吐いて呞《にれか》む。御蔭で神田淡路町の共立学校におって今の高橋蔵相などに英語を習うた時、賄《まかない》征伐と来たら、他の輩は飯櫃を抛げ付けたり汁鍋を覆したりして寄宿舎監に叱られたが、熊楠一人はむしむしと三十碗ばかり飯を喫うて賄方を遠巻きに弱らすばかりだから、かような静かな御方はない、決して乱暴はなさらぬと賄方から弁護してくれた。（「虎に関する俚伝と迷信」）

反芻動物のように食べた物を自在に吐き出すのは、中学生のころから熊楠の特技とされていた。場合によっては、気に入らない相手に吐きかけたり、他人の家の戸口に吐き出したりしたという。最初は神経過敏による嘔吐《おうと》がきっかけであったのかもしれない。このように反芻して食べることのできる人は、「寝ておって食える」から、「小生幼時、ある村辺にはかかるものを牛長者といい尊敬」したのだという（岩田準一あて一九三一年十二月十四日付の手紙）。

賄征伐は、寄宿生たちが寮の給食への不満をぶちまけるために乱暴をおこなう集団行動として、のちの旧制高校にまで引き継がれた。熊楠は、「共立学校の寄宿舎で賄征伐をやったとき、予は飯二十八碗食い最高点を博し、井林（広政）氏は次点で二十六碗を食いしが、二人ともこれがため胃病となり大いに苦しんだ」（「上京日記」）とも書いている。

大道芸人との一日

授業に出たくない時は、大道芸人のあとについて歩き、一日を過ごすこともあった。

「明治十六（一八八三）年ごろ予神田淡路町共立学校に寄宿してしばしば教場へ出《で》ず、病気届けをして諸処出歩いた」ときの寸景を、熊楠はつぎのように描いている。

万世橋際に四十四、五とみえた屈竟〔屈強〕の肥えた男あり。恐ろしい歯の力で大盥に小児をのせ口に銜《くわ》えて種々と芸を演じた。（中略）この男、午過ぎに下谷の方から来て場をはり、十人も足を留めると、寛永銭を二文合わせて口に含み、テンの尾を懐中より出し手早く引きずり廻し、口中で銭笛をふくと、いかなる仕掛けか、その尾が独りでに戸や塀を這って逃げるようになる。それを銭笛に合わせて追い捉え、地に抛げつけ踏み殺す体をした。かくするうちに二十四、五人も観客が聚まった。何でそんなことをすると尋ねると、これは客を聚めるマジナイだと言った。

（「小鳥狩に梟が出る」）

一八九二年、日本に帰った友人三好太郎にフロリダ半島のジャクソンヴィルから書き送った手紙の追い書きに、「かの九段坂上、貂《てん》の尾を捕うるとて銭を頬にふくみ、ヒューヒュヒュヒュヒュヒュヒュ、ヒュヒュヒュヒュヒュヒュ、ヒューウウウウウ、ピーピーキピッとやらかせし一種の大厄介者源さんは、今に御見当たりに候や」（六月二十一日付）となつかしげに尋ねているのは、この芸人のことであろう。

おなじ三好あての手紙の追い書きのつづきでは、「また千束《せんぞく》村のねぐその鶴さんの一連（伊勢おんどおよびカッポレの連中なり）によろしく。毎々下谷から霊巌島まで、一文も払わずについてまわりし坊主頭の人といえば、彼も承知なり」ともあって、顔なじみになるほど通っていたことが分かる。この芸人たちについても、熊楠はなつかしげに回想している。

小生幼少のとき和歌山にこの唄〔カッポレ〕を知った者は一人もなかりし。明治十六年に東京へ出て初めて唄と踊りを聞き及び見及びたるに候。下谷の佐竹原に毎々その興行あり。その輩、時としては万世橋より歩きながら諸処で踊り候。小生一日万世橋よりその一行に随い霊巌島まで行きしことあり、朝十時ごろより午後三時過ぎまでかかり、なお踊り歩きゆくを見棄て帰りしことあり。通り筋を唄いありき諸処の空地で踊り、いよいよ決着点に到りて滑稽芝居を催せしなり。（中略）下谷の連中の名は忘れしが、寝糞の鶴さんという太った男がもっとも面白く演じたり。

（上松蓊にあてた一九三一年五月六日付の手紙）

予備門に入ってからのことだが、学生たちのなかには寄席通いをする者が多かった。夏目漱石や正岡子規なども例外ではなかったという。

明治十七、八年ごろ、神田の万世橋近くに白梅亭という寄席があって、学生どもがおびただしく聴聞に出掛けた。立花屋橘之助という若い女が毎度種々の芸当を演った。紀伊の国入りの都々逸というのをよい声で唄うを、自分生国に縁あるゆえしばしば傾聴した（後略）。（「『紀伊の国』の根本唄」）

明治十八年、予東京大学予備門にあった時、柳屋つばめという人、諸処の寄席で奥州仙台節を唄い、予と同級生だった秋山真之氏や、故正岡子規など、夢中になって稽古しおった。その内に「妾《わたし》お×××播磨の名所、縁《ふち》は高砂、中明石《あかし》、辺《へり》に舞子《まいこ》の松林、云々」というのがあった。

（「磐城荒浜町の万町歩節」）

熊楠の日記には、一八八五（明治十八）年九月二十六日（土曜）に一度だけ、「夜、木村平三郎氏と白梅亭へ行く」という記事があって、「『紀伊の国』の根本唄」からの引用の省略した部分には木村の名も出てくる。熊楠はまた、一八八三年に聞いた「童謡」として、「上野で山下、芝で愛宕下、内の犬は縁の下、皆様すくのは○の下」も書きとめているが、やはりこのような場所でおぼえたものであろう（「紀州田辺湾の生物」）。

2 大学予備門のころ

合格と落第

一八八四（明治十七）年九月、共立学校からは百余人の同級生のうち七十二名が東京大学予備門に合格し、熊楠もその一人であった。当時の予備門は神田一ツ橋の東京大学法理文三学部と同じ構内にあって、四年制であった。（二年後には第一高等中学校と改称され、十年後に第一高等学校となる。）

同期に入学した水野錬太郎（のち内相、文相となる）の回想によると、五、六百名の受験者から百十余名が選抜される、かなりむずかしい試験であった。正岡子規の場合は、共立学校に入学したのが前年十月であったためまだ受験は無理かと思われたが、ためしに受けてみたら合格してしまったという。

英語がだめだったのに合格したのは、ほかの科目がいい成績だったからであろう。

上京以後かならずしも勉強に専念していたとは見えない熊楠が、この試験に合格できたのは、たぶん和歌山中学時代の努力が実を結んだにちがいない。一八八五（明治十八）年九月の日記に「明治十五（一八八二）年のごとく少しもたがうことなからん」と書きつけられているのは、中学の最終学年にはきびしい自己規制のもとで勉強していたことを想起せよという自戒であった。

いわゆる「履歴書」によると、「明治十七年に大学予備門に入りしも授業などを心にとめず、ひたすら上野図書館に通い、思うままに和漢洋の書を読みたり。したがって欠席多くて学校の成績よろしからず」と記されているが、実際の状況はもう少し複雑であった。

予備門に入学して三か月後の一八八五年一月から書かれている熊楠の日記を見ると、一年目はそれほど学校を欠席してはいないし、授業に関する勉強もある程度やっていたように見える。同年三月の第二学期の成績表では、総数百十三名のうち、及第六十六名、不合格四十七名という容赦のない処置にもかかわらず、熊楠は五十九番で及第している。

同級生では、塩原金之助（夏目漱石）が二十七番でゆうゆう及第し、英語が得意だったという山田武太郎（美妙斎）が熊楠よりも下位の六十四番でかろうじて及第している。また正岡常規（子規）は幾何が三二・五という落第点だったために、総点は七七七・三で熊楠の七二一・〇よりもかなり多いのに、不合格となっている。

熊楠の欠席が目立ちはじめるのは、二年目に入った一八八五年の秋からである。そして同年十二月の二学期の試験では、こんどは熊楠の代数が二九・四という落第点であった。総点数は七二三・三で同年春と変わっていないから、ほかの科目ではがんばっていることになる。数学が不得手なのは中学以来のことで、少し油断したすきに、それがまた露呈したのである。

一度落第点をとって進級できなくても、つぎの試験で及第すれば進級できる。子規の場合、二度も落第しながら、六年かかって予備門（途中で第一高中と改称）を卒業している。熊楠にもそういう選択の余地はあったはずだが、中退という結果となったのには、やはり別の要因が大きいと思われる。

図書館に通う

予備門に入学して二、三か月すると、熊楠は授業以外にも関心を広げ、図書館での読書や博物館での見学、それに野外での考古学的な遺物の採集などを熱心に始めていることが、日記に見える。

ほとんど日曜ごとに（時には授業があったはずの土曜やウィークデイにも）通っているのは上野公園にあった上野博物館と教育博物館（国立科学博物館の前身）と動物園で、友人と連れだって訪ねることも多かった。一八八五年十月からは、教育博物館の図書室と湯島にあった東京図書館が合併してできたばかりの上野図書館にひんぱんに通いはじめている。浅草公園に臨時開業した水族館にも何度か行っている。

上野公園からはしばしば足をのばして道灌山のあたりまで散策し、植物や昆虫の採集をおこなっている。そのほか小石川の東京大学付属植物園（小石川植物園）や、西ヶ原の山林学校（のちに東大の農科大学の一部となる）とその近くの滝不動に行った時は、古土器や骨片、貝殻などを採取している。

さらに、アメリカの動物学者モースが九年前に発掘して有名になった大森貝塚にも、何度か出かけて古土器や骨片を採取し、また江戸時代の刑場跡として知られる鈴ヶ森を訪ねて、人の頭蓋骨の破片を拾ったこともある。これらの採取品の一部は、いまも記念館と顕彰館に保存されている。

学校の休みを使い東京周辺の名勝地へ何泊かの旅行をするのは、当時の学生たちのならわしであった。熊楠の場合は、まさに動植物などの採集の好機として活用され、「江島記行」と「日光山記行」と題する二編の紀行文兼報告書が残されている。

「江島記行」に書かれた天狗と女性
（第一章参照）

一八八五年四月には、新橋から神奈川まで列車に乗り、あとは徒歩（帰途の一部は人力車）で江ノ島まで往復し、長谷村と江ノ島の旅宿に三泊している。また同年七月には、二人の従兄弟たちと、行きは徒歩で、帰りは宇都宮から列車を使い、八泊九日で日光までの往復をしている。

二つの旅行の中間である六月には、『動植物採集標本製作法』を購入していて、標本の採集整理にもかなり気を使っていたことが分かる。このような日記や報告を見るかぎり、数か月後に体調をくずして退学するとは思えない元気な活動ぶりである。

『課餘随筆』

一八八四年十二月八日に書きはじめた『課餘随筆』第一巻の巻頭には、学問というものは主題を追求することも重要だが、同時に広い視野からの見聞も不可欠である、そこで自分は「課程を修むるの余暇」にこの抜書帳を作り、「一見一聞必ず採記して、もって他日の有用を期す」と記してある。中学時代のやり方をさらに徹底した独学の進展であった。

この読書・研究ノートというべき『課餘随筆』の第一巻から第三巻までが書きつがれた一年半ほどのあいだには、似た体裁の『輯録』や『叢鈔』各一冊、何冊もの書籍の写本である『南方熊楠叢書』十冊なども筆写されている。授業の余暇を使い、図書館などに通ってつづけた筆写には相当の努力が必要であったはずで、中学時代にもまさる精勤ぶりがうかがわれる。

この時期のノートや写本全体を通じて認められるのは、博物学の分野への強い志向である。『課餘随筆』第一巻は、植物学者リンネの漢文による伝記（松原新之助筆）から始まる。同巻には八十項目を収めるが、その四十五項には、上京してから購入した中国・唐代の『酉陽雑俎』に見える動物の保護色についての記述が引かれている。これは先立つ時期の『輯録』（一八八四年十一月）にもすでに記されていて、九年後には『ネイチャー』に投稿する論文の材料となっている。

さらに同巻の五十一項には、本草家で文人としても知られた木村孔恭（巽斎、蒹葭堂）の自述から、「余幼年より生質軟弱にあり、保育を専らとす。家君余を憐みて草木花樹を植うることを許す。親族に薬舗のものありて、物産の学あることをはなし、稲若水、松岡玄達あることを聞けり」とはじまって、京都の本草家に師事するいきさつを記した長い文章を書き写している。熊楠が幼時病弱であったことが本草学への関心に結びついたかどうかは分からないが、後年の動植物の採集や図記が病気の克服を意図して進められたことは事実なので、このくだりには当時の熊楠もある種の共感があったのではないかと想像される。

『課餘随筆』第二巻の五十八項には、紀州の人坂本浩然の『菌譜』全二巻を一八八五年十月四日に表神保町の書店で買ったところ、そこの六十ばかりになる主人から著者が青山六道辻に住んでいたのを覚えていると聞いたことが記されている。『菌譜』については、のちにイギリスで記した『課餘随筆』第三巻の百二十八項に、同書からコムソウダケの画が写し取られていて、近く南ケンジントンの博物館へ寄贈の予定と付記されている。このことは『酉陽雑俎』に見える古い記述とあわせて、『ネイチャー』にも報告されている。

同巻のこれにつづく五十九項には、おなじく紀州の本草家である畔田翠嶽（翠山）の略歴と著作が書き写されていて、最後に「翁の裔、今なお和歌山仲間町に住めりと（山本義太郎説）」と記す。このころ熊楠が日本の本草学をかなり系統的に読んでいたことは、『南方熊楠叢書』の写本数冊に、小野蘭山『常野採薬志』、大田南畝・木村孔恭『遡遊従之』、植村政勝『諸国採薬記抄録』、小野蘭山『南紀採薬志』などが写し取られていることからもうかがわれる。

菌類を七千点

『南方熊楠蔵書目録』には、一八八五年末ごろまでに熊楠が東京で購入した図書のリストがある。なかでも「第一部、物産、動植、生理、林農漁猟之学」の三十九点がもっとも充実していて、おそらく当時購入できた本草関係書はほとんど網羅しているのではないかと思われる。この時期には購入のための資金にもめぐまれていたことの結果であろう。目録に挙げられた江戸時代の書物のなかには、キノコをあつかった『怡顔斎《いがんさい》菌品』や、さきにもふれた『菌譜』のように、後年の研究に直接つながるものも見られる。

菌類は小生壮時、北米のカーチスと申す人六千点まで採り、有名なるバークレー（英人）におくり調査させ候。小生これを聞きし時、十六、七なりしが、何とぞ七千点日本のものを集めたしと思い立ち候。

（上松蓊にあてた一九一九年八月二十七日付の手紙）

数え年十七歳といえば中学を出て上京したころであるが、熊楠がどこからこの話を聞いたのか、よくは分からない。菌類は、狭義ではキノコやカビなどの真菌類をさし、広義では変形菌（熊楠は粘菌という呼び方をしていた）やバクテリアなどの細菌をもふくむ。ここは狭義の用法である。

バークレー（一八〇三～一八八九）はイギリスの学者で、生計のために昼はギリシア語を教え、夜は睡眠時間を削って研究をつづけ、「菌学の父」と呼ばれた人物である。またカーチス（一八〇八～一八七二）はアメリカのアマチュア学者で、バークレーとの協力で発見した新種は数百にのぼるとされている。学校とは切り離された場所で博物学の勉強を進めていた熊楠にとって、このような余暇を活用してのアマチュア学者は私淑するに足る先達であった。

布衣の楽しみ

熊楠が東京で購入した書物のなかにも、そのようなアマチュア学者の自筆本があった。後年、柳田国男が、以前には自分のように役人で古書を読むような人はいなかったと書いてよこしたのに対して、熊楠が反論した手紙の一節に記されている。

この人、『小品考』とか『拾品考』とか題し、近渡の蕃種植物を黒墨なしに彩色画に十品ずつ書き、四輯ばかり一冊にし、一品ごとに『詩経(毛詩)』を始め、『広東新語』その他清国の書に至るまで委細しらべ、漢名の考覈をなし説註を付し、まことに見事な書なり。貧乏に耐えず、これを神田小川町より錦町へまがる角から三、四軒万世橋の方へよりし古書肆へ売りし直ぐ跡へ、小生行き合わせ十二銭かなんかで買い、その人のこともほぼ書肆主人にきき、今に和歌山に所蔵せり。

(柳田国男にあてた一九一一年十月十七日付の手紙)

「この人」とあるのは、合併して上野図書館となる直前の教育図書館で出納係をしていた大沼宏平という人で、熊楠はその人が仕事のあいまに読書をしている姿を目にしたこともある。その大沼が自筆で画文を書き、「自知春館撰」と署名した本の題は『十新考』で、当時はまだ和歌山の常楠宅に預けたままであったため、熊楠は正確な書名を思い出せなかったのである。

さらに柳田に向かい、「なかなか貴下らと比較になる官人にあらず、小使いのちょっと上ぐらいな人なり。この人たしか大沼枕山の甥にて(中略)あまり豊富の身代もなき人ゆえ、かかる微役を勤めらるると見えたり」とのべ、そのあとに「この〔大沼のような〕人々はただ書を著わすことそれ自身が楽しみにて、別に後世を期するにもなく、世間へ出すにてもなかりし」と書いていた。

『課餘随筆』第一巻の巻末には、天狗の画とともに「南方熊楠、紀州和歌山人、父兄皆市人。熊楠、幼而崔嵬、好本草物産之学（南方熊楠は紀州和歌山の人にして、父兄はみな市人なり。熊楠、幼にして崔嵬、本草物産の学を好めり）」と書きつけられている。崔嵬《さいかい》はごつごつした岩山の形容で、いかにも熊楠向きのことばだが、そこが気に入って使ったのであろう。大学予備門に学んで友人たちと交わり、あらためて自分が平民出身の「市人（商人）」の子だと気づかされることもあったにちがいない。

これにつづく『課餘随筆』第二巻の巻頭には、草木の生い茂る岬に一人たたずんで海中の小島を望む人物が描いてあり、「布衣之樂至此極矣（布衣の楽しみ、ここに至りて極まれり）」と書かれている。布衣は庶民の着る衣服のことで、官位のない平民をも意味する。熊楠は平民の出身でありながら学問をきわめる楽しみを知ったというのだろう。

この二つの書きこみに共通して語られているのは熊楠の独学者としての感慨である。

3　発病から留学まで

疾を脳漿に

一八八五（明治十八）年十二月二十九日の熊楠の日記には「朝、試験点見にゆき敗走す」とある。期末試験で代数が落第点であるのを知ったのである。にもかかわらず、このあとの熊楠は、年末年始の行事を和歌山県出身者による会合をふくめて友人たちとにぎやかに過ごしている。

翌年一月十五日には、冬休み後、学校にはじめて顔出しをした。

その二日後、一月十七日の日記には「夕より頭痛、ほとんど困瞶《こんぼう》す」と記す。意識を失うような状態のあと、頭痛は四日間つづいている。

さらに二月に入ってからも不眠がつづいたため、八日に和歌山の親元に電報を打った。翌日に和歌山を出た父親と番頭の藤助は十一日に東京に着いている。そして二十四日にはまた頭痛のするという熊楠をつれて東京を立ち、横浜・神戸間の船便を使って、二十七日に和歌山に帰着した。退学の手続きはこの間にしたのか帰郷後にしたのか分からないが、日記には何の記載もなく、予備門から借りていた本は友人に返却を依頼している。

中学時代の一八八一年ごろに、最初の体の不調があったことは、すでにふれた。上京してからも、まだ共立学校にいた一八八四年四月に、熊楠に病気を養生するように手紙を出したことが母親の日記に見える。また翌八五年の熊楠の日記にも、四月ごろ数日間の頭痛があったことが記されている。その九か月後の発病は症状が重く、それが退学を決断するきっかけとなったのだろう。

「明治十九（一八八六）年春二月、予、疾を脳漿に感ずるをもって東京大学予備門を退き、帰省もっぱら修養を事とす」（「日高郡記行」）。和歌山へもどってからの熊楠は、時々は病臥しながらも、しきりに友人や親戚などを訪ね歩いている。本人としては早くから外国へ行くことに決めていて、訣別の気持ちで歩きまわっていたのかもしれない。そう仮定すると、東京で買いこんだ多数の鉱物を収納する抽斗《ひきだし》のたくさんある木箱や植物標本をしまうブリキ製の箱などを注文して作らせたのも、資料を整理して保存しておくためであったと思える。

家業の引継ぎ

「小生十九歳ばかりのときと思う。柴四朗〔東海散士〕氏『佳人之奇遇』というを著わし、大いにはやれり。その内に一寸の国権を外に延ばすは一尺の官威とかを内にふるよりも急務なりとかありし」（柳田国男にあてた一九一一年十月十七日付の手紙）と熊楠が回想する『佳人之奇遇』は、初編が一八八五年十月、二編が同八六年一月に刊行されている。一月二十九日に買った『佳人之奇遇』四冊はこの両者を合わせたものであろう。憂国の志士を描いた本書を、熊楠が読んだのはたぶん和歌山に帰ってからのことと思われる。（なお、熊楠は翌一八八七年六月にサンフランシスコで開かれた谷干城農商務大臣の講演会で柴四朗を目にしている。）

もっと直接に外国留学を考えるきっかけとなったのは、三月十七日に知人の石井兼楠が来訪して、アメリカへ渡航すると話したことであったという（雑賀貞次郎「南方熊楠先生略伝」）。「父兄より米国行きを允許《いんきょ》さる」とあるのは十月二十三日の日記だから、この七か月ほどのあいだに父兄と熊楠のあいだで相談がかわされたことになる。

そのもっとも重要な話題は南方家の家業の引継ぎと徴兵制度への対応であったと想像される。熊楠は前者については多少言及しているが、後者については堅く口を閉ざしている。ただし、アメリカに渡ってからの日記には、一八八九（明治二十二）年の改正徴兵令公布の官報の切抜きがはさみこまれていた。この改正では明治初期以来の幾度かの改正に盛りこまれていたさまざまな免除規則が廃止されて、以後数十年間堅持される国民皆兵の方針が示された。官報の切抜きはおそらく日本にいる常楠から送られたものであって、それが南方家にとっても大きな関心事であったことを暗示している。

南方家には熊楠より八歳年上の兄藤吉がいた。一八七八年、藤吉が二十歳になると、父親はまだ五十歳で家業の実権をにぎりながら、形式上は家督を藤吉に譲って弥兵衛を名乗らせ、自分は弥右衛門と改名している。家督となった戸主は徴兵されないという規定があったための処置と思われる。一八八一年に藤吉は和泉の旧家の娘を妻として迎えるが、四人の子どもがありながら、十一年後には離婚している。熊楠によると、長兄は事業にも失敗し、家庭も破壊した。そのため、「父と兄の間柄、常に面白からず、しかる上は小生は次男ゆえ、父は次男の小生と共に家を別立するような気色あり。小生の妻を定むなどいう噂もきく。しかる上は勝手に学問はできず、田舎で守銭虜となって朽ちんことを遺憾に思い」、渡米の決心をしたという（岩田準一にあてた一九三一年八月二十日付の手紙）。つまり家業の引継ぎから逃れるために留学したというのが、熊楠の言い分である。

徴兵逃れ

熊楠が口にするのをはばかった徴兵制度のことは、坪内祐三の『慶応三年生まれ七人の旋毛曲り』にも指摘されているように、実は同世代の人々に共通した悩みであった。

夏目漱石の場合、一八八九年の改正徴兵令で大学生の徴兵猶予が二十六歳までとなったので、その期限直前の一八九二年に北海道に戸籍を移していたことが、漱石の没後に明らかにされた。北海道に徴兵令が施行されるのは一八九六年で、それ以前には徴兵されなかったためとされる。

熊楠の場合、一八八七年ごろ和歌山一の富豪とされた山崎庄兵衛の養子になるという話があったと語っている（三田村玄龍あて一九二七年八月四日付の手紙）。徴兵逃れのために養子となって他家の戸主となる「兵隊養子」ということばもあったというから、それを意図してだれかがお膳立てをしたのかもしれない。しかし、これは熊楠にとってはやはり無理な注文であったろう。

南方家ではすでに兄藤吉が家督を相続し、戸主となっていた。（藤吉が一九二四年に亡くなって、一九二八年に熊楠がようやく分家の手続きをした時も、まだ藤吉が戸主のままであった。）他家の養子がだめとなれば、残された徴兵逃れの方法は外国への留学しかなかった。留学について「父兄」の許しを得たというのは、それが家業の引継ぎと徴兵問題にかかわっていたからであろう。

羽山繁太郎

話は数年前にさかのぼるが、熊楠は和歌山中学四年のころ、下級生で一つ年下の羽山繁太郎と知り合った。繁太郎は日高郡塩屋（現、御坊市）の蘭方医羽山大岳の跡を継いだ医師羽山直記の長男である。羽山大岳は熊楠の幼いころ南方家に出入りしていた瀬見善水とも親交があった。当時大岳の書き残した「彗星夢雑誌」を、後年、熊楠は借りて書き写している。

南方熊楠記念館にある二点の冊子から想像すると、二人が知り合ったころ、繁太郎は日本語訳された何冊かの関連書を抜き書きして『普通金石学』という編著を作っていた。それを知った熊楠は、参考になればという気持ちで小杉轍三郎という教師から借りたアメリカ人ダナ〔Dana ディナ〕の本を抄訳し、卒業を間近に控えた時期に記念として繁太郎に送った。それを繁太郎が清書して整理したのが『金石学』で、熊楠に序文を書いてもらうつもりであった箇所が、そのまま空白になっている。（『普通金石学』には別名で羽山繁樹と署名している。熊楠もこの別名を使うことが多かった。）

熊楠は自分が上京してから、繁太郎にも東京での受験勉強をすすめた。同年の秋ごろ上京した繁太郎は湯島三組町の独逸学塾に入ったが、半年後に肺結核となって帰郷せざるをえなかった。短い期間の東京暮らしであったが、二人はかなり親密な日々をすごしたと思われる。その一端は、活字本『和漢三才図会』に書かれた「南方熊楠辞」からうかがうことができる。

活字本『和漢三才図会』の広告が出た一八八三年の初冬のある日、熊楠は湯島に近い神田五軒町に住んでいる繁太郎を呼び出して同書の価値を説き、銀座一丁目にある出版元の中近堂へ行き、二人で予約をすませた。そのあと、日本橋から深川へ行き、さらに両国へ出て、万世橋をまわって上野まで歩き、月を眺めてから帰った。当時の東京の盛り場のはしからはしまでを、おそらくは何時間もかかって、日が暮れるまでいっしょに歩きまわったのである。

この前後のなりゆきを、熊楠はアメリカのアナーバーで『珍事評論』第一号に以下のように記す。

予心窃《ひそか》に彼を慕うこと久し。その嗜むところ金石学《ミネラロジー》に在ると聞き、躬《みずか》ら退き修むること十閲月、終《つい》に因ってもって交りを通ずるを得、いまだ旬日ならずして好事遂に成る。（中略）越えて一年、予閭《さと》を出でて笈《おい》を東都に負う。隻梟偶《せきふぐう》に悲しむの情に堪えざる也。すなわち雁を馳《は》せて哀を彼に告ぐ。彼の生惨愴、食を廃するに至る。終に父母に乞うて京に上り、予と倶《とも》に棲む。（中略）後二年、彼、肺に疾《やまい》ありて病《へい》なり。親縁の人伴うてその邑に帰る。予、ここにおいてあたかも日本橋上、あげ豆腐を鳶《とび》にさらわれたる折介《おりすけ》のごとく、心快々として楽しまざること歳余、顔色枯槁、形容灰のごとし。以為《おもえら》く、遂に病んで他郷に死せんよりは、里に帰りて彼と穴を同《とも》にせんにはと。遂に病をもってまた郷《さと》に帰る。

けだし松は雪に遭うてますます青く、桂《かつら》は風を得ていよいよ馨《かんば》し。しかして情《じょう》は厄せられて後始めて濃《こまやか》なり。予すでに京に在りて彼を憂《うれう》るもの年余、しかして彼もまたこの間予を想えり。今再び相遭うてその歓び知るべし。歓の極まるところその疾《やまい》両《ふたつなが》ら癒ゆ。予《われ》彼と、昼は伴うて高丘に攀踏《はんとう》し、翩々《へんぺん》として散り失せる花の命の短さを観じ、夜は携えて長汀《ちょうてい》に緩歩《かんぽ》し、一篷《いっぽう》の月の独り常に白きを羨む。

（『珍事評論』第一号「渡部判吾君伝」中の羽山繁樹の追悼文）

二年後、熊楠が病を得て帰郷したと聞き、繁太郎からは会いたいという手紙が五通もとどいた。

野ゆき山ゆき

一八八六年四月六日、熊楠は父の郷里である入野村に向かい、そのあと北塩屋浦村（のち塩屋村、現御坊市）の羽山家を訪れた。夜は久々に二人で酒を飲み、東京でおぼえた奥州仙台節を歌ったり、昼は繁太郎が櫓《ろ》をこいで海で舟遊びをしたりしている。数日間は近所を散策してから、人力車と船を使って鉛山《かなやま》村（現、白浜町）の湯崎温泉まで足をのばした。毎日のように崎の湯に入り、近くの山を歩いたり海岸の動物を採集したりして七泊し、親交を深めている。帰途は水手三人の別仕立船で田辺へ渡り、昼食をとってから人力車で塩屋まで帰っている。

持ち歩いていた懐中日記の四月二十日付には「Hayama S. is my　　」と熊楠が書きかけて空白を残したあと、二十九日付には、繁太郎が「Mr. Minakata is my intimate friend. S. H.」と書きつけている。二人にとっては、まさにintimateな時間が流れていたことであろう。

羽山家に帰ってからは、葺き替えの手伝いにいった人が持ち帰ったという道成寺《どうじょうじ》の古い瓦を、二つに割ってそれぞれが分けて持つことにしたと日記にあるが、いま南方熊楠記念館にある瓦には割った痕跡がない。熊楠が和歌山にもどったのは五月一日で、二十日を越える長旅であった。

このあとも熊楠は、五月末から六月にかけて湯浅での宿泊をふくめて半月近く塩屋に滞在し、海辺や山間を繁太郎と遊びまわっている。まさに「野ゆき山ゆき海辺ゆき」（佐藤春夫の詩「少年の日」）の日々であった。さらに八月には、川瀬善太郎とともに高野山に参詣したあと、また入野と塩屋を往復しながら月末まで滞在し、その間に田辺にいる中松盛雄を訪ねたりしている。

これに前後する時期も、和歌山での熊楠は中学時代の旧友たちと飲み歩く毎日で、三度に一度は大酔して前後不覚になっている。後半生に田辺で世話になる喜多幅武三郎も、飲み仲間としてひんぱんに日記に登場する。和歌山中学の下級生である杉村広太郎（のち楚人冠と号す）とも知り合い、また繁太郎の三つ年下の弟蕃次郎《はんじろう》とも出会う。熊楠は蕃次郎にも上京して受験勉強をすることをすすめ、夏休みをおえて東京に帰る友人たちに頼んで連れていってもらった。

留学を許された直後の十月十五日、別れを告げるために繁太郎宅を訪ねて一泊した熊楠は、その母親が臨月だとさわぐなかで一睡もできなかった。「この夜月色清くして昼のごとし」と日記にある。

二階の障子を開きて望めば、銀波名月を漾《うか》べて浜辺の松籟颯々《しょうらいさつさつ》として琴の音かと疑われ、景色の美しさ言うばかりなし。自分遠からず知らぬ外国に行きて幾年月の後また還り来たりてこの風景を見るべきと嘆息してとうとう眠らず。もはや暁近しと覚ゆる四時ごろ女児生まれたりとてさわぎ出す。長居しては出で立つことむつかしと思い（中略）早々辞し出で、例の清姫が蛇となりて渡りしという天田《あまだ》の渡しまでいそぐ（中略）天田渡しにて別れ、繁太郎が自宅さして帰り行きし後影を見たるがこの世の別れなりし。いまだ明けやらぬうちにて秋のことにはあり、おびただしき朝霧なりし。

（白井光太郎にあてた一九三〇年三月十六日付の手紙）

別れの交歓

留学が決まったあとの熊楠の行動はすばやかった。

和歌山での送別会は、熊楠の癲癇《てんかん》のために三日延期され、十月二十六日に十六人を集めて松寿亭でおこなわれた。この送別会で演説する予定であった草稿が残されているが、当日そのとおり話されたかどうかは分からない。

十月二十七日、熊楠は友人や親族の見送りを受けて、船便で大阪に向かい、神戸からの船便を使って二十九日に東京に着いた。東京には九月に東京専門学校（のちの早稲田大学）に入学した常楠もいた。出発までの二か月ほどのあいだに、友人たちとのあわただしい別れの交歓がつづくことになる。

和歌山中学の下級生であった新宮出身の平岩内蔵太郎《くらたろう》とも親密の度を深めた。日記によると、十一月三日夜は「同蓐《どうじょく》［同衾におなじ］して寐《い》ぬ」とあって、翌朝贈った句として「夕べの夢がまことの夢か、僕はまだまださめやらぬ」と記されている。

また羽山蕃次郎との往来は、和歌山で知り合ってまもない三月二十八日の日記にも「酩酊、車に乗じ羽山蕃二郎《ママ》を襲う」とあったが、東京でもしばしば同宿し、東京を去る前夜の十二月二十日にも「羽山と同褥《どうじょく》して寝ぬ」という記事がある。さらに別れの記念としてウェブスターの中型英語辞典を贈っている。

さきの羽山繁太郎をもふくむこれら友人たちとの交渉については、のちにアメリカ時代の『珍事評論』やイギリス時代の『ロンドン私記』でも、さまざまな形で反芻され、増幅されている。熊楠の男色論の基本は「浄の男道」であったが、同時に岩田準一に語った「浄あり、不浄あり、浄にして不浄を兼ねしもあり」という行為をふくんでいたこともまた確かである（武内善信「若き熊楠再考」）。

アメリカに渡る直前の熊楠
（1886年12月）

熊楠は生涯のさまざまな節目に多くの記念写真を残している。そのもっとも古い時期の写真が、和歌山で羽山繁太郎と撮ったものであり、また東京で羽山蕃次郎と撮ったものであることは意味深い。写真はまさにその人の「おもかげ」を写して保存するものであったのである。和服を着た蕃次郎との写真では、熊楠は注文して作らせたばかりのりっぱな洋服を着ている。

離別にさいして熊楠がそれらの写真に裏書きして二人に贈ったことばもまた意味深いものであった。

僕も是から勉強を積んで、洋行すました其後は、降るアメリカを跡に見て、晴《はる》る日本へ立帰り、一大事業をなした後、天下の男といわれたい。

（どど一《いつ》）雲井迄やがてあげなん其一声を、首をのばしてそばだてて

友人たちを集めて熊楠の招待でおこなわれるはずであった留別の宴は、何人かが金を出すと言い出したので留送別を兼ねたものとなった。十二月五日に湯島天神内の魚十で開かれた会には三十五人が参加した。開会前に撮影した写真を見ると、洋服姿が多数派で、和服姿は半数以下である。

さらに十九日には、自分の部屋に二十一人を招いて宴会を開いている。二十一日に新橋駅まで見送った者は十七人、うち中松盛雄、野尻貞一、羽山蕃次郎、常楠の四人が横浜まで送っていった。

第三章　アメリカ時代

1　太平洋の船上で

一八八六（明治十九）年十二月二十二日午前十時、アメリカに留学する南方熊楠を乗せたシティ・オブ・ペキン号は横浜を出航した。この船は、当時としては大きい三一二〇トンの船で、十余年前から就航していた。二か月前の同船には、フェノロサとともに文部省の美術取調委員として欧米出張にむかう二十六歳の岡倉天心も乗船している。

中国人と筆談

熊楠とともに乗船した日本人は、三人の同行（杉山三郊、川田鷹、最上広業）をふくめて十二人、ほかに「箱に入りて忍びのれる」東京出身の人を合わせれば十三人であった。

ところが船には百五十人の中国人が乗っていた。多いころは一千人の中国人が乗っていたこともあると聞いて、熊楠は携帯していた懐中日記に書きとめた。そのあと数日間、熊楠の日記には中国人たちとの筆談メモがたくさん書きとめられている。中国人乗客の大半は労働のための移民であったと思われるが、文字の読み書きのできる人もかなりいたことが分かる。日記に書きとめられた中国語の発音やこれらの答えの内容によると、熊楠と筆談をした中国人たちは広東省沿海部の出身者が多かったと推定される。のちにフロリダ半島で出会う江聖聡も、この地方の出身であった。

アメリカの西海岸に中国人が渡航しはじめるのは、十九世紀なかばにカリフォルニアで金鉱が発見されて以後のことである。しかし、一八八二年には中国人移民の十年間入国禁止が連邦議会で決議され、十万人をこえていた在米中国人も減少しはじめる。それでもまだこのような中国人たちが、なんらかの名目でアメリカに渡っていたのである。

動物名の読み方

熊楠にとっては、おそらく初めて話をかわした中国人たちであったろう。筆談のなかで熊楠がもっとも熱心であったのは、『本草綱目』などで自分の知っていた中国の動植物について、相手からなにかを聞き出すことであった。

十二月二十四日の日記には、蚯蚓にヤウイン、雞にカイエなどとルビをつけたあとに、虫蛽という見なれない字にチョングメーというルビがある。調べてみると、この蛽は熊楠が少年期に暗記したと書いている『文選』の「江の賦」に出てくるし、『本草綱目』や『和漢三才図会』にも「寄居虫《ヤドカリ》」の殻のなかにいる虫として出てくる文字であった。とすると、最初は熊楠が先に漢字を書き、その読み方を中国人にたずねたと考えた方がいいだろう。

動植物の名前を書いて、その発音をたずねる問答は毎日のようにつづけられた。何日かすると、こんどは相手がいろいろ書いてくれたような気配である。名詞のメモとしては最後になる十二月三十日の日記に列挙されたなかで、塩蛇（イムシェ）（ヤモリ）、臭監婆（チューカムポー）（ハナムグリ）、水蠄蠘（シュイカムロー）（水馬）などに至っては、地元の人が書いてくれなければ分からないものであった。

しかし、そのようなやりとりのあとに、「二十九日、竹内豊、支那客二人の髪を結い合わせ、喧嘩おこる」という記事が出てくる。外国人が「ピッグ・テイル（ブタのしっぽ）」の蔑称で呼んでいた中国人の長い辮髪《べんぱつ》を、いたずらをして結んでしまい、喧嘩がはじまったのである。二週間もの船旅で気持ちが荒れていたのか、竹内という人物は一月六日にも「飲酒、乱暴す」とある。

2　二つの学校にかよう

ビジネス・カレッジ

一八八七（明治二十）年一月七日、熊楠をのせた船は金門海峡を入ってサンフランシスコ湾内に碇泊した。翌八日に上陸した十三人の日本人は馬車に乗って、とりあえず五番街のコスモポリタン・ホテルに向かった。熊楠は、ここに数日間宿泊したあと、スティーヴンソン通り四二九番地の日本人街にある下宿に移った（六月十日にはおなじ通りの五三三番地にある鈴木兼治の家に移っている）。

パシフィック・ビジネス・カレッジ（Pacific Business College）への入学手続きは一月十九日にすませ、半年分と思われる学費八十一ドル五十セントを支払った。同校はポスト通り三二〇番地にあって、市の中心部にあたるユニオン・スクェアに面した四階建ての建物の二階以上をしめていた。簿記や商法を教えるビジネス・コースと基礎学力を教えるアカデミック・コースがあり、熊楠は両方を学べるコンバインド・コースを選んでいる。渡米した日本人学生が英語に慣れるために一時入学することが多く、授業の内容は「日本の商業学校くらいのもの」であったと熊楠は書いている。

あまり授業に興味はもてなかったらしく、数日後にはアメリカ最大の中国人街《チャイナタウン》に出かけ、旧暦の年の暮れで爆竹をやっているのを目にしている。中国料理屋へは、おそらくは米飯の食事をとるために、このあともしばしば通っている。

大都会の喧騒

さまざまなコレクションのなかには切手もあって、三月に切手収集帳を買ったころにはすでに四十六か国三百十一枚を集めたと日記にある（二年後には千二百五十枚になった）。異国に渡って大都会の喧騒のなかで生活する心境を、熊楠はこの切手収集帳にこう書きつけている。

金門の月はこの夕べ如何《いかん》、道近しといえども到るあたわず。費府（フィラデルフィア）の花は今日《こんにち》如何、道遠くして往くあたわず。耳に入るは日々ケイブルカーの音、眼に触るるは夜々電灯の光。厳しく名利に羈《き》せられて汗垢《かんく》を忍ぶ。殊方《しゅほう》異域のことにしあれば、親しく訪わるる友尠《すくな》く、嚢中黄白惜しむに堪えたれば、いたずらに擲《なげう》ちて青州従事［美酒をさす］を覓《もとむ》るを得ず。ただこの一小冊、時々取り出して打ちかえして見るに、よく我をして余念なきに到らしむるは、今のわが身の小仙窟なるかも。

当時のサンフランシスコには一千人の日本人がいた、と熊楠はいう。八百人とする統計もある。アメリカに渡った日本人全体がまだ一千人台だったから、その過半がこの地区にいたことになる。労働のための移民がほとんどであったが、当時は留学生もアメリカ行きがいちばん多かった。その日本人へのキリスト教の普及を目的とする団体として福音会が作られており、日本から来た留学生の世話もしていた。ジェシー通り五三一番地にあった福音会には、熊楠も時折は友人とともに訪れ、米飯つきの日本料理を提供されている。

六月三日には、その福音会で訪米中の谷干城《たてき》農商務大臣歓迎の演説会が開かれ、熊楠も出席した。日記によると、四百人ほどの聴衆を前にして「徳義を研《みがき》て日本人の恥を招かざれ」という趣旨の話があった。同席していた谷大臣の秘書柴四朗の姿を眼にして、熊楠には感慨深いものがあったにちがいない。さきの文中にフィラデルフィアが出てくるのは、柴の著書『佳人之奇遇』第一巻が東海散士が同市の独立閣に登る場面から始まることを連想させるからである。

ランシングへ

日常生活の不満をまぎらすように、熊楠が友人たちにひんぱんに手紙を出していたことは日記にも見える。しかし、このころ書いた手紙で残っているのは、一八八七

（明治二十）年七月から翌年初めにかけて出された杉村広太郎あての五通だけである。

サンフランシスコは、「日本人のうけはなはだよろしからざる上に、物価はなはだ高く、そのくせ学術などはなはだあさましき所ゆえ」、パシフィック・ビジネス・カレッジは七月でやめることにした。もともと熊楠がアメリカへ来てすぐに入学したいと思っていたのは、シカゴのビジネス・カレッジであった。それはニューヨーク、フィラデルフィアと並んで、アメリカの三大商業学校の一つであると聞いていたからである。ところが七月十九日付の手紙にはシカゴ行きの願望が記されていたのに、八月二十五日付の手紙にはもうシカゴ行きの話は記されていない。

八月八日にサンフランシスコ対岸のオークランドを出発した熊楠と村田源三の二人は、「殖民汽車」とも呼ばれる「下等汽車」で東に向かった。塵埃煙煤のために、たちまち「熊野の奥から生擒《いけどり》しました山男」のように真っ黒になった。

十二日にはネブラスカ州の州都リンカンにある州立大学に立ち寄ったが、一泊しただけで入学を断念している。十四日にはシカゴに着くが、「ずいぶん風儀の悪しき、生き馬の目をぬくような所なり」と記すのみで、カレッジに立ち寄った気配はない。サンフランシスコでは乞食でも靴をはいていたのに、シカゴでは跣足《はだし》の男女が多く、ネクタイをしながら跣足の者までいると驚いている。

八月十五日にはミシガン州の州都ランシングに到着し、ここは「いなかにて人気も至って穏やかに、日本人を尊敬仕り候」と第一印象を語っている。

農業専門学校

ランシングに着いた翌日、熊楠と村田はミシガン州立農業専門学校（State Agricultural College of

Michigan）まで歩いて行き、校長に面会し、寄宿舎に入る許可を得た。一週間後の二十二日には、六科目の入学試験に合格している。日本人留学生としては、同学年にも二人のほかに三島桂がいて、上級生にも数人が在籍していたのに、入学試験を受けて入学した日本人は自分たちが最初だと熊楠は書いている。同校には無試験による入学や編入の制度もあったので、あるいは正規の試験による入学は初めてであったのかもしれない。

横山茂雄らによる現地調査で、同校の日本人留学生第一号としては津田道太郎が三年前の一八八四年に卒業しているのが確認され、熊楠が入学のさいの保証人に津田の名を記した理由が判明した。

武内善信によると、津田は明治初年の和歌山で藩政改革に手腕をふるった津田出の長男で、日本で大規模な農場経営に着手していた父親を助けるために同校に留学したものと思われる。しかも、熊楠は渡米する前に東京で津田道太郎に二度も会いアメリカの事情を聞いているので、ランシングの農業専門学校は志望校の本命であった可能性が高いという。

ただし熊楠は、まだサンフランシスコにいた七月に、アナーバーにいる杉山令吉や小倉松夫からも手紙をもらっている。これも現地の学校事情を問い合わせた返事であったかもしれない。シカゴの学校への入学を取りやめたのも、そのような情報収集の結果であったのだろう。

このように検討した上で入学した農業専門学校であったが、熊楠は一年三か月後の翌年十一月十七日には同校を退学することになる。その間、汽車で三時間あまりの距離にあるアナーバーの町にしばしば滞在している。ここには日本人留学生の多いミシガン大学があったため、郷里へ帰省するような感じで往来をくり返し、退学してからは大学に籍のないまま滞在をつづけている。

熊楠がアメリカで選択する学校を商業か農業のカレッジにしぼっていたのは、おそらく家族から留学の約束を取りつけたさいの条件にかかわりがあったと思われる。

実業を修める

それは家業の手助けになる実業を修めるということであったのかもしれない。

現在は「世界一統」を社名とする南方酒造株式会社の年譜によると、「明治十七（一八八四）年、紀州侯の籾倉を譲り受け、南方弥右衛門が都市型の酒造業として創業」したとある。熊楠が大学予備門に入った年には、南方家の新しい事業は動き出していたのである。やがて五年後の一八九〇年には、前年に東京専門学校を卒業した弟の常楠が、その事業を受け継ぐことになる。そのちょうど中間にあたる一八八七年九月の手紙に、熊楠はこう書いている。

実業とは何ぞ、富を致すの術なり。余以謂《おも》えらく、日本に生まれて風俗習慣一にも二にも西洋を慕い、それがために制せらるるに至るはまことに憐笑すべし。しかれども、その実業を慕うてこれを習うは少しも笑うべからず。（中略）余これを憾《うら》んでみずから身を実業に委するなり。故に廉服朴飾、畦《あぜ》に出馬を駆り、この米国におりながら月に十七、八ドルで送りおり。願わくは和歌山より東京、大阪に遊学するの人、粒々辛苦のこのかけ稲をにくやすずめがきてほぜる、とドド一《いつ》にあることを念じ、自余の在米人を学ばずして、小生を習われんことを。そのうちに小生立派に鼻ひょこつかせ、一度は帰省仕るべく候。

（杉村広太郎にあてた一八八七年九月九日付の手紙）

自分の学ぼうとしている実業がいつかは父親の酒造業に役立つことを、まだ信じようと努力している熊楠がここにはいる。渡米にさいして羽山兄弟に与えた写真に「一大事業をなした後、天下の男といわれたい」と裏書した気持ちが、まだここには息づいていた。

日本の民たるの意なし

しかし、おなじ日付の杉村あての手紙には、すでにつぎのような激語も綴られている。その一年ほど前に、学校の制度改革の進め方に反抗して和歌山中学を退学した杉村広太郎ならば、この心情を受けとめてくれると思ったのであろう。

たとい言語自由に、風俗すでにわれに移れるにもせよ、夷戎《いじゅう》の所為一概にわが心を楽しましむるに足るもの尠《すくな》く、仮に蘇武・張騫《ちょうけん》の難苦はあらざるも、小川町を片足は靴、片足は下駄であるき、九段阪上から一散にかけ下る等の珍事は、自在に行なうを得ず。顧みて日本現状を見れば、世の溷《こん》濁《だく》もまたはなはだし。（中略）堂上の人万歳と呼んで、堂下また呼び、一国もまた万歳と呼ぶ。暴政何ぞ一に宋の康王の時に等しきや。故に、予はのち日本の民たるの意なし。

（杉村広太郎にあてた一八八七年九月九日付の手紙）

これは熊楠が初めて口にした日本へのはっきりした拒絶の言葉である。数年後、友人の喜多幅武三郎にあてた手紙にも「近年日本の事物一として小生の気にいらず」ともいう。これ以後、イギリスへ渡り、さらに日本へ帰ってからも、耳を傾けてくれる相手に出会うと、時に熊楠の口から洩らされる言葉であった。当時の熊楠がこのような激語を発するにいたった背景には、自由民権運動への弾圧をのがれてアメリカへ亡命してきた人たちとの交遊があったと思われる。

自由民権運動

日本で藩閥政府に抵抗する自由民権運動が全国的に最高潮となるのは、熊楠が和歌山中学にいたころであった。和歌山中学で一級下にいた有地《ありち》芳太郎（のち小笠原誉《よ》至夫《しお》と改名）は民権派の活動に加わるために中学を退学し、熊楠よりも一足先に上京している。大学予備門時代には同宿にいた時期もあって、熊楠は有地やその仲間たちの活動を見聞していた。

さらに熊楠が渡米する半年前には、民権派の理論家として知られた馬場辰猪《たつい》が、出獄の十日後にアメリカへ亡命している。馬場はオークランドを拠点に活動を始めたが、熊楠がサンフランシスコへ着いた時は、すでにニューヨークへ去っていた。翌年秋、フィラデルフィアで三十九歳の馬場が病死したことを小倉松夫からの手紙で知ると、熊楠は日記にそのことを書きとめている。

オークランドを拠点にした民権派の人たちは、一八八七年九月から翌年二月にかけて新聞『新日本』を十日おきくらいに刊行し、十六号出している。過激な内容のため日本政府によって発売頒布禁止の処分を受けた『新日本』は、現在では第八号しか見ることができない。

ところが熊楠の日記には、アナーバー滞在中に、新日本新聞社から同紙の十一号から十六号までを受け取ったことが記されている。さらに熊楠邸に残された二通の新日本新聞社からの手紙によって、熊楠が購読料を送ってそれ以前から同紙を入手しており、さらに同紙の地方通信員を依頼されて承諾した上に、現物がないため確認はできないが、通信を書いている可能性も指摘されている。

武内善信は、オークランドで活動していた民権派の一人である小沢正太郎が、有地芳太郎の友人として熊楠も東京で会った可能性が高く、のちにアナーバーでも往来しているので、熊楠と民権派をつなぐ役割を果たしたのではないかと推定している。また小池満秀は、熊楠とおなじ船で渡米してからオークランドに滞在し、一足先にアナーバーに移住した小倉松夫が、その役割をになっていたのではないかと推測する。熊楠とかなり親しく往来していた小倉が、一時期『新日本』の取次役をつとめ、小倉がアナーバーを去ってから直接熊楠に送られてきたのではないかというのである。

シンパサイザー　日本にいるころも熊楠はあまり政治的な発言や行動をしていないが、大学予備門時代の日記には、政府の言論弾圧による舌禍事件、秩父困民党事件の裁判、逮捕された民権運動家の刑の執行などの記事が、かなりくわしく記されている。

この日記の記載を裏づけるような形で、当時の読書・研究ノートである『課餘随筆』でも、もっとも長い抜書がされているのは政治的な事件の記事である。

たとえば『課餘随筆』第一巻では、「朝鮮史要」、「朝鮮婚礼」などのあとに、一八八四年十二月に日本を後ろ楯とする金玉均らのクーデターで、清国の兵士によって多数の邦人が犠牲になった「朝鮮事件（甲申の変）」の経過が十数ページにわたって書き抜かれている。おなじ巻の「明治政害」では、維新以後、西南の役までの数多い反政府行動の結末が、やはり十数ページにわたって列挙されている。

翌年に書いた同第二巻には、「加波山暴徒」の裁判の詳報も記されている。

ランシングにいた一八八七年十一月に、弟の常楠から谷干城、板垣退助、ボアソナードらの条約改正についての意見書を印刷した『速記法要訣』（偽装のため関係のない書名にしてある）が送られ、憲法草案も後便で送ると常楠の手紙にあるのも、そのような熊楠の政治への関心に応えるものであった。のちに土宜法龍にあてた熊楠の手紙では、条約改正をめぐる東京大学の学者たちの両天秤がかった対応ぶりを、口をきわめて非難している（一八九四年三月二日付）。

こうして私信に激語を書きつけるようになった熊楠ではあったが、アメリカでも民権派の知人たちとともに政治的行動を起こすことはなく、シンパサイザー（支持者）の立場にとどまった。

農業専門学校退学

さきほどから二度引用したのとおなじ日付の杉村あての手紙には、当時の熊楠の矛盾した心情が、幾重にも屈折しながら、そのまま吐き出されている。

もとより米の新建国にして万事整わざるを知る。米の学問のわが邦の学問に劣れるはなはだしきを知る。いかほどこの国で学び一、二の学位を得たりとて、日本人がこの後そのほらに服してくれぬを知る。かつまた、この学問なるものは三年や四年何の地に学びたりとて、天から鑑札が降るでもなく鬼神が学位をくれるでもなきことゆえ、到底無益のことなり。ニュートンは常に級の下等にあり、スペンセル氏も学位なし、とそろそろ我田へ引くでもないが、何にせよ学問は一生暇あればすなわちと出かけるべきなり。いやな学問を無我無尽にやりとおして何の益かある。いわんやこの国学問、ドイツ、イギリス等に劣れること万々、わが日本にさえよほど下れるにおいてをや。

（杉村広太郎にあてた一八八七年九月九日付の手紙）

そして、この引用のあとに、「故に予は、この国の学問はみすててしまい（中略）ただただ文明の基本たる実業の一件を見習いおり」とあって、さきの実業についての引用がつづく。

しかし、農業専門学校の授業では、その実業への道も危ういのではないかと、熊楠は気づきはじめていたはずである。入学後、最初の週末に夜行列車でナイアガラの滝を見学に出かけ、あげくに二、三日授業を休んだりした熊楠であるが、秋学期は試験もきちんと受けている。そのあと三か月半もつづいた冬休みを、さらに一か月引き延ばして学校にもどったあたりから変調が始まっている。

翌一八八八年四月二十一日、日本人学生三人が勉強をしている部屋に、アメリカ人学生数名が乱入しようとした。へイズと呼ばれる下級生いじめの悪習が日本人を相手に激化したのか、この事件では四人のアメリカ人学生が一年間の停学となった。直後に熊楠は退学したいと申し出るが、ウィリッツ校長に「しばらく止まり、成り行きを見よ」と言われて思いとどまった。「履歴書」に書かれたほどの大立ち回りがあったとは思われないが、アメリカ人学生との争いはそれ以前にも日記に見える。

試験に落第したり出席日数が少なければ、そのままでは進級できない。アナーバーに滞在をつづけて夏学期にまったく出席しなかった熊楠は、二年目には特別試験を受けて植物学専攻の特別生となった。この時は、ほかの日本人学生もすべて特別生扱いとなっている。すでに独学で植物学についての勉強に着手していた熊楠にとっては、あるいはお似合いの身分であったかもしれない。

寄宿舎では飲酒が禁止されていて、「サイダーを飲んでカッポレを踊った」ということもあった。だが、アナーバーではよく友人たちと酒を飲んでいる。その癖が出たのか、十一月十二日には、植物採集に同行することの多かったマンソンともう一人がやってきて、友人に買ってきてもらったウイスキーを飲んだ。酒席の遊びでかわりばんこに名ざしをして酒を飲む「法師さん」をやった、と日記にはある。大酔して廊下に裸で寝こみ校長に見つかったというなりゆきは書かれていないので、それは後年に退学のきっかけを説明するために創作した話かもしれない。

その五日後の十一月十七日朝六時、熊楠は農業専門学校を去った。秋学期がおわって冬休みとなる日取りだったという。そのまま退学すると話したのであろうか、いっしょに入学した村田が駅まで送ってきた。学校との別れにまったく未練がなかったわけではなかったらしく、「朝ぎりやはれぬなごりのそらの月」という句が日記にある。二日後、ウィリッツ校長あてに出した手紙はおそらく退学届で、和歌山の父親あてに出した書留は、それを知らせたものであったろう。

3　独学への助走

独学の決意

『ポピュラー・サイエンス・マンスリー（Popular Science Monthly）』という英文の科学雑誌は、アメリカへ行ってすぐに店頭で買いはじめ、自分が読みおわると、東京専門学校にいる弟の常楠に送っている。日本でもよく読まれていたハーバート・スペンサーと関係の深い雑誌で、T・H・ハクスレーなど進化論に関係する論文が多く掲載されていた。まだ農業専門学校にいる時期に同誌のおもな論文を書き写し、『ザ・サイエンティフィク・メモワール（The Scientific

Memoirs)』と名づけた三冊の抜書帳は、内容は限定されているが、『ロンドン抜書』のさきがけをなす仕事といえる。

イギリスへ渡ってから熊楠自身も投稿することになる科学雑誌の『ネイチャー』を購読しはじめたのが、農業専門学校をやめる三か月前の一八八八（明治二十一）年八月であったことも、独学の決意を固めた時期をうかがわせる手がかりになる。この二つの雑誌を講読することで、熊楠は英米の学界のおよその動向を知ることができたにちがいない。

さらに学校をやめて一週間後、熊楠は友人の渡辺龍聖から『哲学字彙』という本を借り、数日かかって書き写している。これは一八八一年に東京大学の井上哲次郎らが編纂した英語・日本語対訳の学術用語集で、本文百ページの小冊子である。熊楠は英文の専門書を本格的に読もうとして、外来の新しい概念をどういう日本語にあてるのかを知りたかったのである。

この一八八八年の日記の末尾には、「Scientific Books」と題して、スペンサー、ウォーレスらをはじめとする百三十一項の書目が挙げられている。値段も書かれているから、可能であれば購入したいと考えた書目なのであろう。熊楠邸所蔵の洋書を調査した川島昭夫によると、一八八八年に購入したものが八十一冊、翌八九年に購入したものが六十六冊残されていて、洋書購入の一つのピークがこの時期であるという。

なお熊楠は、この『哲学字彙』を一年後の一八八九年十二月にも高鹿和一郎という友人から借りて、こんどは付録として掲載されている「清国音符」を書き写している。これは漢字を中国語の発音のローマ字表記別に配列した発音字典である。翌年から中国書の英訳を計画した熊楠が、そのさいに固有名詞をローマ字で転記するために写したわけだが、刊行の見込みも立たなかったためか、この計画は実現しなかった。

農業専門学校の退学は、このような独学への志向が高まった結果であった。その前後に偶発的な事件がいくつかあって、後年の自伝では伝説的に語られているとしても、それが決定的なきっかけであったとは思えない。

小生は米国の大学を卒業せば二十四歳にて博士くらいにはなれたるを、日本にては西洋とかわり自学というもの一人もなきを遺憾とし、わざわざ独学を始め今におし通し申し候。この一事にて骨肉親戚小生を人間視せず今日に至り申し候。（上松蓊にあてた一九一九年九月三日付の手紙）

新聞『大日本』

農業専門学校をやめてアナーバーで暮らすことになった熊楠は、その年の夏に知りあったばかりの茂木虎次郎の部屋に、とりあえずころがりこんだ。（熊楠は寅次郎と書くが、笠井清によると戸籍では虎次郎の由。帰国後は和歌山県古座の材木商に婿入りして佐藤を名乗った。オーストラリアで真珠採取事業に従事したり、立憲政友会の国会議員になったりしたのち、朝鮮で遭難して没した。）

熊楠がのちに土宜法龍にあてた手紙で語ったところによると、秩父の里正（庄屋）の子であった茂木は、渡米後も労働に従事し、苦学してミシガン大学に入り、『廃死刑論』という著書を出している。「留学七年中に、日本人として語るべきものは、このもののみに候」と記すほどの親友であった。

この茂木虎次郎を「持主」として、一八八九年二月一日付（日記では四日発行）で『大日本』第一号という手書き新聞がアナーバーの大日本社という名義で出された。その現物を持ち帰っていたミシガン大学の粕谷義三の文書のなかから、のちに新井勝紘によって発見された。

『大日本』は新聞の名前や関係者の顔ぶれは民権派の流れをくんでいるが、内容は留学生向けの回覧紙で、政府批判のような激しい主張は見られない。社説の「在米・憂国生」の発言も、西洋の文化に心酔する留学生に日本国人としての自覚をうながす国権意識の強いものであった。

編輯人の堀尾権太郎は大学予備門で熊楠と同級であったが、サンフランシスコからアナーバーに来てミシガン大学に入学したばかりであった。『珍事評論』第一号で、熊楠は、堀尾をフランス革命のさいのロベスピエールにたとえて、「熱心三昧《ざんまい》、正直一方、革命中もっとも力ある人なり」と評している。主筆は南方熊楠となっているが、貼り紙の下には福田友作とあり、また特別寄書家は小沢正太郎とあるが、こちらの貼り紙の下には南方熊楠とあった。福田はもとサンフランシスコの民権派の一員であったが、この新聞の編集中に起こった禁酒決議事件で熊楠らと対立する立場にまわったため、主筆を取り消されたのである。

しかし、手書きの筆跡は三人だけで、熊楠は社友として呑沢生、葛丘生、天狗生などの筆名で寄書をしているが新聞の作成には関係していない、と武内善信は見ている。とくに呑沢生の「客間一筆」

には、東洋文明の特長を内外に示すことを重視する後年の熊楠の志向がすでに見られるという。

禁酒決議事件

禁酒決議事件は、ミシガン大学のエンジェル学長から、過度の飲酒と借金のために日本人留学生の道徳が損なわれているから対策を講ぜよという申し入れがあったことに端を発する。

学生たちによる最初の会合は、秀才で人望のあった小野英二郎の呼びかけで一八八九年一月二十四日に開かれ、駐米公使陸奥宗光《むつむねみつ》の従弟として威勢をふるっていた長坂邦輔(のちに岡崎と改姓)が議長をつとめた。熊楠は飲み仲間の高野礼太郎とともに決議に反対したが、議長とのやりとりの末にほかの者が賛成するのなら禁酒してもいいと答えた。ところが、小沢正太郎一人があくまで酒はやめないと反対したため、この日は流会となった。

二日後の会合では、熊楠は前回に自分が妥協したことを後悔し、学生たちの借金の実状を持ち出して議事を混乱させ、またも散会させて議長である長坂の顔をつぶした。その上、熊楠は、二日前に来たばかりの旧友堀尾を仲間に引き入れ、茂木、小沢も加えて種々画策し、賛成派の学生の下宿に酒の空き瓶を並べたりして嫌がらせをした。

この事件の進行中に『大日本』が発行される段取りとなったため、同紙の雑報欄に禁酒賛成派の学生たちの悪口を書きこんだ者がいた。このため新聞は回覧途中で没収されてしまい、あげくに学生会では茂木、小沢、堀尾を法学部から追い出せという決議までなされた。大学の学生ではない熊楠も、みんなへの謝罪文を書かされるという後味の悪い結末となった。

なお、この事件で議長をつとめた長坂は、横山茂雄らの調査によるとミシガン大学には入学しておらず、グラマー・スクール（八年制小学校の上級コース）に通っていたという。また『珍事評論』第一号「珍報」欄に「長坂君は毎夕書物を小脇にかかえ（中略）プリンストン嬢方へ御通学」とあるのは、同校の教師をしていた女性に語学の課外補修を受けていたことをさす。当時アナーバーにいた日本人留学生は二十人ほどで、のちに三、四十人になった、と熊楠は書いている。そのなかには長坂のように語学習得のために大学以外の学校に通っていた者もあった。

それにしても、「以後この種ごとき暴挙はせぬと誓う」（二月十九日の日記）という謝罪文を書かされたことは、熊楠にとってかなり不愉快な出来事であった。そんな熊楠を慰めてくれるためであったか、当日の夜は、行きつけの清国人李芳のところに招待されて、「豕《ぶた》に甘藍《キャベツ》を煮」た料理でビールをふるまわれた。

持病の再発

そして四月二十七日の日記には、「夜、癲癇《てんかん》発症。十九年十月以後初めてなり」という記載がある。出先で具合が悪くなり、友人たちが介護をしてくれて、十二時すぎに自宅へ送ってもらっている。明治十九（一八八六）年十月とは大学予備門をやめて和歌山にいた時で、それ以来初めての発症だというのである。禁酒決議事件の憤懣がつもって、三年ぶりに持病を再発させたにちがいない。

さすがに二日間は病臥していたが、四日目にはもう近くの森へ採集に出かけている。和歌山のテンギャン時代以来、森は熊楠にとって再生と回復の場所であった。

「昼は植物採集という肉体作業をし、夜は精神的な作業に従事する生活や研究のリズムやスタイルは、那智時代に確立されたと考えられていたが、すでにその原型がこの時期に形成されている」(武内善信「若き熊楠再考」)のである。

『珍事評論』

その精神的な作業の爆発的表現が、熊楠個人による手書き新聞『珍事評論』の刊行であった。「前代未聞の珍事」などと使われる「珍事」は、本来おもしろいニュース、ゴシップといった意味のことばであった。留学生仲間では、熊楠が言い出して日本流に米の飯をたべることをもさした。そんな自己流の「珍事」を鹿爪らしく「評論」するという題名が、いかにも熊楠らしい着想であった。

熊楠が日本に持ち帰っていた第一号は、一八八九年八月十七日付で発行され、十九日から回覧している。武内善信が近年和歌山市内で発掘した第二号は、ひと月後の九月十七日に出されている。第三号は、日記には一年後の一八九〇年九月四日に発行されたとあるが、まだ見つかっていない。

南方は根気強く、『珍事評論』となんいえる新聞、およそ四枚八葉のものを出し、一々人の非をあばく。一同呆《あき》れはて、言も出でず。万一かれこれいうときは、南瓜《かぼちゃ》の肉を去り、そのなかへ小便をたれこみ、平気でかつぎ往きなげこみ、また杖で室内の鏡を破り窓をこわす。また夜中に家の入り口へヘドを吐きにゆく故、一同益々おそれて服従す。

(喜多幅武三郎にあてた一八九二年夏ごろの手紙)

自分の気に入らない相手に対する攻撃の執拗さは、ほとんど熊楠の生涯を通じての性癖ともいうべきものである。ここに引いたのは長坂邦輔を非難するくだりにつけた注釈だが、『珍事評論』を出すにいたった動機をあからさまに語っている。それはまさに紙つぶてを墨で固めた爆弾であった。『珍事評論』第一号は、禁酒決議事件から半年以上もたっているのに、まさに「根気強く」、その事件と長坂攻撃を特集している。その一端を紹介すると、「初春三番叟《さんばそう》の評論」では、事件の経過が芝居仕立てで語られる。熊楠の仲間たちの活躍ぶりは『水滸伝』中の人物にたとえられている。酔余のかくし芸として熊楠がさまざまな稗史《はいし》中の人物を演じたことは、日記にも点綴されている。『珍事評論』もまた、その華やかな舞台となったのである。

さらに個人攻撃はいつしか主題を転じて、自己の性的遍歴が絵入りで語られ（一号の「渡部判吾君伝」、二号の「平岩内蔵太郎、南方尭猛贈答新賦」など）、はじめての仏教論（「与龍聖法印書」）が漢文で提示されている。『珍事評論』はまさに二十代の熊楠の文学世界を全面的に顕示したものであった。「初春三番叟の評論」の後半では、「記者の技《わざ》を尽さんがため」に、登場人物をフランス革命史の人物に引き当てて注釈をつけている。ここで熊楠が自分をルソーにたとえ、「ちと狂人らしく見ゆる故自推《じすい》するなり。敢えてその功に誇るにあらず」とし、同号の「禁酒の大益」のなかでも「ルーソーがブラッセルスで酒に酔うてウォルテールとつかみ合った」と書いているのは、帰国後の那智山中でルソーを耽読したのと思いあわせて興味深い。

『珍事評論』第一号が回覧された二日後、決闘を求めて熊楠の室を訪れたある学生は、議論して一晩泊ったあげく、「狂夫ぞと見しはひが目でありけるよ、見しおのれこそ狂夫なりけり」と詠んだという（同紙第二号）。熊楠の創作かとも思われるこの歌には、自分を「狂夫」と見る周囲の学生たちに、おまえたちこそ「狂夫」ではないか、と問い返している語気がある。

「のらくられん」酒に理解のない「卑劣な輩《やから》」ばかりのアナーバーにも、「善く飲む者」が何人かいた。

『珍事評論』第一号には、唐の詩人杜甫の「飲中八仙歌」を下敷きに、「アナバ府飲中八仙歌」と題する絵入り注解つきの詩が掲載されている。酒を三斗飲んでから朝廷に出仕したという汝陽《じょよう》王李璡《りしん》のくだりを改作して熊楠自身のことを詠みこみ、「紀州は七本にして始めて店を辞す、道に酒肆《しゅし》を見て口に涎《よだれ》を流す、恨むらくは校を移して酒県に向かわざることを」と作った。

その注解には、「紀州の人南方熊楠は毎夜平均七本ずつ飲んで、十時になれば始めてみせを辞し帰る。道にてまたサルーンが目につくとのみたくなり、ガラスまどのすきまより内の様子を覦《うか》がえども、もはや十時後にてしまって居る故、天を仰いで、こんなつまらぬところにおらず学校をかえてミルウォーキーに往きたしという」とある。ミルウォーキーはミシガン湖西岸にあって、ビールの産地として有名であった。

しかし、店がしまったあとでも、日記にはおたがいの室をはしごして飲みつぶれる記事も多く、友人が室を立ち退くさいに酒瓶六十本を森に捨てたという記載もある。日記を読むと、このころは熊楠も自分の室を持ち、しかも飲み友だちがおなじ宿のあちこちの室にいたことが分かる。たとえば、一八八九年十月五日の日記には、つぎのような「当夜予が唄《うたい》しどど一《いつ》」が記されている。

私のととさん文化の生れ、アナバー府サウス・ツェルフス・ストリート、南方君のへやなかに、つどひ給ふはのらくられん、いつもきげんの留学諸君、一の間三好の太郎坊、二の間は麻布のほら大尽、三の間新門辰五郎、気は慷慨の村松君、弁は小沢の正太郎、粋は渡部判吾君、ランセットにピンセットは武石に鈴木君、飲みこむお酒はハーフ・ダズン、酒をのむならこよひのざしき、よそじゃ一所にのまれやせぬ、ともいはなけやその日がすごされぬ。

都都逸《どどいつ》は、外国にあった日々から帰国後にいたるまで、熊楠が愛用した唯一の歌唱形式であった。アメリカ時代の手帳には、和歌山の友人十四人の列伝を、和歌山弁と都都逸で綴ったものまで残されている。新門辰五郎は幕末の浅草で町火消しの頭《かしら》をしていた侠客で、三千人の子分がいたとされる。熊楠は『珍事評論』でも「通称熊楠、号二代目新門辰五郎」と書いている。

繁太郎への挽歌

糾弾文を満載した『珍事評論』第一号のなかで、異色を放つのは「渡部判吾君伝」に記された親友羽山繁樹（繁太郎の別名）への挽歌である（すでに第二章で一部を引いたので、ここには挙げない）。

日高川の朝霧のなかで「君を送ること千里なるも遂に一たび別る」で熊楠と訣別した繁太郎は、一度は病状が好転して大阪医学校（大阪大学の前身）に入学したが、一年ほどで再発し、一八八八年十一月二十五日に亡くなった。アナーバーにいた熊楠が、杉村広太郎からの手紙でそれを知ったのは翌八九年一月十七日であった。（のちに三歳年下の羽山蕃次郎が兄とおなじ病気で亡くなったのは、東大（医科大学）在学中の一八九六年十二月三日のことであった。）

　その三か月後の四月、「昨朝、亡羽山繁次（太）郎を夢み、予、君死にたるはうそなりやと問うに答えず。今朝羽山蕃次郎子を夢む。今夜を徹していねず」。羽山兄弟の夢をあいついで見たのは、癲癇の再発する数日前のことであった。

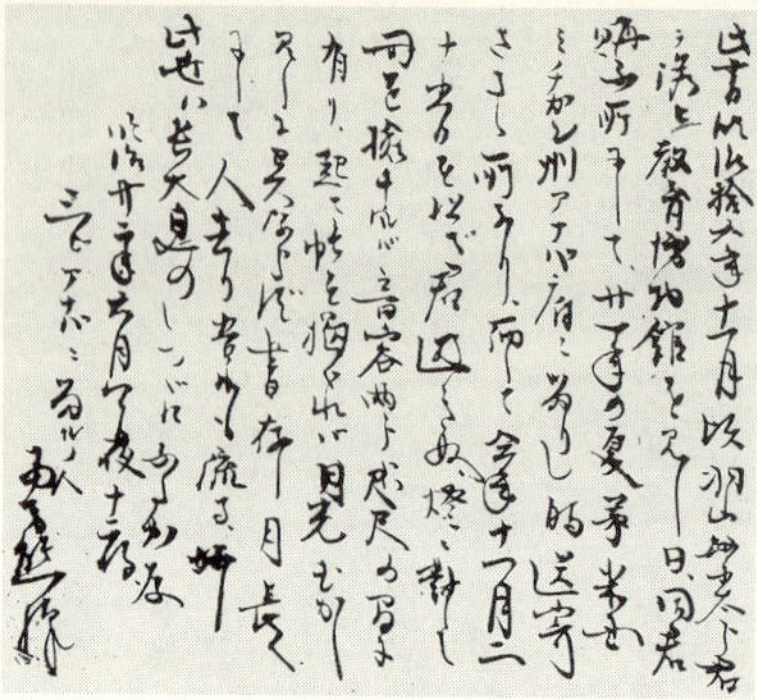

羽山繁太郎を偲んで綴る
（1889年6月4日）

　さらに六月四日、『教育博物館列品目録』を手にして、この本は、繁太郎が上京した年の秋、二人で行った教育博物館で繁太郎が買ったもので、必要があって一八八八年夏にアメリカへ送ってもらったことを思い出した。そして「燈に対して冊を検すれば、音容両《ふたつなが》ら咫尺《しせき》の間にあり。起《たち》て帳《とばり》を掲《かか》ぐれば、月光むかし見しに異ならず。書存し月長く留して、人去り吾れも流る」と書きつけた。本をめくっていると、元気だったころの繁太郎が声も顔もそのまま目の前に現われたのであった。

　これに似た体験は、翌一八九〇年の四月、弟の常楠から活字本の『和漢三才図会』第三冊が送られてきた時にもくりかえされている。この本の第一冊と第二冊は、東京にいる熊楠と郷里で療養中の繁太郎にそれぞれ届けられた。しかし、第三冊が出た時、瀕死の床にあった繁太郎は、もはや手に取ることはできなかったはずである。連れ立って予約をしにいった「莫逆の友」を思うよすがは、いまとなってはこの『和漢三才図会』しかない、と熊楠はその活字本の巻頭に書きつけている。

4　アメリカ大陸の南部へ

ミシガンの森

ランシングの農業専門学校に入ってまもなく、熊楠は「『植物名彙』植品中、英米の産あるものの英語を挿記することに着手す」と日記に記し、アナーバーに移ってからは『帝国大学理科大学植物標本目録』（松村任三編、一八八六年刊）に「新種と新産地を追筆す」ともある。『植物名彙』は日本の植物名一覧である松村任三の『日本植物名彙』（一八八四年刊）と思われるが、蔵書には一九〇二年刊の『改正増補植物名彙』しか見えない。『植物標本目録』の方は書きこみの多数あるものが残されている。いずれにしても、日本の植物目録と英米のものとを対比して補充の書きこみをし、英文の専門書を活用するための準備をしていたのである。

ランシング近傍の森や川べりで植物を採集しはじめるのは、日記によると翌一八八八年の夏ごろからである。山地の林下に純白の姿で現われる腐生植物の水晶蘭（銀龍草《ぎんりょうそう》の別称）に出会ったのは、一八八五年夏に日光山で見て以来二度目だとある（水晶蘭科の植物については、のちに「周参見から贈られた植物について」でくわしくふれている）。植物採集に時々同行していたマンソンという友人が、ハシバミの実を持ってきてくれる記事もある。

アナーバーに定住してからは、近くを流れるヒューロン川と川沿いの森に毎日のように出かけて、目についた植物を片っ端から採集し、夜になると同定作業をしている。当時の日記やノート類にはくりかえし採集品の一覧や数が記されている。キンポウゲ科の Hepatica 属の植物について、「余一生に今日始めて之を見る」という気負った記述があるなど、まさに「ヒューロン川流域植物目録」を作成するような意気ごみで採集がつづけられている。

当時の植物標本の一部は今も熊楠邸に保存されていて、外国産植物標本一九二一点の大半はアメリカ時代のものと思われる。土永知子によると、そのなかには標本作りのサンプルとして図鑑代わりに購入したものも多数含まれている。すでに東京時代に『動植物標本製作法』という本を買い、アメリカでも入門書と思われる本を何冊か買っている。熊楠が採集や標本作成について誰かから手ほどきを受けた形跡はないが、当時はこれらのサンプルを参照して「実習」していたのかもしれない。

フィールドの同行者

『珍事評論』第一号を回覧する半月ほど前、飯島善太郎という学生が熊楠を訪ねてきた。アメリカで、「学校へ入らずに工場ばかりで実地に電気工学を修め」て十五年留学していたという。おなじような境遇の二人は意気投合したらしく、その日の夜に飲んだあと、ひと月足らずの滞在中にしばしば往来し、数回にわたって採集に同行している。

その一日、飯島が「金色の蓮」があるというので、半信半疑で行ってみると、ヒューロン川を三マイルほどさかのぼって湖水のように広くなったあたりに、「淡黄金色《うすこがね》の蓮花おびただしくさき並び、現世にありつつ極楽のあみだ川を眼前に眺め」ることができた（「このごろの草花」など）。これはアメリカの東部諸州から南米にかけて分布するキバナバスであった。

後半生の熊楠にとっては、大きな比重を占めることになる菌類の採集も、このころに始められている。熊楠は菌類をキノコの仲間をさして狭義で使うことが多く、粘菌は菌類に近いものとしながらも別扱いにしている。

一八九〇年の春ごろ、熊楠の下宿していた家にウィリーという五歳になる少年がいた。何人かいた兄弟の末っ子だったらしく、熊楠はウィリーを採集に連れていったり、本を買ってあげたりしている。何度も連れ歩いているうちに、ウィリーが近所のリンゴ園に菌類があると教えてくれた。いっしょに行ってみると、モレル（カナメゾツネ、通称アミガサタケ）がたくさんあったので、「手に任せ数十個を採り帰った」という。熊楠はそこまで書いていないが、このあたりではアミガサタケを春の食材として珍重するというので、そのために数十個も採って帰ったのであろう。

「日本のゲスネル」

『珍事評論』第二号が発行された翌月、一八八九年十月二十一日の日記には、熊楠の独学への決意をあと押しした一つの出来事が記されている。

夜、感有り、コンラード・ゲスネルの伝を読む。吾れ欲《ねがわ》くは日本のゲスネルとならん。この夜、寒甚し。夜、五時過ぎに至り、臥すつもりのところ臥さず、『エンサイクロペヂア・ブリタンニカ』を読む。

ゲスナー（一五一六〜一五六五）は、スイスのチューリヒの貧しい毛皮加工職人の家で生まれた。子どもが多かったために母方の大叔父の家に引き取られたゲスナーは、そこで植物に親しんで博物学を志し、貧困に苦しみながら学問をつづけて『動物誌』全四巻の著作を完成させた。『動物誌』では、それぞれの動物についての古来の知見を集大成すると同時に、実物の観察による正確な写生図を入れることに努めた。その方法は、ほぼ同時代の中国の李時珍による『本草綱目』を想起させる。

ほかの分野では、書誌学の先駆的な試みである『書誌総覧』や、言語学、古典医学、植物学などにわたって研鑽を重ね、植物園や「博物館」と呼ぶ博物標本陳列室なども作っていた。また写生図をたくさん残し、手紙をよく書き、皇帝への進講をおこない、植物分野の研究が生前には完結しなかったことなど、仕事のスタイルも熊楠に似たところが多い。

日記の書きぶりからすると、『エンサイクロペディア・ブリタニカ（大英百科全書）』に掲載されたゲスナー伝を読んだものと思われる。後年、熊楠が愛用する『エンサイクロペディア・ブリタニカ』は一九一〇年刊行の第十一版であるが、アメリカで購入したのは第九版であった。

熊楠は、数年後、友人にあてた手紙に、「洋行後、大いにわが行路を過《あやま》たしめたるものは、一日、コンラード・フォン・ゲスネルの伝を読みしにあり。（御承知ごとく、ゲスネル、スイス人、貧究《ママ》中に博学せし人にて神儒の名あり。日本にても宇田川榛斎［榕庵の誤記］の『西説《ママ》菩多尼訶《ボタニカ》経』にその名古く見えたり。）次いでライプニッツの伝に感ぜられ、さらにスペンセル、ラボックのことに波動せらる」と書き、つぎのようにつづく。

それからむちゃくちゃに衣食を薄くして、病気を生ずるもかまわず、多く書を買うて、神学もかじれば生物学も覗《うかが》い、希拉〔ギリシア、ラテン〕もやりかくれば、梵文〔サンスクリット〕にも志し、流るる水ののどにもあらましの万葉風より、稽固《けいこ》返りのささもつれ髪と甚句体までも研究せしが、わが思うことは涯《かぎり》なく命に涯《かぎり》あり。見たい書物は多々、手元に金が薄しときているから、思うままにもならず。若いとき愛せし報いにや、珪藻《けいそう》を採《さぐ》るとては鳥の肛門に手を入れ、菌芝《きんし》を採るとては馬や猫の糞を一々ひっくりかえす。必竟は何の役に立つべしとも思われず。

（中松盛雄にあてた一八九二年八月ごろの手紙）

「必竟は何の役に立つべしとも思われず」という述懐の少し先には「一生を棒にふりし馬鹿者と異なることなしと、みずから知れども脱すること能わず」というくだりもあって、強気とも見える熊楠の行動の裏側に、いつもただよっていた基底音を聞くことができる。

餐を漂母に乞う

学校をやめたために生家からの仕送りが減額されることはなかったと思うが、くわしい状況は分からない。ランシングの農業専門学校にいたころは、熊楠が友人の生活費を援助したことを理由によぶんな学費を請求したこともあるらしく、そんな使い方をたしなめた常楠からの手紙が残っている。

アナーバーで暮らすようになってからは、日本からの送金手続きが遅れがちになったり、熊楠が多数の学術書を買いこんだためもあると思われるが、経済的に困窮した状況が長くつづき、友人たちとの飲食の記事とともに金の貸し借りがしばしば日記に記載されている。

比日《まいにち》一銭無し。毎夕（日曜には午及夕）主婦の食を受く。正に是れ餐《さん》を漂母《ひょうぼ》に乞う。（主婦は洗濯を内職にする者也。）

（日記、一八九〇年四月十一日）

このたとえは、漢の建国に功績のあった武将の韓信が、まだ若くて貧しかったころ、川で綿や布をさらしていた洗濯婆さんに食事をめぐんでもらったという『史記』の故事に由来する。もっとも、これは成功者の過去のエピソードとしてこそ意味を持つのであろうが。

一八九〇年八月、友人三好太郎の転居して二か月目の家へ熊楠が寄宿しているのも、そのような困窮が原因であったのかもしれない。もっとも熊楠は、自分が書籍や標本などを持ちこむかわりに経費の一部を負担して、三好の窮状を援助したとも書いている。三好は子爵で陸軍中将である三好重臣の一人っ子であったが、前年に下宿先の医学部助手フランシスス・W・ブルーアの娘アグネスと結婚し、二月には娘琴子、翌年三月には息子東一が生まれていた。一八九一年五月には三好の一家が帰国することになり、その送留別会をすませてから、四月末に熊楠はフロリダへと旅立つ。

カルキンスとの往来

シカゴに住むウィリアム・カルキンス（一八四二〜一九一四）と熊楠との往来は、文通を介しての標本のやりとりから始まっている。日記によると、カルキンスからは、一八九〇年十二月に菌類三百数十種が、つづいて翌九一年一月に地衣類六十種が送られてきているあたりが最初である。標本のやりとりは熊楠がイギリスに渡ってからもつづき、一八九四年五月には送られた地衣類だけで累計四百五十種ほどになった、と記されている。これらの標本はかならずしも商品として授受されたわけではなかったようだが、熊楠は七、八十ドルの礼金を送ったこともあると後に書いている。

カルキンスは南北戦争に陸軍大佐として従軍したあと、法律を学んで弁護士をするかたわら、岩石や化石の蒐集を始めたが、一八七一年のシカゴの大火でコレクションをすべて失った。その後は、貝類、顕花植物から菌類、地衣類の採集へと進み、その標本を各地の大学などに寄贈していた。荻原博光は、カルキンスのアマチュア科学者としての生き方が熊楠とたいへん似かよっており、そのため熊楠の研究に大きな影響を与えたと書いている。

カルキンスには結核で療養中の娘がいて、その保養のためにフロリダ半島に滞在することが多かった。あまり調査の進んでいない南部諸州や西インド諸島での採集をつづけたので、たくさんの新種を発見できた。地衣類について言えば、フランスにいる世界的な地衣学の権威であるニランデル（熊楠はニイランデーと書く）に鑑定を依頼し、三十種ほどの新種を発見していた。

熊楠は結局カルキンスと直接会うことはなかったが、ひんぱんにやりとりした手紙や送られた多数の標本で、その採集の成果を知って、自分もアメリカ南部への採集行を思い立ったものと思われる。

フロリダからキューバへ

一八九一年四月二十九日、熊楠はアナーバーを出発して南下し、五月二日にフロリダ半島のジャクソンヴィルに到着している。ここから日本にいる友人に、つぎのように書き送っている。

小生こと、この度とほうとてつもなきを思い立ち、まず当フロリダ州から、スペイン領キュバ島およびメキシコ、またことによれば（銭の都合で）ハイチ島、サン・ドミンゴ共和国まで（中略）全く持病の疳積《かんしゃく》にて、日本の学者、口ばかり達者で足が動かぬを笑い、みずから突先して隠花植物を探索することに御座候て、顕微鏡二台、書籍若干、ピストル一挺携帯罷り在り、その他捕虫器械も備えおり候。虫類は三、四千、隠花植物は二千ばかり集める心組みにて、この辺はあまり欧米人の探索とどかぬ所ゆえ、多少の新発見もこれあるべしと存じ候。

（喜多幅武三郎にあてた一八九一年八月十三日付の手紙）

アナーバーでも食うや食わずの暮らしぶりであった者が、頼るべき人もなくて未知の土地へ行くのは、たしかに「とほうとてつもない」ことであった。採集した標本を売るつもりがあったのではないかという推測もあるが、カルキンスと熊楠がたがいに送金しあう記載が数回あるだけで、ほかにはそれらしい手がかりは見当たらない。

すでにイギリスへ渡る予定を立てていたためか、買った本や標本の一部は帰国する友人に托して何度か日本に送っていた。その上で、アメリカに数年間滞在した成果を、この採集行でしめくくって、少しは目につく仕事をしておきたいと考えたのであろう。

ジャクソンヴィルには三か月ほどいたあと、八月二十一日から九月十五日までフロリダ半島の突端にあるキーウェスト島を訪れ、ここからキューバ島に渡ってハヴァナに翌年の一月七日まで滞在している。それからジャクソンヴィルにもどって数か月をすごし、八月二十三日にはニューヨークに向かって出発している。

日記には右のような地名の記載しか残されていない。しかし、雑賀貞次郎が早い時期に書いた略伝では、ハヴァナ滞在中の日記に空白が多いとした上で（七〜九日の空白が三度、三〜四日の空白が六度ある）、採集した標本に残された地名などからハイチ、ジャマイカ、ヴェネズエラなどを訪ねた可能性があるとし、のちに南方熊楠記念館の展示や笠井清の伝記にも、それにパナマ、コロンビアをも書き加えた足跡地図が使われたことがある。しかし、キューバに近いハイチ、ジャマイカ程度はありうるとしても、それ以外の諸国を歴訪した可能性は低いのではないかと思われる。

広東商人江聖聡

ジャクソンヴィルでは、最初の二、三日ホテルに泊ったあと、室を借りたらしい。

やがて、ここでも食事や飲酒のため中国人の店に通いはじめ、親しくなった梅彬廼《ばいひんだい》のところには宿泊することもあった。「仏国女と麦酒九本」飲んで、そのまま泊った日もある。このほか個人名を記してある中国人の店は、日記に見えるだけでも数軒に及んでいる。その付き合いの広さをうかがわせるかのように、キューバへの出発を間近かにひかえた八月九日には、中国人十五人を集めて「博徒麕至《ばくときんし》、余酒をふれまう」宴会を、梅の店で開いている。

また梅からは五連発ピストルと弾丸十余個を五ドルで買ってもいる。当時まだスペインの植民地であったキューバへ渡るには、やはり多少の危機感があったのだろうか。そういえば、渡米してから一枚も記念写真を撮っていなかった熊楠が、ジャクソンヴィルで洋服の上半身像（口絵参照）と和服姿の二枚の写真をとって、郷里の家族や友人たちに送り、毎日顔を合わせている中国人たちにまで配っているのも、そんな気持ちがあったせいかもしれない。

熊楠と中国人江聖聡
（1892年 8 月19日，ジャクソンヴィル）

また南方熊楠記念館には、「この品は江聖聡とて、余零落してフロリダにありし日、厄介してくれたる八百屋主人が一日持来り与えられしなり」と但し書きのある地衣の標本が展示されている。熊楠はキューバへ行くさいに、この江に書籍や標本の入った箱を預けている。

キューバから戻ると、熊楠は江の店に泊めてもらうことになった。牛肉屋とも八百屋とも書いているから、いろいろな食品を扱う商店であったのだろう。黒人の店員もいたらしいが、時として熊楠が店番をしたようなこともあったと語っている。昼間採集した標本を、夜になって熊楠が整理したり顕微鏡で調べたりしていると、江は外出し、よそへ泊ることも多かったという。

その好意に報いるためか、熊楠は別れる数日前に和服姿で、清国服の江とともに記念写真を撮影している。その写真はロンドンに届けられ、一八九四年ごろまで二人の文通はつづく。残された手紙を見ると、古い書簡形式にのっとった丁寧な文面である。手紙によると、江の出身地は「唐山広東省広州府新寧県土名端芬山大洋美村」とある。新寧県はのちに台山県と改名されるが（現在は江門市に属し、孫文の生まれた中山市と境を接する）、海外移住者の多い土地であった。

日本人芸人たち

ジャクソンヴィルでもキーウェストでも、熊楠はほとんど日本人に会うことはなかった（のちのジャクソンヴィルでは来訪者が一人あったが）。ところがハヴァナに着いて一か月以上たった十月下旬、日本人の曲馬師川村駒次郎（芸名京極駒治、京都出身）が熊楠の滞在するホテルに訪ねてきた。

話を聞くと、川村は十一歳と七歳の二人の弟を連れており、一昨年九月、サンフランシスコからテキサスを経てメキシコに入り、それからキューバに来て、さらにハイチ、ジャマイカ、プエルト・リコ、ヴェネズエラを巡業して、また戻ったところだという。以前には中国の天津からインドのカルカッタまで行ったことがあるとも話した。

川村の第一印象を「人物至って美なる人なり」と日記に記した熊楠は、その後、川村のもとを何度も訪ね、十二月中旬には熱病に苦しむ川村の看病までしてやっている。

その中間にあたる十一月八日に、「午後、川村氏、当地近傍のいなかへ興行に赴く、兄弟共」と日記に書いてあるのを見ると、サーカス団として行動しているのではなく、小人数で見世物をしているようにも思われる。しかし熊楠は、美作《みまさか》出身の百済《くだら》与一という象使いのことも書いているし（「新庄村合併について」)、さらに「予、西インドにありし時、京都の長谷川長次郎とて、十七、八の足芸師、肺病にてジャマイカ島の病院に単身呻吟しいたりし」(「ペルー国に漂着せる日本人」)という回想もあり、これらの日本人はおなじサーカス団で働いていたものと考えられる。

明治二十四、五年ごろ、小生キュバ島その他にて落魄《らくはく》して曲馬師の窠中《かちゅう》に寄生せしことあり。小生は各国の語を早く解し、ちょっとちょっと埒《らち》の明きやすき男で郷に入れば郷に従えとあきらめ、曲馬中の芸女のために多くの男より来る艶簡を読みやり、また返書をその女の思うままにかきやり、書いた跡で講釈し聞かせ、大いに有難がられ、少々の銭を貰い、それで学問をつづけたること良久《やや》しかりし。(柳田国男にあてた一九一三年一月二十四日付の手紙)

これに近い体験があって、サーカス団に出入りして食事をしたり小遣いをもらう程度のことはあったかもしれないが、この時期の熊楠は動植物の採集に熱中していて、それほどサーカス団に随行していた期間が長かったとは思えない。それどころか、暑熱の激しい土地でむりに動きまわったためか、しばしば体調をくずし、三、四日つづけて休養をしていることが多かった。

ジャクソンヴィルへ戻ってから書いた手紙にも、「小生も今年になりて一滴も口に入れず、性向ははなはだよろしく相成り候えども、身体ははなはだ衰え、一時は渡英を止め、帰国せんかとも存じたることに有之《これあり》候」(羽山蕃次郎にあてた一八九二年六月二十一日付の手紙)とある。さらに晩年になっても、

「熱帯地方に過度に身心を労せしより不治の多汗質（Hyperhidrosis）となり、毎年四月より十月までは衣服を着ること能わず」（岡田桑三にあてた一九三八年七月三十一日付の手紙）と語っているように、当時の疲労の記憶は残っていたのである。

またキューバでは、蚤に似たジゴ（別名ジッガー）という虫を防ぐために、特別に注文して作った重い靴をはいて岩山を歩きつづけて足を痛めたことが、後年の脚疾の遠因となったという。

グアレクタ・クバナ

フロリダとキューバでの採集は隠花植物と昆虫が中心であった。とくに地衣類については、採集した標本をカルキンスとたがいに交換しながら熱心に進められた。熊楠がキーウェストで採集した仙人掌（サボテン）の樹皮に付いていた地衣を、カルキンスが新種とみなし、パリのニランデルに送ったという手紙を熊楠は受け取っている（一八九一年十月十四日の日記）。そのキーウェストの分とは別のものと思われるが、熊楠がキューバで採集した石灰岩生地衣がニランデルに新種と認定され、グアレクタ・クバナと命名された。この知らせを熊楠はジャクソンヴィルで受け取っている（一八九二年四月三十日の日記）。後年の熊楠は、これを「東洋人が白人領地内において（なしとげた）最初の植物発見」（「履歴書」）であると自賛し、一九二九年の昭和天皇への進講のさいにも、他の動植物の標本とともに天覧に供した。

また一八九一年夏、ジャクソンヴィルの南郊で、熊楠は緑藻のピトフォラ・オエドゴニア・ヴォーシェリオイデスを採集した（七月二十四日の日記）。アメリカの北部にあることは知られていたが、半熱帯地のフロリダではまだ発見されていなかった。のちに日本に帰ってから、おなじものが和歌山市と田辺にもあることを発見して、『ネイチャー』誌に投稿し、三度にわたって紹介と報告がされている（『南方熊楠英文論考』ネイチャー篇、第13章参照）。これを見たワシントンの国立博物館から、その後フロリダで採集した者がいないので標本を欲しいと依頼されて送ったという。

当時の採集品の一部は、イギリスで専門家に見てもらったこともある。

たとえばキューバで採った二種の蛙を、大英博物館の自然部門の分館であるナチュラルヒストリー（自然史）博物館にいたブーランジェーに見てもらった時のことは、つぎのように回想されている。

二十四、五年前、予ほとんど無銭で単身西インド諸島から近傍諸国を渉猟し、当時のみかは今も欧米の学者が気付かぬ生物を多く採り、前月来訪のスウィングルなども大いに羨望されたることである。例せば、ヒロデス・クニアッス〔*Hylodes cuneatus*〕という蛙は大英博物館にもその標品なかったを、英学士会員ブーランゼー氏が非常に勧めるからかの館へ寄付し、大いに悦ばれて翌日公使館の小池張造、故山座円次郎また岩崎弥之助の息男なども見に来て、鱈腹《たらふく》呑ませくれた味を今に毎度夢に見る。

（「博士輩の出放題」）

日記によると、それは一八九八年十二月十三日で、二種のうち一種の標本を寄付している。しかし、大英博物館から出入りを禁止する通告の届く前日で、その近くには祝宴を開いてもらったという記事は見当らない。

また西インド諸島で採集した昆虫類は、これもナチュラリーヒストリー博物館にいた昆虫学の大家ウィリアム・フォーセル・カービーに見てもらったという（「紀州俗伝」三）。カービーとの往来は帰国前の短い期間であったが、日記では調査してもらった記事は確認できなかった。日本へは二百種ほど持ち帰ったというが、熊楠邸の蔵品では、外国産の標本は甲虫類十五点、カメ虫一点をのぞいて形をとどめていない（後藤伸「南方熊楠の昆虫記」）。

黒人たちとの往来

採集行に疲れて休息しているさいの無聊をなぐさめるかのように、熊楠は和歌山の友人たちに饒舌な手紙を何通も書き送っている。それは菌類の解説であったり、自作の都都逸であったり、日本古来の修辞法であったり、まさに『珍事評論』の個人版というべき内容であった。そのなかには、つぎのようなジャクソンヴィルで起こった事件の見聞もあった。

定めて新紙［新聞］にて御承知に及ばるるならんが、当市中一昨夜より今に黒人と白人のあいだに合戦起こり、合衆国陸兵隊出張。一昨夜は白人三名負傷、昨夜は銃撃五回に及び候。戦場は小生の住所より十五、六町有之《これあり》候。黒人およそ千人、白人三百人、民兵百人、軍隊五百人（とも三百人とも申す）。小生は今夜合戦見物に趣《おもむ》くつもりにて、唯今鉄炮（口《くち》鉄炮とも）用意最中に候。

（喜多幅武三郎にあてた推定一八九二年七月ごろの手紙）

これは一八九二年の日記に見える「此夜市中に黒人蜂起し、獄吏と争闘に及び、獄吏三名負傷」

（七月五日）、「兵士数百人来り鎮撫す」（七月六日）という記事に対応するものと思われる。言うまでもなく、これはジャクソンヴィルでの事件だが、それが（おそらくは熊楠自身によって）面白おかしく作り変えられて、熊楠がキューバの革命軍に参加して胸部に盲貫銃創を受けたということになった（『南方随筆』初版あとがき、中山太郎「私の知ってゐる南方熊楠氏」など）。ちなみにキューバ独立のための最後の戦いは熊楠滞在の四年後の一八九五年に始まり、九八年に独立が承認された。

ジャクソンヴィルにある江聖聡の店に出入りするのも黒人が多かったのであろう。夕方になると店先で腰かけて休んでいた熊楠は、近くで遊んでいる黒人の子どもたちに「つかみ合い」を命じ、勝ったものにジンジャー・スナップをあげるようなこともしたという。

その子どもたちが、アリジゴク（蟻地獄）を集めて、「ズロ、ズロ（この虫の名らしい）、ハウス・オン・ゼ・ファイヤ（汝の家が焼かる）」と唱えるのを聞いて、和歌山で「ケンケンケソソ（この虫の土名なり）、叔母処（おばとこ）焼ける」と言っていたのに似た発想だと気づき、のちに「類縁なき遠隔の地で、同一の趣向が偶合して案出されたのだ」とのべている（「紀州俗伝」など）。

この店に出入りしていた黒人のネリー女については、熊楠の潤色した物語がある。

その近辺の若い黒人たちの頭領にベンという青年がいて、熊楠が貸し売りをことわった腹いせに店に乱入し、生きた蛇を投げつけたり肉類を取って食ったりした。そこへネリー女が駆けつけて、この日本人に乱暴してはいけないと怒鳴りつけて泣きだしたので、さすがの青年たちも引き下がった。

ネリー女は黒人の母親と白人のあいだに生まれた子で、当時十七、八歳、「黒人に普通な大笑いや無作法をせず、百行の基たる孝心厚く、動作閑雅で細謹寡言」である、と熊楠の評価はすこぶる高い。

その翌朝ネリーが燕麦粥を一皿拵《こしら》え持ち来り、昨夜は気の毒まずこれを食えと、その志や嬉しかった。脳を養うに第一と評判で学者が好み用ゆる物だ。さて汝は郷国に父母有りや、返りたくはないか、いっそ米国に帰化してここで一生学問を研究せぬかなど尋ねた。所へ主人江も帰り、昨夜鎮撫の労をねぎらい何か遣って帰した。それからちう物は、日が暮れ江が出で行くと彼女が度々来て日本の事を問い、日本の女と米国の女とどちらが好きかなど問うた。沙翁［シェクスピア］の『オセロ』でも読んで居ったなら、妻に持って下さんせという内意と解いたはずだが、当時の熊公ほんの木一本の朴念漢で、底迄《そこまで》気付かず。追々気味悪くなって会話の暇なしと謝絶し、堅く戸を閉して開かなんだは一生の謬《あやま》り。

（「夢違いの獏の札」の続稿、未刊部分から）

巡査につかまる

一八九二年八月二十二日、江聖聡の見送りを受けて、熊楠はジャクソンヴィルで船に乗りこんだ。翌日の早朝に出航した船は夜半すぎにチャールストンに着き、二十六日午後、ニューヨークに到着している。

ハヴァナで紹介状をもらっておいたスペイン人の旅宿ホテル・アメリカに泊ると、ハヴァナのローマ・ホテルにいた給仕人に出会い、たいへん歓待された。翌日、日本領事館で旅券の裏書をしてもらったあと、道に迷って三時間ほど歩きまわり、最後は車で宿に帰ったという。

八月二十八日にはセントラル・パークに行き、動物園とアメリカン・ミュージアム・オブ・ナチュラルヒストリーを見た。「帰途再び園に入り巡査の為に咎めらる。衣服きたなき故なるべし」と日記にある。「帰途再び園に入り」は、博物館を出て、もう一度動物園に入ったのか。動物園では象、犀、河馬などを、生まれて初めて「熟視」することができた、と日記に書いている。

着るものについては、自分でも「小生在米中満足な衣類をきたことなく、常にジャケットを着居り、それでは毎々人に侮られ、騒ぎがおこるということで、三好太郎氏の二年計り用い古しのフロックコート貰えり」というぐらいだから、ひどい格好をしていたにちがいない。

九月四日にも、またセントラル・パークの博物館へ行っている。七日にも、たまたま宿で出会った友人とセントラル・パークへ行った。その帰り、道をまちがえてうろうろしていたら、また「巡査に予の頸筋と右手をとられ、半町ばかり引き往かる。警部様のもの四人来るを見、忽ち放し去れり」とある。この日も不審者と思われて連行されかかったらしいが、後半のいきさつはよく分からない。これに懲りたせいか、夕食の食堂には日本服（すなわち着物）を着ていったという。

しかし、いくら熊楠がきたない衣服を着けていたとしても、街にも不穏な空気があったのではないか。一年後の恐慌を前にして、アメリカの各地で大規模なストライキが連続し、外国からの移民の増加も社会問題となっていた。

熊楠はアナーバーにあずけてあった荷物が届くのを待って、イギリス行きの船便の切符を買った。九月十四日に出航した船には、熊楠の標本などを入れた二つの大箱も積みこまれた。

第四章　イギリス時代

1　「東洋の星座」まで

リヴァプールからロンドンへ

一八九二（明治二十五）年九月二十一日午後、二十六歳の熊楠を乗せたシティ・オブ・ニューヨーク号はリヴァプールに到着した。五年前に日本からアメリカに渡った時にくらべると、はるかに大きな一万トン級の船であったが、ニューヨークを出航したさいには「夕より夜にかけ船客嘔吐するもの多し。余は何の事もなし」という状況であった。途中でアイルランド南端のクインスタウンに立ち寄り、一週間かかっている。

リヴァプールの港では、熊楠の不案内な様子を見かねてか、スコットランド出身の老人が税関や宿屋の世話をしてくれた。老人はニューファンドランドからニューヨークに出て、病気のためスコットランドに帰るところであったという。お礼の金も受け取ろうとせずに立ち去ったので、名前も聞けなかったが、熊楠には老人の親切が身にしみたことであろう。

大きな二箱の荷物を税関から受け出すのに一日かかり、それをロンドンに向けて発送するのに一日かかって、熊楠がロンドン行きの列車に乗ったのは五日後の九月二十六日であった。

夜の九時ごろ、ロンドン市中心部のターミナルの一つであるユーストン駅で降りた熊楠は、勝手も分からず駅前にある石造り四階建の宿屋街の一室を借りることにした。「Euston Square 24」（ユーストン・スクェア二十四番地）と日記には記す。この宿でロンドンでの最初の冬を過ごし、翌年五月まで滞在している。牧田健史によると、当時はおなじような四階建の建物が十三棟も並んでいたが、今は駅前広場となってしまい、むかしの面影は残っていないという。

父親の訃報

ロンドンに着いた翌日、熊楠はすぐに横浜正金銀行ロンドン支店長の中井芳楠《よしぐす》を訪ねている。中井は熊楠と同郷の和歌山出身で、十数歳年上であった。アメリカへ渡る時にまだ横浜で勤務していた中井の世話になったのが最初で、イギリスへ行くにあたっては一年ほど前から手紙をかわしていた。このあとも、ロンドン滞在中は、日本からの送金や手紙の受取りを依頼するなど、なにかにつけて世話になっている。

ところが、最初の日に中井から受け取った手紙のなかに、父親が大病だという常楠からの知らせがあった。あくる日にまた銀行へ行く途中で、その手紙をようやく読んだ熊楠は、直後に一月以上前の八月十四日に六十四歳ですでに亡くなっていたという通知を受け取ることになった。

それとは知らず、熊楠は八月二十三日にジャクソンヴィルを発っていたのだが、ニューヨークの宿で父親が死装束をつけた姿で坐っている夢を三度も見て、「はや父は死せり」と直感し、父親のことを佐藤（茂木改め）虎次郎に書き送っていたという。

「小生ごとき不孝死期にあわぬものを子にし、数万金を学問に費やし、一郷に笑われ、身死するの日まで、その子の何ごとをなせしということを聞かず」（土宜法龍にあてた推定一八九三年十二月の手紙）して父親に死なれたことが、熊楠には心残りでならなかった。

その父親が周囲の人のすすめる枕元での加持祈禱をことわって従容として死んだことと、その葬儀が「立花を贈るもの四十四対の多きに及び、実に維新以後和歌山県内始めて見るの一盛儀」（同前の手紙）であったことをうれしく思い、その会葬者の名前を常楠から教えてもらい、アメリカで抜書した『日本社会事彙』第六冊の末尾に書き足している。

標本を整理

ロンドンで暮らしはじめて数か月の日記は、キューバにいたころよりも、さらに何も記載されていない日が多い。記載のある日でも、食事やクリーニングの代金だけとか、「All days and night in bed」とか「Nothing had at home!」とだけ書かれた日も目につく。ユーストン駅前の宿では、最初借りた部屋が二階にあったのか、もっと家賃の安い三階へ（週十三シリング）、さらに四階へ（週五シリング）と二度も部屋を変えて、涙ぐましいほどの節約ぶりを見せる。

アメリカから持ちこんだ標本の整理には、かなり時間をかけている。

最初のころはその一部をカルキンスやニューヨークのドクター・アレンなどに送っている。カルキンスからは、キーウェスト島で採集したなかに、さらに新種が二点あったという通知も受け取っている。なにか期待するところがあったのか、東京植物学会にも菌類の標本一点を送ったという記載があるが、その反響の有無は不明である。

一年半ほどたってからだが、一八九四年二月の日記には、前年の冬からはじめて毎晩三、四時までやっていた有花（顕花）植物標品の整理がほぼ片づき、有花及び羊歯類似植物の種と変種の確定できたものが一六三三になったと記されている。そのころ土宜法龍あてに書いた手紙で、「前年、小生、運賃にこまり、植物せっかくあつめしもの三百ばかり、やいてしまえることあり。実に惜しきものなり」（一八九四年三月四日付）とあるのは、おそらくイギリスに来る前のことであろう。当時の植物標本について記載したノートも二冊保存されているが、内容はまだ検討されていない。

牧羊夫のなかで

ロンドンへ着いて半年たった一八九三年の春ごろになると、熊楠は訪ねてきた知人を誘って、ふつうの見学者として、大英博物館、南ケンジントン美術館（現在のヴィクトリア・アンド・アルバート博物館）、それに隣接するナチュラル・ヒストリー（自然史）博物館、さらにリージェント・パークにある動物園、西の郊外にあるキュー植物園などにしばしば足を運んでいる。また西北部にあるハムステッドヒース自然公園などでは、菌類や藻類の採集も、このあとまだ一年ほどつづけている。

外を歩きまわる一方で、手元にある日本や中国の書物を精読しはじめたことも、『課餘随筆』の記載からうかがうことができる。それはやがてはじまる『ネイチャー』などへの投稿の基礎となるものであった。また一八八七年秋に常楠から送られてきていた条約改正に反対する意見書を集めた秘密出版の『速記法要訣』を、その本の失われることをおそれてか、この時期にあらためて『課餘随筆』第五巻に全文を書き写している。

このころには、「小生は日々、ケンシングトン公園にゆき、牧羊夫の中に坐して読書し、また文章を自修せり」（「履歴書」）という時間もあった。ケンジントン・ガーデンズは、時おり採集に出かけたハムステッドヒース自然公園ほどではないにしても、広大な樹林のある場所で、背中合わせにあるハイドパークとはまたちがったたたずまいがあった。

一八九三年五月九日、そのケンジントン・ガーデンズに近い西八区のブリスフィールド・ストリート（Blithfield Street）十五番地の下宿に熊楠は移っている。後年、「馬部屋の二階」などと自分でも語っているが、牧田健史によると、階下に馬が飼われていたわけではなく、すぐ近くにミューズという馬屋のある通りがあっただけで、もともとは市内西部の新興住宅街に作られた労働者用の三階建テラスハウス（棟続き家屋）であった。狭苦しい部屋を自嘲して、そう呼んだのか。家賃もそれまでの宿と大きな差はなかった。

そのころよく訪れた自然史博物館などに近いために決めたのであろうが、やがて寄り道をしないで歩いても一時間以上かかる大英博物館に通いはじめてからも、あわせて五年近く住みつづけて、ロンドンでいちばん長く暮らした場所となった。現在でもその家屋は改装されて残っている。

足芸人美津田滝次郎

熊楠の芸人好きはすでに東京やキューバでも証明済みだが、ロンドンで足芸人美津田滝次郎と出会ったことは、熊楠にとって新しい道に踏みだすきっかけとなった。
一八九三年七月六日、ヴィクトリア女王の孫（のちのジョージ五世）の婚儀の行列を見るためにビシヨップスゲイト街にある横浜正金銀行の支店に招かれた熊楠は、そこで美津田と知りあった。気に入った友人ができるといつもそうしているように、五日後の七月十一日には、熊楠はテムズ河の南にあるクラハム区トレマドク街二十八番館の美津田家を訪ねている。夜十一時過ぎまで「色々の奇談」を聞いて日本料理とブランディでもてなされた、と日記にある。

この人武州の産、四十余歳、壮快なる気質、足芸を業とし、毎度水晶宮［クリスタルパレス］等にて演じ、今は活計豊足すと見ゆ。近日スペインに赴き、興行ののち帰朝すべしと言う。子二人、実子［こちらも養子であったとのちに訂正］はすでに帰朝、養子のみ留まりあり、その人日本料理を調え饗せらる。主人、明治四年十一月本邦出立、支那、インド等に旅すること数年、帰朝して三年間京浜間に興行し、再び北米を経て欧州各国より英国に来たり、三年前より今の家に住すと、云々。旅行中見聞の種々の奇談を聞く。西インド諸島等のこと、大抵予が三、四年前親しく見しところに合えり。

（「ペルー国に漂着せる日本人」）

日本を離れて外国で生きている人たちの身の上に強い関心を寄せていた熊楠は、美津田がペルーで出会った平田某という人物のことを、二十年ほどのちに書いた右の文章で取りあげた。兵庫近くの海で風に遭って太平洋を横断して漂流し、そのままペルーで生を終えた老人の話は、熊楠には他人事《ひとごと》とは思えなかったのであろう。美津田が日本への帰国を勧めると、その老人が「われらすでに牛肉を食いたれば身穢《けが》れたり、日本に帰るべきにあらず」と語ったとも追記する。

さらに十日後の七月二十二日に美津田を訪ねて、そのまま泊ってしまった熊楠は、翌日、玉村仲吉《ちゅうきち》という人物に会う。玉村は足芸人の子分として巡業中病気のため置き去りにされ、その後十七年間もアフリカ各地で流寓しながら働き、いまはイギリス人の女性と結婚し、ロンドンに住んでいるという数奇な経歴の持ち主であった。

その後も二か月ほど、熊楠は美津田家をよく訪ねている。『課餘随筆』第五巻には、これらの美津田や玉村からの聞書きのほかに、仰向けに寝て足の上にさまざまな品物をのせる足芸師の演出ぶりを描いた数枚の絵図も収められている。

「東洋の星座」

八月十七日の日記には、『ネイチャー』（熊楠は『ネーチュール』と書く）誌の同日付の号に、「M・A・Bなる人、星宿構成のことに付き五条の問を出す」を見て、「予、その最後二条に答えんと起稿す」と記し、さらに同月三十日には「『ネーチュール』への答弁稿成る」とある。この間、十余日にわたる執筆の過程は、『課餘随筆』第五巻（九十八項）に二回に分けて数ページずつ記された論文の下書きからうかがうことができる。

M・A・Bの質問は、アッシリアからギリシアにいたる諸国の星座の異同をたずねた上で、最後の二項では、それら以外の中国、インドなどにはどんな星座があるか、また各国独自の星座名から民族間の近親性を判断できるか、と問いかけていた。

これに答えた熊楠の論文では、まず中国の星座構成の体系と具体例が分類して示され、古代の社会制度の反映や海に関する命名がほとんどないという特徴が指摘されている。論文では明記されていないが、この部分の材料はすべて『和漢三才図会』から取られている。また、論文の後半では中国とインドの星座名を比較して、両者には多くの類似が見られるが、それぞれ独自に形成されたものであるとしており、その資料は唐の段成式の著わした『酉陽雑俎』に拠ったことを明言している。

少年時代から親しんできた『和漢三才図会』は巻頭が天文関係から始まるので、その記述は知悉していたはずで、しかも活字本が手元にあった。出典として挙げなかったのは、中国の文献を直接利用しなかったためであろう。一方、『酉陽雑俎』も大学予備門時代に購入した和刻本が座右にあって、こちらは著者を「中国のプリニウスと呼ぶべき人物」と紹介している。

なおインドの星座については、この一か月後に知りあう土宜法龍から唐代の仏教事典である『法苑珠林』に見える記述を教えてもらったあと、『ネイチャー』に簡単な追記を寄せている。まだ大英博物館の図書を利用できる状態におかれていなかった熊楠は、自分のもっともよく知っている日本と中国の書物を使って最初の論文を書いたことが分かる。

それにしても、無名の日本人の投稿がイギリスの代表的な学術雑誌に掲載されたのは、同誌の編集長であったノーマン・ロッキャーが天文学の専著もある人物で、この分野のテーマに関心が深かったことが有利に作用したのではないか、と松居竜五は指摘する。

ところで、「東洋の星座」を書きあげた直後の九月三日、熊楠はまた美津田の家を訪れていて、片岡政行にはじめて会った。「夜に入り、片岡政行氏来り、三人芸尽し、二時頃眠る」と日記にある。その後も三日つづけて片岡といっしょに遊んでいる。（熊楠が「履歴書」で「何とも知れぬ英語の名人」とした片岡は、愛媛県宇和島の出身、ロンドンで東洋骨董店を開き、イギリスでの「ジャポニズム」の幕開きに大きな役割を果たした。一方では、女性関係などでいかがわしい行為が多く、一八九七年には日本で美術品の売買をめぐる詐欺罪で逮捕されている。時に三十三歳。皇族を詐称して「プリンス片岡」と名乗り、軍服が好きで海軍大佐（キャプテン）とも偽っていたという。）

大英博物館

この片岡が「小生を見て変な男だが学問はおびただしくしていると気づく」。そして、「東洋の星座」の『ネイチャー』への掲載が決まり、校正刷が印刷所から届いた翌日の九月二十二日、熊楠を大英博物館へ連れていき、古美術部（正確には英国中世古美術および民族誌学部）の部長であるウォラストン・フランクスに紹介してくれた。そのさいの感激を、熊楠は後年つぎのように語っている。

この答文の校正ずりを手にして、乞食もあきるるような垢じみたるフロックコートでフランクスを訪ねしに（中略）、少しも小生の服装などを気にかける体《てい》なく、件《くだん》の印刷文を校正しくれたる上、（中略）大いなる銀器に鵝《が》を全煮《まるに》にしたるを出して前に据え、みずから庖丁してその肝をとり出し、小生を饗せられし。英国学士会員の耆宿《きしゅく》にして諸大学の大博士号をいやが上に持ちたるこの七十近き老人が、生処も知れず、たとい知れたところが、和歌山の小さき鍋屋の悴《せがれ》と生まれたものが、何たる資金も学校席位も持たぬ、まるで孤児院出の小僧ごとき当時二十六歳の小生を、かくまで好遇されたるは全く異数のことで、今日始めて学問の尊きを知ると小生思い申し候。（「履歴書」）

当日の日記によると、「午餐談話の後、館内の別室を開かれ、仏像、神具等に付き尋問あり。リード氏、一々ラベルに筆記す。畢《おわ》りて邸にかえり、談話の後、夕に至り帰る」とあり、初対面としては丁重な扱いを受けたことが分かる。熊楠はこの直後に、「私のような世を拗《す》ねた者の言葉に耳を貸していただいた寛大さ（フランクネス）に、感謝と尊敬を抱いております」という礼状を書いたという（『達人たちの大英博物館』）。

その時、すでに高齢であったフランクスにかわって、熊楠に大英博物館で仏教関係の調査を依頼するなどしたのは、フランクスの部下であったチャールズ・リードであった。リードは熊楠の図書室利用のさいの身元保証人となってくれたりして、十歳年下の熊楠と家族ぐるみの交際をつづけた。リードは一八九六年にフランクスが退職（翌年に七十歳で死亡）したあとを継いで部長となっており、一八九九年にはイギリス人類学学会会長の要職についている。

東洋のために気を吐く

『ネイチャー』には、十月五日号に「東洋の星座」が掲載されたあと、次の号にも、熊楠は「動物の保護色に関する中国人の先駆的観察」を発表している。さきにもふれた『酉陽雑俎』に、すでに動物の保護色についてのダーウィン的な見解が見られることを記した短文である。

しかして小生この書〔『酉陽雑俎』〕の中に、顚当《つちぐも》の巣のはなはだ土と同色にて別ちがたく、ために土蜘蛛は難をのがれ敵を欺くことを記したるを、十五、六のときに知りおりしが、なお調べしに、巻の二〇に、およそ禽獣は必ず形影を蔵匿《ぞうとく》して、物類に同じ、「ここをもって蛇の色は地に逐《したが》い、茅《かや》におる兎は必ず赤く、鷹の色は樹に随う」とあるを見て実に感心し、ダーウィンなどがえらいもんだ、えらいもんだとほめらるる動物似色論は、紀元九世紀に、支那人が知りておりしなりということを、昨年十月十二日出の『ネーチュール』へ出したり。

（土宜法龍にあてた一八九四年三月三～四日付の手紙）

「十五、六のときに」と言うとおりならば、和歌山中学のころすでに『酉陽雑俎』を見ていたことになる。その後、大学予備門時代に『酉陽雑俎』の和刻本を購入し、当時のノートである『輯録』と『課餘随筆』第一巻にも関連記事を書き抜いているから、つぎにはこれを出そうと考えたのだろう。二つの文章が『ネイチャー』に掲載され、大英博物館に出入りしはじめるころ、熊楠は高揚した気持ちで毎日を過ごしていた。

十月二十六日の日記には、「儒事之賊也（事に儒《だ》なるは賊なり）。易曰用憑河（易《えき》にいわく、憑河《ひょうが》を用《も》ってす、と）。今日より日々一茶、無烟。（中略）右は亡父の志を成さんため、父の神に誓うなり」と決意を記す。十二月二十一日には「今日より毎朝、昼時、夕に父を念ず」ともあり、また翌一八九四年一月二十五日には禁煙、禁酒の誓いがくりかえされている。

臆病にならず、黄河を歩いて渡るような向こう見ずの勇気を持て。酒を節し、禁煙せよ。これが亡くなった父親の遺志に応える道だというのだ。

これ以後、イギリス滞在中の七年間に、『ネイチャー』に三十七編、『ノーツ・アンド・クエリーズ』に六編の英文論文を発表する。(ちなみに帰国後に書いた英文論文は、『ネイチャー』に十三編、『ノーツ・アンド・クエリーズ』に三百余編となっている。)

あとでふれる論争の文章や二、三の説話の比較研究をもふくめて、その多くは「東洋にも(西人一汎の思うところに反して、近古までは欧州に恥じざる科学が、今日より見れば幼稚未熟ながらも)ありたることを西人に知らしむることに勖《つと》めたり」(「履歴書」)という意図のもとに書かれたものであった。一言でいえば「東洋のために気を吐く」というのが熊楠の口ぐせであった。

投稿しはじめて三年目の一八九四年には、『ネイチャー』の創刊二十五周年を記念しての寄稿者リストが掲載され、そこには植物学者の伊藤篤太郎と並んで南方熊楠の名が挙げられている(『南方熊楠英文論考[ネイチャー]篇』まえがき)。熊楠はそれを自分の名誉として受けとめていた。

2　土宜法龍との出会い

シカゴから

一八九三（明治二十六）年九月、シカゴの万国博覧会に付帯する会議の一つとして開かれた万国宗教大会に、日本仏教の代表団として僧侶四人をふくむ七人が参加した。そのなかに真言宗の僧侶土宜法龍《どぎほうりゅう》（英文では Toki とも書く）がいた。大会のあと、土宜は万国博覧会やボストン博物館などを見学し、十月十八日にロンドンに着いている。

熊楠に会う前の十日間ほど、土宜はセントポール寺院などいくつもの寺院を参観したり、神智会でスピーチをしたり、オクスフォードにいるマックス・ミューラーやロー ヤル・アジアティック・ソサエティのリス・デヴィッズに会いに行ったりして、忙しい日程を過ごしていた。

十月二十九日夜、横浜正金銀行ロンドン支店の中村錠太郎が熊楠のところへ来て、明晩、土宜法龍が中井支店長宅へ来るので、会合に出てほしいと伝えた。中井芳楠は慶応義塾の別科にいた土宜の四学年上の先輩にあたるので、面識のあった可能性がある。その中井が、土宜のために夜会を開き、熊楠もそこに招かれたのであった。

翌十月三十日夜、中井家の夜会で熊楠は土宜と初めて会い、大いに語ったらしい。土宜は十一時前に宿へ帰ったが、熊楠はそのまま中井宅に泊っている。

奥山直司によると、土宜の日記には「南方某は種々に該博の談を為せり。彼は随分変哲の人物なり」という第一印象が記されているという。それは土宜がパリから送って真言宗の機関誌『伝燈』にのせた「海外漫草」のなかで、熊楠からもらった「奇人の書束《しょかん》」を紹介する前おきに「博学の人にて実に一種奇態の人物なり」と書いているのと、ほぼおなじ形容である。（ちなみに、これは「彼《か》（大英博物館）の書籍舘に在りて、梵学の調べを為し居る紀州の南方熊楠と云う人」を日本の雑誌に紹介した最初の記事といえるだろう。ただし、土宜の没後に編集された『木母堂全集』では、その前おきの後半が「実に卓見宏識の人物なり」と改められている。）

あくる日、熊楠は大英博物館へ行って土宜の見学についての依頼をしてから、こんどは土宜の宿を訪れて、そのまま泊りこんでいる。

十一月一日、土宜と熊楠は二人とも「僧帽僧衣」を着けて大英博物館を訪れ、フランクス部長の案内で宗教部と書庫を見学した。土宜は万国宗教大会でも僧侶たちの法衣が人々の注目を集めたと語っているので、それを踏襲したのだろう。熊楠も土宜に頼みこんで着るものを借りたらしい。（別れるさいに土宜が熊楠に贈り、のちに熊楠が大英博物館に寄付したのは、その借りた袈裟であろう。）

さらに熊楠は、博物館から帰った日とつぎの日も、三晩つづけて土宜の宿に泊り、出立の準備に追われていたはずの土宜を相手に「議論」したと日記にある。自分より十三歳も年上の土宜に「議論」を吹っかけて、二十八歳の熊楠は経験したことのない手ごたえを感じていたにちがいない。

十一月四日、土宜はロンドンを出発してパリに向かった。パリではギメー博物館仏教部に要請されて、翌一八九四年三月まで滞在した。その数か月のあいだにロンドンの熊楠とパリの土宜とのかわした手紙は六十通を越えており、さらに帰国後には二人あわせて百通ほどの手紙が残されている。

仏教の議論

　熊楠から土宜にあてた最初の手紙は、二〇〇四年十月、その京都栂尾山高山寺《とがのおざんこうざんじ》に残されていたトランクから、神田英昭が発見した三十八通の手紙のなかにふくまれていた。（この時の高山寺での発見と熊楠邸での調査の進行によって、二人の往復書簡はようやくかなりまとまった形で見ることができるようになった。）

　小生、往年ロンドンにて一日一食して読書陋巷《ろうこう》にありしとき、土宜法龍師（只今仁和寺門跡《にんなじもんぜき》）パリ・ギメー館にあり、仏教その他宗教のことについて往復せし文書すこぶる多く、小生より贈りし書翰は一切箱に入れ、栂尾《とがのお》護国寺〔高山寺の誤記〕に蔵しある由に候（長さ三間ばかりの長き細文字の状もあるなり）。（中略）小生は件《くだん》の土宜師への状を認《したた》むるためには、一状に昼夜兼ねて眠りを省き二週間もかかりしことあり。

（柳田国男にあてた一九一一年六月二十五日付の手紙）

　ロンドン滞在中の十月二十七日、土宜がオクスフォードを訪ねたのはインド学の権威であるマックス・ミューラーに会うためであった。ミューラーのもとには、かつて東本願寺から派遣された南条《なんじょう》文雄《ぶんゆう》が一八七六年から八四年まで留学しており、土宜が訪ねた時も高楠順次郎らが留学していた。予告なしの訪問で会えなかった土宜の書置きを見て、ミューラーはさっそく土宜の滞在先に手紙をよこした。その手紙に使われていたサンスクリット語の一部がよく理解できなかったため、土宜が熊楠に尋ねたことに答えているのが、十一月三日付の第一信である。

もっとも土宜は、これらの学者たちの仕事にかなり懐疑的であった。熊楠の来簡を紹介した「海外漫草」のあとの方では、西洋人の学者が「仏教の解釈にても気儘《きまま》勝手」であるとして、ミューラーが「大乗は非仏説、小乗は仏説」と言えば、デヴィッズは「大小共に仏説なるべし。大小共に斯く原理は相違せず」と言い、フランスのレビーは「大小乗共に今の三蔵は、仏説のものにあらず」と言っている、と嘆いている。

この論議については、熊楠は、すでに『珍事評論』第二号に掲載した文章で、友人渡辺龍聖の「大乗仏説論」を批判するとともに、ヨーロッパで盛んであった「大乗非仏説」をも批判し、「大小乗諸経は、みな後代の作にて、親《みずか》ら世尊の作るにあらざるなり」と主張していた。さらにまだ発見されていない『珍事評論』第三号には、大乗小乗比較論の掲載が予告されていた。

二人の手紙の上での仏教をめぐる議論では、西洋の仏教研究について土宜の理解が偏っていることに対して、熊楠がモニエル・ウィリアムスの近著などを挙げて不満をのべ、さらにさまざまな観点からの議論が展開していくことになるが、ここでは立ち入らない。

ヤマアラシの刺

土宜が「貴下は通人じゃ。また面白いことを小生へ聞かした。貴下は舎利弗《しゃりほつ》じゃ。いちばん話ができる。舎利弗は少し気が向くと、そろそろ小踏《こおど》りの一つもやりたいか」と語りかけたことがある（一八九三年十二月十九日付）。舎利弗は釈迦の弟子のなかでもっとも智慧のすぐれた弟子とされる。

これに答えた熊楠は「さればこの舎利弗（小生）が、気が向いて唄歌《ばいか》躍舞するうちに、おのれに気が向かぬときは人にはりこみを加うる癖あるを知るべし」として、さらにヤマアラシのスケッチを添え、つぎのような譬えを持ち出して相手との距離を描いてみせた。

ショッペンハウエルの譬喩《ひゆ》に、豪猪《やまあらし》（蝟《はりねずみ》のようなもの）四、五、圏中にありて寒を感じ温を欲して相密著するときは、双方の刺《はり》たちまち相痛ましむ。これをもって賢人は温を貪りて相刺さず、温を少なくして刺撃を受けざるを事とす、といえり。さればこそ小生は独孤にて人に求むることなし。仁者《にんじゃ》〔貴兄の意〕、小生に向かいて温を求めらる。これその刺を畏れざるなり。願わくは小生の刺に痛むことなく、単に多少の温を得られんことを望む。（土宜法龍にあてた推定一八九四年三月の手紙）

たしかに全体の傾向からいえば熊楠の議論は挑戦的であるし、それを受けて立つ土宜からは、やがてつぎのような発言も飛びだす。

你《なんじ》の傲慢なる筆鋒、満面の乳臭面白し。しかしいまだ小木葉《こっぱ》なり。実に欧州に在る大天狗までには至らず。ここ一番、出精《しゅっせい》処なり。この上、金粟《きんぞく》王ともダイヤモンド王とも言うて、天狗の稽古されよ。ずいぶん見処あり。呵々。（土宜法龍から南方熊楠にあてた推定一八九四年三月の手紙）

金粟王は方丈に住んで大乗仏教の教理を説いた維摩居士《ゆいまこじ》のこの世に生まれる前の呼び名である。熊楠の手紙の末尾には、時として「ロンドン金粟王如来　南方熊楠拝呈」と書かれ、あるいは維摩居士や、その別称である浄名《じょうみょう》居士や無垢称《むくしょう》を使うこともあった。これに対して、土宜の方は、熊楠がからかってつけた呼び方の「ひょっとこ坊主」や「米虫」（米につく虫、小さい虫の意）を逆用して、しばしば自称に使っている。

執拗固守の弊

土宜にあてた熊楠の手紙には、異郷の地で胸襟を開いて語ることのできる文通相手を得た喜びが、さまざまな表現で語られている。新しい友人ができるたびに、「すべて人間の思想所守は、その人の履歴に出づること多し」として、熊楠が自己の来歴や境遇を吐露するというならわしは、土宜あての手紙から始まり、のちに柳田国男あての手紙などでもくり返される。

> 某《それがし》ははなはだ、他人に異なる性質気象のものにて、一向世に容れられず。（中略）当地にありても、知遇の恩を蒙るものは、フランクス氏とリード先生二人ぐらいのことにて、他は一向招けども小生は辞して行かず。（中略）故に常に閉居して跡をくらまし、古今の書に目をさらし、また何の冥福も畏るるところもなきが、とにかく足るを知るということにて立命安身したきばかりに、衣装等のものは、一切人の旧物を乞い受け、断食がちにて、寒暑とも裸体にており候。
>
> （土宜法龍にあてた推定一八九三年十二月の手紙）

「閉居して跡をくらまし、古今の書に目をさらし」とあるあたりが実感に近いとすれば、日常生活での孤立感は相当強かったものと思われる。そして幼時からの『和漢三才図会』の書写などの履歴を語りながら、独学でつちかった「不自由の学問」こそが、自分の真骨頂であると宣言する。

されば小生は少時より他の方々にかわり、貧家に生まれ、自学したるものゆえ、至って執拗固守の弊あり。また、かかる不自由の学問をつみしことゆえ、自得の気象多きこととみずからも思惟致し候。さりながら、とにかく人間は自分気を発して、食を忘れ身を痛めて学びしこそ真の学問ということは、仁者《にんじゃ》も思うに同意ならん。

（土宜法龍にあてた推定一八九三年十二月の手紙）

海外にて命終すべし

土宜がパリから帰国のさいにセイロンやインドに立ち寄ると語っていたことに触発されて、熊楠もまた自分のインドやチベットへの放浪願望を呼びさまされていた。アメリカ時代には和歌山中学の旧友たちにあてた手紙や手書き新聞『珍事評論』のなかに洩らされていた自分の行く末をめぐる心境が、さらに裂け目を深くした形でそこには露出している。

熊楠はこの上幾年海外に流浪するもわからぬ。只今アラビヤ語を学びおれり。必ず近年に、ペルシアよりインドへ遊ぶなり。ただし熊楠はたぶん海外にて命終すべし。

（土宜法龍にあてた推定一八九三年十一月の手紙）

私は近年諸国を乞食して、ペルシアよりインド、チベットに行きたき存念、たぶん生きて帰ることあるまじければ、父の墓を見ることも得ずと存じ候。何分、仁者《にんじゃ》南行も有之候わば、何とぞ右墓にて私に代わり一回向《えこう》願い上げ奉り候。（中略）この一段は、熊楠血涙現に交瀝《こうれき》して仁者に申すことに御座候。

（土宜法龍にあてた推定一八九三年十二月の手紙）

小生一向先まっくらで、日本へ帰りたりとて、糊口《ここう》の道なし。（中略）仁者《にんじゃ》、インドに行き、「ふるさとの、たびねの夢に見えぬるは、うらみやすらん、またとはねば」の句を思い出し、他日、小生その辺に死するの夕を思うべし。人間世《じんかんせい》［この世、俗世間の意］生死大海はかなきものに御座候。喝《かつ》。

（土宜法龍にあてた同前の手紙）

あまり多くの時間が経過したわけでもないのに、インドやチベットに放浪して生を終えたいという願望をくりかえし語ったかと思うと、ある時はインドやチベットへ寄り道をしてから、やはり日本へ帰ろうかと、いくらか現実的な考えを書き送ったこともあった。

博物館の展示

フランクスの案内で大英博物館を見学したあとで、土宜はつぎのような率直な感想を記している。ボストン博物館でフェノロサ東洋部長の行き届いた展示に感心した土宜にしてみると、それは意外な状況であったろう。

仏像などには随分頓馬《とんま》の名称多し。金剛界の大日如来を勢至菩薩とし、光明曼荼羅を阿弥陀如来とする等二、三にあらず。中に可笑《おか》しかりしは、何れかの羅漢を取り来りて両手を取り、それに新たに手を拵《こしら》え、錫杖《しゃくじょう》を持つ地蔵尊となしあり。余り無風流ゆえ是れはひどいと云えば、フランク（ス）氏も近日一往取り除けると云えり。また祇園祭りの小さき御輿へ誕生仏を祭るとか、立派なる仏像の傍へ陶器の布袋《ほてい》や魚籃観音を列べるなど、一向に取り合わせの不調法なること言語道断なり。

（土宜法龍「海外漫草」『木母堂全集』）

土宜は、これらを売りこんだ「日本道具屋」の悪辣さも指摘し、チェンバレンの指図によったという護摩壇の配置についても「一層抱腹」であったと書いている。

このような状況は、当時の大英博物館が熊楠のような博識な日本人の手助けを必要としていたという証拠でもある。フランクスに熊楠を引きあわせた片岡の判断は、現場の実情を知っていただけに時宜を得ていたともいえる。しかし、熊楠が博物館に依頼される仕事も、日記を見たかぎりでは、初めのうちはそう多くなかったように見受けられる。

熊楠が大英博物館の図書閲覧室の利用を正式に許可されるのは、館に出入りしはじめて一年半後の一八九五年四月であった。館員の推薦にもかかわらず意外に手続きに時間がかかったのは、もともと原則的には大学の課程を終えた専門研究者に限るという規定があったこと、それに加えて利用者数の急増した時期で閲覧席が満席であったためかもしれない、と牧田健史はいう。

さらに憶測すれば、熊楠の出入りした古美術部門（東洋書籍部をふくむ）と閲覧室を管理する図書館部門とでは組織や人脈がまったく別であったことも関係していたかもしれない。これはのちに熊楠が閲覧室で暴力事件を起こしたさいの後始末にも影響している。

3 大英博物館に通う

ロンドンの客人

一八九三年の年末に出た『ネイチャー』に、ロシア人のもと外交官でアマチュアの昆虫学者であるカール・ロバート・オステン＝サッケン（一八二八～一九〇六）の「古代人のブーゴニア俗信についての質問」が掲載された。

ブーゴニア（牛から生まれるという意味のギリシア語）の俗信とは、牛の死骸から蜂が発生するという説話をさしている。『旧約聖書』中のサムソンが獅子（ライオン）の死骸から生まれたミツバチを見たという伝説を、ブーゴニアの俗信とかかわるものとしてとりあげたオステン＝サッケンは、そのミツバチが実はハナアブの誤認であるという論文を、一八六三年に書いていた。

そして、その論文をさらに補って再版するために、類似した俗信がヨーロッパの辺境やアジアにないだろうかという質問を出したのである。

それを見た熊楠は、数か月後に「蜂に関する東洋の俗信」という論文を書いて、『ネイチャー』の一八九四年五月十日号に投稿し、牛からミツバチの生まれる伝説は知らないとしながらも、アジアに伝わるさまざまな蜂の伝承を中国や日本の文献を使って紹介した。

これを読んで感激したオステン＝サッケンは、当時暮らしていたドイツのハイデルベルクから熊楠に礼状をよこし、さらに「針のないミツバチの話」をのせている『五雑組《ござっそ》』という本について教えてほしいと書いてきた。ドイツとイギリスのあいだで手紙による往復が何度かつづいたあと、六十六歳のオステン＝サッケンが、わざわざロンドンの熊楠の宿まで訪ねてきたのであった。

一八九四年八月三十一日、午後四時過、バロン・オステン・サッケン氏来訪され、茶少しのみ、二十分ばかりはなして帰る。六十余と見ゆる老人なり。魯［ロシア］国領事として新約克［ニューヨーク］にありしとのこと。」（日記）

「あまりに室内のきたなさにその茶を飲まずに去りし」（「履歴書」）と後年には書いているが、人見知りをする熊楠の応対ぶりが目に見えるようで、遠来の客人も早々に退出したのであろう。

フォークロアと生物学

熊楠の寄せた六項目の回答のなかで、オステン＝サッケンの質問に直接答える内容を持っていたのは、明代の謝肇淛《しゃちょうせつ》の『五雑組《ござっそ》』にある「針のないミツバチの話」だけで、そこにはミツバチとハナアブとの明らかな混同が見られた。『五雑組』（熊楠は『五雑俎』と誤記することが多い）は、中国では清代に禁書とされていたが、江戸時代には和刻本が出てよく読まれた書物で、『和漢三才図会』にも多数の引用があった。熊楠もオステン＝サッケンにあてた手紙で、『和漢三才図会』ではハナアブ（日本ではブンブンと呼んだ）とミツバチがすでに区別されていることを報告していた。

オステン＝サッケンのロンドン来訪後も、文通による熊楠の資料提供はつづいた。オステン＝サッケンは、一八九五年に発表した『古代人のブーゴニア伝説の解説への追補』の「中国と日本の文献に登場するハナアブ」の項で、熊楠の注釈のついた記述をくわしく紹介した。

『本草綱目』に集約されている中国の本草学では、動植物や鉱物の薬材としての効用を説くと同時に、伝説や昔話などの伝承についての記述も排除していない。唐代の百科事典的な書物である『酉陽雑俎』でもまた、生物学的な観察報告と比較研究的な説話記録が並行して収められていた。

それらの書物を熟読していた熊楠の関心が、民間伝承を自然科学の方法で分析しなおそうとしたオステン＝サッケンの論文に引き寄せられたのは、当然のなりゆきでもあった。

日清戦争前後

オステン＝サッケンの来訪する数日前、八月二十七日の熊楠の日記に初めて日清戦争についての記事が記される。この年六月、清国と日本が朝鮮に出兵し、八月に宣戦布告、九月十六日には日本軍が平壌を攻め落とし、翌年二月に清国軍の降伏で終結した。

日清戦争の前ぶれとなった三月の金玉均事件については、上海で暗殺されたさいの記事の書き写しや朝鮮で遺体がさらしものとされた図の切り抜きなどが、『課餘随筆』第六巻に見える。その報道を熊楠が読んだ五月十二日の日記には、「金玉均氏暗殺の事を聞き、終日夜不快」と特記している。

日清戦争は近代日本にとっては最初の対外戦争で、清国に勝利することはかならずしも予測されたわけではなかった。その八月以降の戦況の推移を、熊楠は『課餘随筆』第七巻と第八巻に地図や表なども入れて数十ページにわたって新聞から書き写している。

ロンドンでは、九月二十六日夜、戦勝を祝う日本人会が林権助領事宅で開かれて四十人ほどが集まった。日記には、熊楠が会場でよんだという都都逸の二首のうち「命やる迄沈めた船に苔のむす迄君が代は」が記されている。緒戦で日本軍が清国兵を満載したイギリスの輸送船高陞号を撃沈したことを歌ったのであろうか。熊楠はさらに表誠醵金にも第一番に応じて、一ポンドを献納している。

十一月三日には公使館で開かれた天長節の祝賀会に出席し、めずらしく「予演舌《えんぜつ》して後かえる」と日記に書いているのも、その延長線上の行為かもしれない。

時間的には少しあとになるが、一八九六年の秋から翌年初めにかけて、大英博物館で中国最大の百科事典『古今図書集成』辺裔典の朝鮮関係の部分（中国や日本とのかかわりをふくむ）を、これまた延々二百数十ページにわたって『課餘随筆』第八巻に書き抜いている。これも日清戦争をきっかけとした問題意識に由来するものではないかと注目される。

さらに帰国まぎわの一八九九年に、伊藤祐侃から借りて『課餘随筆』第九巻に書き抜いている菅沼貞風『大日本商業史』も、著者自身、あとでふれる福本日南らとともに東洋の経綸を志し、フィリピンで斃れた人物であり、内容的には中国、朝鮮等と日本の交流史であることも考慮に入れると、文章という形で書き残されることこそなかったが、この分野に熊楠の寄せていた関心がなみなみならぬものであったことを窺うことができる。

日本、支那の書を見ず

一八九五年の日記の巻頭には、つぎのような内容の中国語の原文がかかげられている。熊楠は前年に日本から送ってもらった『世説新語補』から書き抜いているが、もとは漢代の『説苑《ぜいえん》』にのっている故事である。

寧越《ねいえつ》は中牟《ちゅうぼう》（地名）のいやしい身分の出身であった。百姓仕事の労苦に耐えかねて、その友人に相談した。「どうすれば、この労苦をまぬがれることができるだろうか。」すると、その友人は言った。「学問をするのがいい。学問の道にはげんで三十年たてば、何とか物になるだろう。」そこで寧越は言った。「わたしは十五年を目標にしよう。人が休息する時でも、わたしは休まないことにする。人が就寝する時でも、わたしは眠らないことにする。」そして、学問の道にはげんで十五年たつと、周の威公が彼を師とするほどになった。（漢・劉向編『説苑』建本篇、飯倉訳）

おなじ年の日記の巻頭語の末尾に見える「晩学は夜の灯の如し。なお、これに勝《まさ》るもの無からん」も、『説苑』が出典である。まだ三十歳にもならない熊楠が「晩学」というのもおかしいが、自分の置かれている状況を考えると、それに近いあせりはあったかもしれない。日記には、その寧越らに学んで「今日よりは昼寝を止む」という書き入れまである。

この年の巻頭語には、さらに「ゲスネルの如くなるべし」の語もあり、「学問と決死すべし」などの努力目標が、いっせいに書き出されている。そのなかに「夜八時より語学、それ迄は他の学問す」

ともあり、日記の本文中には「日曜、日本書を見るも可」や「日曜以外、日本、支那の書を見ず」という誓言が散見する。それというのも、この前後には西鶴、風来山人（平賀源内）などの日本文学関係書から注釈つきの支那文学全書にいたるまで、たくさんの本を常楠に送ってもらっているから、つい手が伸びてしまうのであろう。

刊行されてまもない内藤耻叟『徳川十五代史』（一八九二～九三年刊）全十二編を中井芳楠から借りて二か月がかりで書き写したり（一八九四年末～九五年二月）、大英博物館の図書閲覧室で漢文で書かれた『吾妻鏡』全五十二巻を通覧して、これまた二か月近くかかって抜き書きする（一八九八年六～七月、『課餘随筆』第九巻）など、とても留学生の所業とは思えないことをやってのけるのが熊楠であった。手近にあったから余暇を使って写したのではなく、かねて知りたかった内容だから無理をしてでも時間を作ったものと思われる。

「拇印考」

一八九四年十一月二十二日号の『ネイチャー』に、ウィリアム・ハーシェルが「支那人が拇印の発明者なりとの事を疑う由」（『課餘随筆』第七巻の要約）の論文をのせた。ハーシェルは、すでに一八八〇年の『ネイチャー』に、自分はインドで指紋による個人識別法を採用していたという報告を送ったことがある。ところが、スピアマンという人が指紋法は中国人の発明だという説を別の雑誌に発表したので、それを否定するためにハーシェルがこの論文を書くことになった。

熊楠にとっては取り組みやすいテーマに思えたのであろう。日本での離縁状の場合と、中国の小説『水滸伝』、それに中国の『酉陽雑俎』に見える古代インドの風習などを引いて、東洋では手形が古くから用いられたことを短い期間でまとめ、「『指紋』法の古さについて」と題して、おなじ一八九四年の『ネイチャー』十二月二十七日号に発表した。

二年後に熊楠と論争をかわすオランダの東洋学者グスタフ・シュレーゲルは、雑誌『通報（トンパオ）』で、熊楠の論文に好意的な批評を加え、自分も中国の拇印について言及したことがあるとのべた。ところが、おなじオランダのライデンにいるヨハネス・シュメルツは、『国際民族誌報』の論評で、熊楠の論文を紹介して手相見のさいの手印と個人の識別のための拇印を混同しているという指摘をし、一八九六年二月に熊楠にも送ってよこした。これについては、さらに三年も経過した一八九九年四月に熊楠が反駁文を書こうとしたことが日記に見えるが、そのなりゆきは不明である。

ただし、一九一〇年に『牟婁新報』に掲載した「拇印の話」では、『今昔物語集』などの説話を補充している。のちにドイツ生まれの東洋学者ベルトルト・ラウファーは、一九一二年に発表した「指印法史」で、熊楠の論文の意義は認めながらも、その欠陥を正確に指摘しているという。ラウファーから送られてきた抜刷と手紙は、今も熊楠邸に保存されている。

図書閲覧室

大英博物館の図書閲覧室（Reading Room 熊楠は書籍室と書く）への入室がようやく許可になったのは一八九五年四月であった。通館証申請書の日付は四月十日、目的は「scientific research」で、職業は「student」となっている。四月十七日の日記に「今日より毎日大英博物館書籍室へ入る」といったん書いた箇所が抹消されている。二十四日にも書籍室に行ったとあるが、閲覧は四月三十日からであった。（なお、同年十月十二日の日記には、翌年四月までの「書籍室札」が送られてきたとあるので、半年ごとの更新があったらしい。）

これ以後、日曜日を除くほとんど毎日、熊楠はお昼の前か後に入室し、午後七時あるいは午後八時の閉室時までいることが多く、一八九八年十二月までの三年半は、ここにかよってさまざまな書籍の書き抜きをするのが日課となった。イギリスに滞在した八年間の半分にも足りない期間であったが、熊楠にとってはもっとも満ち足りた日々であったろう。

熊楠の利用したころの自然採光式で円形ドーム型の閲覧室は、一八五七年に完成したもので、五百の座席が放射状に配列されていた。亡命中のマルクスが『資本論』を書くために通ったというような有名なエピソードも数多い。

なお大英博物館では、一九七〇年代に図書部門を分離して独立機構の英国図書館とし、一九九七年に新館への移転が完了した。その後、円形閲覧室はもとの形に復元され、古い書籍も並べたまま一般公開されているので、熊楠の利用したころの雰囲気の片鱗を知ることができる。

牧田健史によると、当時の大英博物館図書室は、百数十万という世界最大の蔵書を所蔵していただけでなく、一切が無料公開で、亡命者のたまり場といわれた一時期があったほど、不遇な立場にある者や貧しい勉学者にも居心地のよい伝統があったという。

しかし、それぞれ出身や性別に違いがあり、独特の個性をもつ閲覧者が多かっただけに、のちの熊楠の暴力事件のさいに露呈するような、閲覧者同士の葛藤があったのもまた当然であろう。

『ロンドン抜書』

一八九五年四月から書きはじめ、大英博物館を利用できなくなったあとは、ナチュラルヒストリー（自然史）博物館や南ケンジントン博物館などにもかよって、帰国する一九〇〇年八月まで書きためていたノートが、のちに『ロンドン抜書』と呼ばれるものである。（熊楠自身は「ブリチシュ博物館書籍室抜書」「ブリチシュ博物館ナチュラルヒストリー部及ケンシングトン博物館抜書」と書き、また他書への書き入れには「英抜」の略称を使っていた。）

ハードカバーの大判ノートが五十二冊（各冊二百五十～二百七十ページ）あって、一万数千ページが丁寧なペン書きで筆写されたローマ字で埋まっている。ところどころに図版の巧みな模写も見られる。ごく一部に日本語や中国語も見られるが、大半は英語、フランス語、ドイツ語、イタリア語、スペイン語、ラテン語、ギリシア語など欧文の文献からの抄写である。欧文文献の点数は、熊楠が「履歴書」で「日本などでは見られぬ珍書五百部ばかり」と書いているのがほぼ実数に近い。

対象となった文献の種類は、松居竜五によると、旅行記・民族誌（人類学をふくむ）が圧倒的に多く三分の二ほどをしめ、残りの半分がセクソロジー関係（風俗紹介、性心理学、犯罪学をふくむ）となり、さらに残りが説話学と自然科学（科学史、博物学）に二分されるという。もちろん内容から見れば、民族誌のなかから性に関する記事が書き抜かれているような場合も多いので、セクソロジー関係の比重はもっと大きくなる。

『ロンドン抜書』全体についてのくわしい分析はまだなされていないが、ほかの抜書類と同様に、全体をつらぬくのは学問の枠組にとらわれない熊楠の幅広い関心である。当時のイギリスの立地からすれば、大航海・植民地時代の異文化の記録がもっとも魅力的な分野であったのもうなづける。

しかし『ロンドン抜書』には、英文で発表する論文の材料となったものはむしろ少なく、どちらかといえば帰国後の「十二支考」のような一般向けの文章で使われる場合が多かった。また月川和雄が男色文献について指摘するように、差し迫った論文を書く必要のある場合などを除いて、抜書は稀覯《きこう》書を中心に進められ、入手しやすい文献はあとまわしにされた傾向も見られる。

ちなみに、『ロンドン抜書』に扱われた約五百点の書物のうち、平凡社版全集（英文論文をのぞく）に引用されているのは不完全な集計で百三十点ほどで、およそ四分の一にすぎない。この事情は『課餘随筆』や『田辺抜書』でも、ほぼ同様か、さらに少ない比率であると推定される。言うまでもないことではあるが、その数字は、熊楠が論文を発表することだけを意図して、本を読んだり抜書したりしていたわけではないことを意味する。

セクソロジーへの傾倒

熊楠は、「また大英博物館にてpornography（淫画学）および男女に関する裁判医学を専攻致したること有之」（宮武外骨にあてた一九一二年五月二十七日付の手紙）と書いたことがある。このいささか冗談めいた形容は、『ロンドン抜書』中の男色文献を分析した月川和雄がのべるように、「熊楠は男色から興味を広げ、オナニズム、売春、去勢、半陰陽、性病など性にかかわるあらゆる分野の文献を筆写している」ことに由来する。

ほぼ同時期のイギリスでは、一八九五年四月に同性愛行為によって告訴された文学者オスカー・ワイルドが、五月二十五日に重懲役二年の判決を受けて服役している。この事件について、熊楠はのちに書く『ロンドン私記』で一度ふれているだけである。しかし、前年十一月十一日の日記には「近日市中にて一貴人児童を姦し囚ひられ、獄中にて昨日自殺せる由、今日の『People』にて見る」と別の事件のことを書いていて、当時のイギリスでの同性愛に対する厳しい規制に注意をはらっている。

『ロンドン抜書』の最初の二巻はおもに旅行記や地誌を扱っていたが、六月二十日に書きはじめる第三巻は男色関係の抜書で埋めつくされ、さらに第四巻でもセクソロジー関係がつづく。この書きはじめの時期について、月川はワイルド事件の判決と「偶然の符合とは思えない」とする。

すでに渡米以前に同性愛の体験をもち、男色の作法を説いた『弘法大師一巻之書』の写本を一八八六年冬に友人から借りて『課餘随筆』に書き写していた熊楠は、アメリカでもどちらかといえばそういう傾向の強い、いわば硬派の学生たちと付きあっていた気配である。

そのような性向をかかえながらイギリスで生活する熊楠にとって、性的逸脱と見なされる男色は、民族的逸脱である東洋人であることとあわせて負の記号であった、と松居竜五はいう。そして「文化間の比較によって、そうした偏った言説を相対化することを試みた」のが、これらのセクソロジー関係の抜書であったとする。

「さまよえるユダヤ人」

大英博物館での図書閲覧は、いわゆる洋書だけではなく、東洋書籍部の所蔵する中国書にも及んでいた。中国最大の百科全書である清代の『古今図書集成』全一万巻や、唐代の仏教事典『法苑珠林《ほうおんじゅりん》』全百巻などは、そのほかの叢書類とともに、熊楠がここで初めて手にした中国書である。さらに生涯にわたって愛用した清代の百科全書『淵鑑類函』全四百五十巻百六十冊は、図書閲覧室にかよいはじめた直後の五月に二ポンドで購入している。

初めは手もとにある『五雑組』だけを使って論文を書いた「マンドレイク」であったが、第二論文以降は、大英博物館で新しく見ることのできた中国書を使って増補された。ヨーロッパで毒薬あるいは媚薬として知られた植物マンドレイク（マンドラゴラ）の伝承が、中国で商陸と呼ばれる植物の俗信と近いものであることを最初の論文で指摘したあと、両者がイスラム世界に伝わるイブルという伝説的な植物を仲介として伝播関係にあることを増補部分で考察している。

ミルチア・エリアーデは一九四〇年に書いた論文で、マンドレイクについてのラウファーの研究を評価するとともに、中国文献を最初に紹介した功績が熊楠にあることを指摘しているという。

これにつづく「さまよえるユダヤ人」についての論文は、一八九五年の『ネイチャー』に最初の短文が発表されたが、一八九九年とその翌年に書かれた論文は、掲載誌を変更して、『ノーツ・アンド・クエリーズ』（Notes and Queries 熊楠は『ノーツ・エンド・キーリス』あるいは『随筆問答雑誌』と書く）に発表された。自然科学を主とする『ネイチャー』よりも、フォークロアの情報交換を目的とするこの雑誌の方が、内容からして適当だと考えたのである。この時期に始まって、『ノーツ・アンド・クエリーズ』は、帰国後にいたるまで、熊楠のもっとも長く登場しつづける雑誌となった。

「さまよえるユダヤ人」は、アハスウエルというユダヤ人の靴屋が、ゴルゴダの刑場に向かうキリストを冷たくあしらったために、罰として永久に地上をさまよう運命となったという物語で、十六世紀のころから知られていて、ユダヤ人のおかれた現実と相まってヨーロッパに広く流布していた。

熊楠は、インドの仏教説話に出てくる賓頭盧《びんずる》の話を引いて、無断で法力《ほうりき》を使ったために仏陀の怒りをかい、永久に地上をさまようことになった点が、これと似かよっていることを最初の論文で指摘した。さらに数年後に書いた論文では、漢代の『博物志』や六世紀の『洛陽伽藍記』に見える賓頭盧以外の似かよった話をあげて、仏教渡来以前の中国にもおなじ構造の説話が存在したことを紹介した。

当時のイギリスでは説話研究がさかんで、その伝播や変異を問題にすることが多かった。熊楠も、最初は仏教説話からユダヤ人をめぐる説話への伝播と見なしていたが、中国で見つかった事例などから、のちにはおなじ構造の説話がそれぞれ独自にできたものと考えるようになった。

「さまよえるユダヤ人」の最初の論文で使われた『雑阿含経《ぞうあごんきょう》』は、村山清作の調査で見ることができたと記されている。村山は土宜法龍の紹介で熊楠と文通していた仏教学者である。熊楠は仏教文献についてはまだ勝手が分からず、海外の知人に依頼していたことになる。

帰国後の熊楠が利用することになる黄檗《おうばく》版大蔵経は、ロンドンにあるインド局図書館に元遣欧大使の岩倉具視が一八七五年に寄贈したものが所蔵されていた。その目録はイギリスの中国学者ビールの作ったものが不完全であったために、東本願寺からの派遣で留学した南条文雄が英文の『大明三蔵聖経目録』を一八八三年にオクスフォード大学から刊行していた。

この目録のことは熊楠あての手紙で土宜もふれているし、大英図書館にもあったので、熊楠は『ロンドン抜書』で抜書をしている。しかし、インド局にあった大蔵経は利用できなかったらしい。

仏教文献としては、これまた土宜から仏典に出てくる星座について教えられたさいに知った『法苑珠林』を、大英図書館で借り出し、「ブーゴニア伝説」や「さまよえるユダヤ人」の続稿、さらに「神跡考」などに使っているだけである。

ダグラスとの出会い

ところで、このような中国書の利用にあたっては、東洋書籍部の部長をしていたロバート・ダグラス（一八三八〜一九一三）の援助もあったものと思われる。日記では、閲覧室にかよいはじめて半年後にダグラスの名が出てくる。ディキンズとおなじく、すでに六十歳に近い高齢であった。

ダグラスは、学歴は大学予備門に相当するグラマースクールしか出ていないが、二十歳で中国に渡ってイギリスの領事館に勤務しながら、独学で中国語・中国文化を学んで通訳をしていた。一八六五年に帰国して大英博物館に入って中国書の整理にたずさわり、一九〇七年まで在任した。最初の成果は一八七七年に出した『大英博物館図書館所蔵漢籍刊本・写本・稿本目録』（補遺編は一九〇三年刊）だが、ほかに中国関係の著書も何冊かある。

ダグラスは、その後、日本書の整理にもたずさわり、その仕事に熊楠は協力していた。一八九八年には『大英博物館所蔵和書刊本・写本目録』を出しているが（補遺編は一九〇四年刊）、ダグラスの見せてくれた序文の原稿では、人名表記の例示のうち、曲亭馬琴、林鵞峯について自分の教示が生かされた、と熊楠は日記に書きとめている（一八九七年十月九日）。

また序文の最後には、目録の作成に協力してもらったアーネスト・サトウ、ジョージ・アストン、楢原陳政、南方熊楠への謝辞が記されている。イギリス人の二人は外交官などで日本に滞在したことのある日本学者である。（にもかかわらず同目録には、なお不備な箇所が多いということである。）

楢原（旧姓井上）陳政は、大蔵省派遣で清国に八年間留学、著書『禹域通纂』（一八八八年刊）は後世に残る名著とされる。一八九〇年から公使館書記生としてイギリスに渡り、エジンバラ大学に学んだ。この時期にダグラスの仕事を手伝い、熊楠とも文通があった。楢原から教えられた北京のラマ教については土宜法龍あての手紙に紹介されているが、残された来簡ではほかに中国の国号問題についても言及している。このあと一八九九年、北京に赴任し、翌年の義和団事件で負傷して死亡した。熊楠は帰国の船中で手にした新聞でその死を知り、土宜にあてた手紙で、「井上陳政氏は昨年夏北京にて討死致し候」と知らせている。

ディキンズに抗議

大英博物館の図書閲覧室にかよいはじめて一年後、熊楠は一八九六年二月二十七日に五十九歳で亡くなった母親すみの訃報を受け取る。それを受けとった日の朝も、父親の時とおなじく「朝、父の屍（母も側にあり）を夢む」という予知を受けたことを日記に記している。

ロンドン大学の事務総長であるフレデリック・ヴィクター・ディキンズ（一八三九〜一九一五）から「目黒の大仏」の写真についての解説を求める手紙がとどいたのは、その少し前であった。

ディキンズは、二十二歳の時に海軍軍医将校として中国へ行き、さらに日本へと渡り、法廷弁護士の仕事をしていた。当時、第二代駐日公使パークスに助力した縁で、帰国後に出身大学であるロンドン大学の事務総長になったとされる。

熊楠は「梟雄《きょうゆう》の資あって、きわめて剛強の人なり」と評し、「この人小生が毎々『ネーチュール』に投書して東洋のために気を吐くを奇なりとし、一日小生をその官房に招き、ますます小生に心酔して、氏が毎々出板する東洋関係の諸書諸文はみな小生が多少校閲潤色したるものなり」（「履歴書」）と語るような協力関係を、帰国後までもつづけることになった。

一八九八年七月、熊楠はディキンズから『竹取物語』の英訳草稿の校閲を依頼された。

しかるにこの訳本中、諸貴人 in their turns に姫と好愛せんと求む、とあり。悪く読むと、日本には貴姫が南洋土人ごとく、今夜はこの男、明夜はかの男と七人もある男を毎夜一人ずつ抱き寝ることと思うも知れず、諸貴人の中の一人を定めてその人と好愛することを勧むと書きかえくれ、といえり。そのときジキンス大いに怒り（中略）弁明書を筆し送り来たる。その中には（中略）近ごろの日本人無礼にして耆宿《きしゅく》を礼する法を忘る、むかしわれ汝の国にありしときは無罪のむすめ群居して門辺に羽子板を翫び、今その倅たる汝は外国に来たりながら長上に暴言を吐く、というようなことのみなり。

（柳田国男にあてた一九一一年十月十七日付の手紙）

「弁明書」を受け取ってすぐさまディキンズのもとに押しかけた熊楠は、「外国に来たりながら長上に暴言吐くほどの気象なきものは、外国に来て何の益なからん」などと強弁をつづけた。こうして何回か応酬したあげく、数日後に二人は和解した。ディキンズは熊楠に貸していた十七ポンドの借用証を目の前で破りすて、さらに一ポンドを貸してくれた、と日記にある。

すでに「拇印考」のさいにふれたように、オランダのライデン大学教授で東洋学者のグスタフ・シュレーゲル（一八四〇～一九〇三）は、かねてから熊楠の書く論文に注目して、『通報（トンパオ）』にしばしば転載をしていた。『通報』は、シュレーゲルがフランスのアンリ・コルディエとともに一八九〇年に創刊した東アジア関係の年刊学術誌であった。

シュレーゲルとの論争

この人［シュレーゲル］、『正字通』所載の「落斯馬。長四丈《たけ》ばかり、海底におり、水面に出づること罕《まれ》なり。皮堅くして、これを刺すも入るべからず。額の二角は鉤《かぎ》に似たり」という文を、明治二十七［一八九四］年十月ライデン発行の『通報』五号三七〇頁に出し、これはウニコールの記載だが、落斯馬はどこか外国の語を支那訳したのだ、どこの語か、知った人は教えくれ、と問うた。予すなわち答えて、ウニコールは牡に限って通常一本、稀には二本の長牙が口外に出おる。その牙のみを見て、古人これを一角と呼んだ。その牙は必ず真直で曲がらぬから、「鉤に似たり」と言うに合わぬ。落斯馬は、けだし北洋辺産のセイウチだ、その二本の大牙が曲がりおると告げ遣ったところ、欧人が東洋人に対する例の負け惜しみから、『正字通』が成ったころ、セイウチのことが支那まで知れたとは想われないとやり返し来た。

予、折り返して、落斯馬はノルウェー語ロス（馬）マール（海）の支那音訳だ、英語でシー・ホールス、独語でセー・プフェルト、共に海馬の義で、セイウチを指す、リンネがセイウチの学名をロスマルスと付けたのも、ノルウェー名をラテン化したのだと教え遣った。（「地突き唄の文句」）

『正字通』は十七世紀に刊行された中国の字書で、その魚の項に、薄里波（polypus タコ）や把勒亜（balaena クジラ）とともに、落斯馬という魚類の名が出ている。しかも、のちの来信によると、シュレーゲルは『正字通』そのものも見ていなかったらしい。その解釈について、熊楠がシュレーゲルに手紙を書いて異議を申し立てたのは、質問が出て二年あまり経過した一八九七年一月であった。おそらく大英博物館にかよいはじめて、いくつかの文献を調べた上でのことであったろう。

ところが、シュレーゲルは中国の古い文献に見える一角の記載などにこだわって、なかなか熊楠の主張を受け入れようとはしなかった。そこで四回目か五回目の手紙で、業《ごう》を煮やした熊楠は、シュレーゲルの言葉を借りれば、「冷笑的あるいは罵倒的な表現」を用いて「西洋の学者が論争のさいに守っている礼節のルール」を欠いた手紙を書いたようである（現物は残っていない）。

熊楠には、もともと「シュレッゲル毎々小生がロンドンにて出す論文に蛇足を加うるを小生面白からず思いおりし」（「履歴書」）という気持もあり、それを権威主義と人種差別に由来するものとして抗議した言辞が、後年におもしろおかしく誇張して、くりかえし語られている。

三度目の手紙をもらったあとで、熊楠は、おそらくはダグラスに教えられて、『説鈴』という叢書に入っている『坤輿外紀』に、先の三種の魚類の名が出ているのに気づいた。著者とされている南懐仁は、調べてみると、一六五九年に中国へ布教に渡ったベルギー人のイエズス会士フェルビーストの中国名で、西洋の科学を中国に伝えた人物として知られていた。

この記載が『正字通』に取り入れられたにちがいないと熊楠が書き送ると、シュレーゲルもひとかどの学者らしく納得して、それを認めるハガキをよこした。熊楠は、一八九七年三月四日消印のハガキの文面を、欧人学者を「降参」させた証拠として『ロンドン抜書』の一ページに書き留めている。

4 孫文との交遊

一八九六年九月三十日の昼ごろ、ニューヨークからリヴァプールに着いた船に一人の中国人青年が乗っていた。港には清国公使館から依頼された私立探偵が待ちかまえていて青年の追跡を始めた。夜の十時前にロンドンのセント・パンクラス駅に着いた青年は、その夜はホテルに泊った。翌日、ジェームス・カントリーを訪ね、その世話で近くに部屋を借りた。

名を挙げた孫文

この三十歳の青年が、清朝打倒をめざす革命団体興中会の中心人物の一人である孫文であった。前年秋に第一次武装蜂起に失敗して日本にのがれ、その後、ハワイ、アメリカと革命宣伝の遊説をつづけたが、あまり成果は挙がっていなかった。たまたまハワイで香港の西医書院で学んでいた時の教務主任カントリー博士夫妻に出会い、その招きを受けてイギリスを訪れたのである。

公使館は清朝政府の指令を受けてその動きを追っていたが、孫文自身はあまり警戒せず、市内見物をして動物園や植物園を訪ねていた。十月十一日、街中で公使館の通訳に声をかけられた孫は、そのまま公使館に連れこまれて監禁された。清国に送還する船の手配がすんだころ、孫に説得されて仲介を引きうけたイギリス人小使のおかげで、数日後にようやくカントリーに伝言が渡された。

カントリーらの奔走でイギリス外務省が抗議し、一部の新聞も書きたてたため、清国公使館は十月二十三日にようやく孫を非公式な形で釈放した。この後、孫は翌年六月までイギリスに滞在する。

この事件の報道と、孫の談話をカントリーが整理した英文『ロンドン被難記』（一八九七年一月、ブリストル刊行）の出版は、それまで無名にひとしかった革命家孫逸仙（欧文ではこの字《あざな》の広東音表記 Sun Yat-sen をよく使った）の名を世界に広める役割をはたした。孫文が興中会のなかで指導権を確立するのは、この数年後のことであった。

西洋人をすべて放逐せよ

日記によると、孫文釈放の記事がロンドンの新聞を賑わしていたころ、大英博物館のダグラスは熊楠に依頼して加藤高明公使に中国の事情について問いあわせ、その返事をたしかめ、熊楠にも見せた上で『タイムズ』紙に投稿をしている。その前年に李鴻章の伝記も出しているダグラスが、その推進する排外的な外交政策に警鐘をならしたものであったという。

そのダグラスのもとを孫が訪ねたのは、投書の掲載された数日後の十一月十日であった。

その「公使館に捕縛され」ていた「支那人スンワン」は、翌十一日もダグラスのところに来ていたが、熊楠は会わなかったと日記に記す。十二月二十三日には「支那人孫、今は自分の幽囚録を作り居るとの事」という伝聞を記すが、そのまま会わずに年を越した。

その間、孫はケンブリッジ大学の中国学者ジャイルズの求めに応じて短い自伝を書いたり、オクスフォード大学で講演したりしながら、読書の日々を過ごしている。この数か月間のヨーロッパでの研鑽が、のちの三民主義の主張を完成するための基礎となったことは、孫自身が語っている。

熊楠とシュレーゲルとの二か月近い論争が結着を迎えようとしていたころ、三月十六日にダグラスのオフィスで熊楠は孫と初めて面会した。その時のやりとりを後年にこう語っている。

孫逸仙と初めてダグラス氏の室であいしとき、一生の所期は、と問わる。小生答う、願わくはわれわれ東洋人は一度西洋人を挙げてことごとく国境外へ放逐したきことなり、と。逸仙失色せり。

（柳田国男にあてた一九一一年十月十七日付の手紙）

この引用のあとには「これらにてこの輩いずれもあんまりえらい人物ならざるを知る」とつづき、熊楠自身の毅然として外人に屈しない態度を、孫の顔色を変えて驚いた様子に対比させている。しかし、多くのイギリス人たちの尽力で救出されたばかりの孫にとっては、ダグラスの面前でおそらくは英語でなされた熊楠の発言は、まったく予期しないものであったろう。

だが同時に、その出会いは数か月早く生まれただけの孫と、同年代の熊楠とを、ただちに親密に結びつける結果をもたらした。一日おいた三月十八日には大英博物館の正面のベンチで話し、あくる日は夕方六時すぎから料理店、ハイド・パーク、孫の宿と場所を三度かえて十時まで話し、次の日は博物館の前にあるイースター島のモアイ像のわきのベンチで話をしたという。
このあと孫がロンドンを去るまでの三か月半に、日記に見えるだけで二人は二十数回会っている。連れ立って行った先は、大英博物館に始まって、日本海軍の「富士」艦、動物園、キュー植物園、ナチュラルヒストリー（自然史）博物館などに及び、熊楠の宿にも何度か来ている。

モアイ像の記憶

二人の話しぶりがどのようなものであったかは、いまも博物館正面ホールの片隅に置かれているモアイ像に百余年前の記憶を呼びもどしてもらうしかない。当面は革命のための思想と実行手段を手に入れることに心をくだいていた孫も、かつてはイギリス人経営の西医書院（香港大学医学部の前身）で医学を学び、進化論に傾倒したことがあって、自然科学の方面にも明るかった。

話題が多岐にわたっていたことは、つぎの三つの例からも想像できる。

大英博物館でバビロニアの古物展覧室へ二人で行ったさいに、孫が中国の古い暦に使われている閼逢、旃蒙、困敦などの用語が中国語ではなく外国語の音訳であったのではないかと語ったことは、のちに熊楠が日本の『民俗学』誌に出した「質問」のなかで紹介している。

また、「支那にも古来誓言はあったが、近代ますます盛んで、予［フロリダで］二年ばかりその博徒間に起臥したが、誓言の詞の鄙猥きわまるは上述のごとく（中略）。在英のさい孫逸仙の話に、只今支那人が用いる下劣な誓言はことごとく欧人に倣《なら》うたもので、欧人と交通盛んならぬ世には一切なかったと言われたが、果たして然りや」（「鼈と雷」）と、これには熊楠も疑問を呈している。

英文で書かれた「燕石考」（一九〇三年稿、未刊）には、日本で子どもの玩具とされる酢貝《すがい》に相当する相思子という貝が、広東地方でも子どもの娯楽に供されていることを、『ロンドン被難記』の著者である孫から聞いたことが特記されている。

孫は病没する四か月前の一九二四年十一月二十四日、広東から北京に向かう途中、日本の神戸に立ち寄って「大アジア主義」について講演し、日本が帝国主義列強の手先となることに警告を発した。それにふれて、「神戸でせし演舌《えんぜつ》などには、小生孫氏に語りしことより案出せりと思うようなこと多し。それは他日申し上ぐべし。世に伝うべきことにあらず」（上松蓊にあてた一九二五年九月二十一日付の手紙）と語り、また「前日神戸かどこかで王道を説きし時、支那帝国の徳望が今もインド辺に仰がれおる由を演《の》べたるが、これは小生がかつて孫に話せしことを敷演［敷衍］せるにて（後略）」（「履歴書」）とも語っている。このあたりが二人の対話のもっとも核心にふれるテーマであったかもしれない。

知音に逢う

熊楠は自分が孫と話しあっただけではなく、多くの人を孫に引きあわせている。当時イギリス訪問中であった和歌山での旧主にあたる徳川侯については、その宿舎にダグラスの私宅を提供する件で熊楠の斡旋が不調におわり、その後始末にのちのちまで不満をのべている。

当時孫落魄《らくはく》してロンドンで親友とてはアイルランドの恢復党員マルカーンと小生のみなりし。（ロンドン出立にも二人のみ見送れり。）徳川頼倫侯、鎌田［栄吉］と大英博物館へ来たりしとき、小生孫と二人長椅子に腰掛けまちおり、孫を侯に紹介せり。そのとき誰かが、かかる亡命徒をかかる華族に引き合わす南方は危険極まる人物と評せり。（上松翁にあてた一九一九年九月十六日付の手紙）

また熊楠は、日本での支持者をふやすことに腐心していた孫に、朝鮮問題で金玉均とかかわりのあった和歌山出身の岡本柳之助を紹介したいと考え、鎌田に紹介状を頼んでいる。その紹介状のお座なりの文面が熊楠には気に入らなかったようだが、岡本はのちに辛亥革命直後の上海に渡っているから（その後まもなく発病して客死したものの）、多少の機縁にはなっていたのであろう。

そのほか佐藤虎次郎や菊池謙譲（田島担から）への紹介状も孫に渡したことが日記に見える。

ローランド・J・マルカーンは孫の友人であったが、孫が一九〇〇年に第二次武装蜂起をおこすさいに中国へ援助に向かい、出かける前に熊楠と会って酒を飲んでいる。マルカーンは、その後、孫が日本、香港、南洋などへ出かけるさいにも付き添って、大いに協力したことが知られている。孫が「落魄して」と記したのは、おそらく在英当時の印象に近いものであったのだろう。

孫は別れにあたって、自分がロンドンで翻訳刊行した救急手当の実用書『紅十字救傷第一法』と、革命宣伝のパンフレットである『原君原臣』を熊楠に送った。後者は、明末清初の思想家黄宗羲《こうそうぎ》の『明夷待訪録』の「君子論・臣下論」というべき部分の抜粋である。

熊楠は自分のポケット日記を取り出し、それに記念のことばを求めると、孫は「海外逢知音、南方学長属書、香山孫文拝言」と記した。「学長」とはもともと自分と同窓（あるいは年長）で学問のす

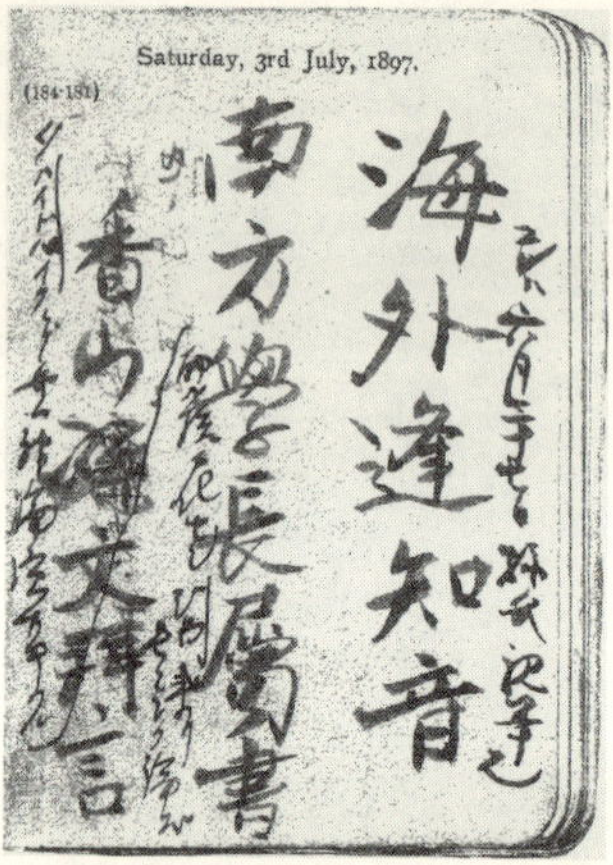

熊楠の日記に書かれた孫文の親筆
（1897年 6 月27日筆）

ぐれた人物に対する敬称で、熊楠の学識を認めて孫が使ったのである。香山は孫の生まれた広東省の県名である。中国春秋時代の琴の名手伯牙《はくが》の弾く曲の意味を友人の鍾子期《しょうしき》だけが聴き分けることができたという故事から、知音《ちいん》は最大の理解者である友人をさす。

日記に記念のことばを記してもらった六月二十七日に、熊楠は別のサイン帳にもほぼおなじ署名をもらっている。その三日後、熊楠は孫の宿の前で別れの挨拶をかわし、マルカーンはセント・パンクラス駅まで送っている。翌七月一日、孫をのせた船はカナダのモントリオールに向かって出航した。その船には孫を尾行する清国公使館の館員と私立探偵も乗っていたという。

5　暴力事件前後

毛唐人ぶちのめす

孫文との回をかさねての弾んだ対話、同郷出身の津田三郎少佐ら「富士」艦の乗組員たちとのにぎやかな交歓とうらはらに、このころから熊楠の不機嫌な表情が日記のなかに点綴しはじめる。

孫文に会う直前の三月中旬、行きつけの日本人経営の「加藤氏店の戸にへど吐きかけし」とか、飲み仲間の「木村のオバーコートのポケトにへど吐込み」とか、酒乱の記事が相次ぐ。四月二十八日にはダグラス一家を「富士」艦に案内して歓待されているが、夕方、街中で「女の嘲弄するにあい、予乱暴し、巡査四人来り最寄警署に拘さる。又乱暴数回（六時過か）、夜二時に至りかえる。巡査予の為に閉口す」とある。

ハイド・パークのスピーカーズ・コーナーに立ち寄る記事が多くなるのも、このころからである。孫文を見送った六月三十日は、大英博物館へ行ってダグラスに会って孫からの挨拶を伝えたあと、「夕、ハイドパークにて無神論の演舌きく。演者ロニー中々達舌なり。終に喧嘩おこり、予高帽を巡査に打たる。かえれば十一時なり」とある。ただ演説を聴いていただけでなく、その喧嘩に自分も入りこみ、巡査になぐられてしまったのである。

ここで顔見知りになった者が博物館の閲覧室にもいて、たがいに挨拶をかわしている。また、いっしょに飲み屋にいく相手もできて、そのまま二人で安宿に泊ったりしたこともある。孫文もロシアからの亡命者と往来があったようだが、この公園にも彼らの姿があった。

そのような記事とかさなりあう時期に、大英博物館の閲覧室で熊楠の暴力事件が起こった。

午後、博物館書籍室に入りざま、毛唐人一人ぶちのめす。これは積年予に軽侮を加えしやつ也。それより大騒ぎとなり、予タムソンを罵りし後、正金銀行へ之《ゆき》、中井氏に十磅《ポンド》かる。

（日記、一八九七年十一月八日）

一連の事件のあと、熊楠が博物館理事各位あてに提出した陳状書によると、侮辱行為は以前からいろいろあったが、事件の四日前の十一月四日、閲覧者のダニエルズが熊楠のシルクハットに羽ペンの黒インクで染《し》みをつけたのが、決定的なきっかけであったという。その場のおさまりがつかないため、館長のトムソンが呼ばれたが、熊楠はそれにも罵声をあびせたらしい。牧田健史は、おそらく閲覧室内では前代未聞の事件であろうという。

ダグラスの口ききで今後館内で「喧譟《けんそう》せぬ」という誓約書を出したため、この時は短期間の利用停止処分ですみ、十二月二十四日には復帰を許されている。ところが熊楠は、翌一八九八年二月七日にも「博物館にて前年打ちやりし奴（ダニエルズ）に唾はきかけ、同人予の席に詰《なじ》りに来る。されど事なく、予は夜まで勉学して帰る」とある。二度目のダニエルズとの喧嘩も、関係者の取り計らいでなんとか事なきを得たものの、これでおわりとはならなかった。

博物館から追放

酔って連れ帰った友人を泊めるのをいやがる下宿の主婦と、熊楠はよく口論をしていた。そんなせいもあってか、二度目のダニエルズ事件のあと、翌日には引越しの準備を始め、二月九日にロンドンへ来て三番目の下宿に移っている（7 Effie Road, Walham Green）。博物館への道のりは少し遠くなったが（行かなくなるかもしれないと予感していたわけではないだろうが）、ここには一年八か月ほど住むことになる。

しかし、前にふれた『竹取物語』の件でディキンズと熊楠が和解した七月十八日の夜、下宿の戸をしめる音が大きいと病身の若い女性から苦情が出て、結局相手が転居している。八月には博物館内でまたトルコ人らしい男ともめごとを起こした。新しい下宿の老婆が届いていた『ネイチャー』を夜のうちに持ってこなかったと怒鳴りつけたりしたあと、十一月には、理由は不明だが、「家の老婆を打ち、巡査と争い入牢」し、翌朝釈放されている。

十二月七日、イタリア人ボルブナグリオ（老詩人という）と飲み、さらにグラントと飲み、かなりの酩酊状態で博物館へ行った日に、また事件は起こった。

夕、館にて女ども声高き故、これを止めんことを乞えども聴かれず。因ってスパールインケンメント代理に訴え、予追い出さる。（日記、一八九八年十二月七日）

図書閲覧室には、当時女性の数がしだいに多くなっており、迷惑がる者もいたらしい。とりわけ熊楠は女性の言動に対して過敏であった。そのおしゃべりを制止しようとしただけならまだしも、熊楠は「傘を取るために戻って再度入室しようとした」ら警官に入室をはばまれたと陳状書にもあるように、暴力沙汰になる一歩手前であったらしい。

帰宅後、熊楠は長文の陳状書を書いて提出したが、一週間後には博物館から「追却」するという通知があった。熊楠は『ネイチャー』編集長のロッキャーや公使館の関係者など、外部の人たちにまで依頼して事態の打開をはかろうと懸命であった。年が明けてからの理事会では、再審議の結果、ダグラスの監督のもとでならばという許可条件が出されたが、熊楠には認めがたいものであった。

月川和雄によると、すでに第三十八巻まで書かれていた『ロンドン抜書』は、ローゼンバウムの『古代梅毒史』の文章の途中で中断したまま、同書が写しつがれることはなかったという。第三十九巻から第五十二巻までの『ロンドン抜書』は、ナチュラルヒストリー（自然史）博物館、南ケンジントン美術館（熊楠は博物館と書くことが多い。ヴィクトリア・アンド・アルバート博物館の前身）などで書きつがれることになる。

送金打ち切り

これらの事件がほぼ落着した一八九九年一月末、弟常楠からの手紙がとどき、その夜は眠れなかったと日記に書いている。これはおそらく前年十二月二十一日付で書かれた送金打ち切りの通知であったものと思われる。誤って水に落ちた犬が、さらに棒で叩かれるような心境であったろう。

父親の死去したあとの遺産分けについては、つぎのような記述がある。

> この亡父は無学ながらも達眼あり。（中略）死ぬに先だつ三、四年、身代を半分して半分を長男弥兵衛［藤吉改め］に自分の名とともに譲り、残る半分を五分しておのれその一分を持ちあり、四分を二男たる小生、三男常楠、四男楠次郎と小生の姉とに分かち、さて、兄弥兵衛は好色淫佚放恣《いんいつほうし》驕縦《きょうじゅう》なるものなれば、われ死して五年内に破産すべし、二男熊楠は学問好きなれば学問で世を過

ごすべし、ただし金銭に無頓着なるものなれば一生富むこと能わじ、三男常楠は謹厚温柔な人物なればこれこそわが後を継ぐべきもの、またわが家を保続し得べきものなり、兄弥兵衛亡滅の後は兄熊楠も姉も末弟もこの常楠を本家として帰依《きえ》すべきなりとて、亡父自分の持ち分と常楠の持ち分を合同して酒造を創《はじ》められ候。（「履歴書」）

これについて笠井清は、和歌山市の南方家に残る弥右衛門直筆の一八八九（明治二十二）年一月一日付の文書を参照して、補充と訂正を加えている。その前年末の貸金、株券、地所などを合わせた総財産は九六、九〇九円一〇銭一厘で、そこからまず長女熊に二千円、熊楠の学資に二千円、秀助（番頭）の別家料一千円、紺屋町の家屋（自分と常楠が住む）の建築費三千円、あわせて八千円を差し引いて、残りの八八、九〇九円一〇銭の半分を長男弥兵衛に相続させ、あと半分を父弥右衛門、熊楠、常楠、楠次郎でそれぞれ一一、一一三円六三銭八厘ずつに四分した。最初の天引きと長女熊の扱いが、「履歴書」に書いてあるのとは違う。この計算によれば、熊楠の受取り分は合算して一三、一一三円ほどとなる。

ところで、弟の常楠の送金打ち切りの手紙には、それまでの仕送り額一覧が記されている。まず予備門在学中の一八八五年から渡米して学校を退学する一八八八年までは別途出金で三、〇一二円七四銭であった。以後、一八八九年一〇〇〇円六六銭、一八九〇年一〇〇〇円九九銭、一八九一年一一九〇円、一八九二年六八八円、一八九三年一〇六七円二六銭、一八九四年一一九〇円、一八九五年一五二〇円、一八九六年一三一〇円、一八九七年九〇〇円、一八九八年九一九円となっている。渡英した一八九二年のようにやや少なかった年もあるが、当時の私費留学生としては平均的な金額とされる年額一千円前後の送金があったことが分かる。もちろん熊楠の金の使い方にもよるし、図書購入や飲食費などの支出が多くなれば、それだけ生活費は圧迫されたにちがいない。

この手紙での常楠の言い分は、仕送り合計は別途出金をふくめれば一三、七九八円六五銭で、すでに遺産相当分を超過しており、前年度の醸造が腐造となり収益が失われた上に不景気なので、今後の送金は打ち切りたいというものであった。

教員となる願望

暴力事件を起こす前後の熊楠の日記を読むと、身近な人々からの借金がひんぱんにくり返されている。だが、右の手紙によると、常楠からの送金が途絶えたわけではなかったことが分かる。たぶんこの手紙以後も、かつがつの送金はつづけられたものと思われる。武内善信は、常楠による仕送りの集計に、遺産分割以前の別途出金をふくめるのはおかしいから、このあと二年間の追加送金と帰国旅費までで、ほぼ遺産相当分を使いきったことになると見ている。

しかし、武内が指摘しているように、もともと日本にくらべて物価の高いロンドンでは、らくに暮らせる金額ではなかった。熊楠と入れ替わりにロンドンへ国費留学した夏目漱石には月額百五十円が支給されていたのに、常楠が苦労して送ってくる熊楠の生活費は平均して月額八十円ほどであった。これから飲み代を支出すれば、時には量が多くて値段の安いオーストラリア産のうさぎ肉の缶詰を食って、「こよひはや兎一《ひと》カン食ひ尽し」（高橋謹一）、「ブリキの底にのこる月影」（金粟王＝熊楠）と連歌をよむしかなかった（土宜法龍にあてた一九〇三年七月十八日付の手紙）。

「乞食にならぬばかりの貧乏」で過ごした最後の二年間には、ディキンズに金を出してもらって、美術商から借りた浮世絵を熊楠の解説入りで飲み友だちの高橋謹一が売り歩いたこともあるが、飲んでしまってあまり金は残らなかったという。やはりディキンズの世話で、ケンブリッジ大学に新設される日本学の講座で助教授になる話もあったが、南阿戦争（いわゆるボーア戦争）で立消えになったという。いずれも後年の「履歴書」に記されているが、助教授になる話にはほかに傍証がない。

また当時、常楠にあてて書いた手紙のなかで、大英博物館の東洋学部長になれる機会があったのにだめになったと語っており、またあとでふれる『ロンドン私記』では、おなじく博物館に東洋人類調査局が新設されるさいに熊楠とインド人とトルコ人がポストを争い、インド人に決まったため、熊楠は喧嘩さわぎまで起こして博物館をやめたと書かれている。

大英博物館でも制度上は外国人が職員となることは不可能ではなかったらしいが、大学助教授の話もふくめて、これらはやはり熊楠の願望あるいは空想の投影であったと見るべきであろう。あとでもふれる南ケンジントン博物館でのように、朝十時から夕方四時まで坐って、日本書のタイトルの翻訳などを十二日間つづけて謝礼をもらった例もないわけではない。しかし、ふだんの暮らし方から類推すると、熊楠が月給取りとして生活することは想像しにくい。

支那人と呼ばれて

自国の宣教師が殺害されたのを口実に、ドイツが中国山東省の膠州湾《こうしゅうわん》を占領したのは一八九七年十一月十四日であった。最初のダニエルズとの事件はおなじ月の八日だから、前後関係は逆転しているが、熊楠にはつぎのように印象づけられていたのであろう。

小生大英博物館に在るうち、独《ドイツ》人膠州湾をとりしことあり。東洋人の気焔すこぶる昂《あが》らず。その時、館内にて小生を軽侮せるものありしを、小生五百人ばかり読書する中において烈しくその鼻を打ちしことあり。（中略）小生はそのころ日本人がわずかに清国に勝ちしのみで、概して洋人より劣等視せらるるを遺憾に思い、議論文章に動作に、しばしば洋人と闘って打ち勝てり。（「履歴書」）

事件後に書いた陳状書のなかでも、ほかの閲覧者からの執拗な嫌がらせのなかには、人種差別というべき言辞の多かったことが列挙されている。日記からいくつかの例を引いてみる。イギリスへ来てまもない一八九四年三月にも、「夜外出。青年及兵卒に支那人〳〵と連呼さる」とありながら、この時は「予髪甚《いと》長きを以てなるべし」とあまり腹を立てた気配はなかった。ところが、のちにはそう呼ばれただけで、相手の子どもを傘でなぐりつけたりしている。

夜近街に飲む。一人泥酔、予に酒二盃、タバコ一おごり、支那人と呼ぶ。余、大いに怒る。亭主仲裁。（日記、一八九九年四月十二日）

この日、博物館へゆく途上、小児、予を支那人と呼ぶ。予大いに怒る。その者は逃げ去る。その友はおとなしき者にて楠次郎に似たり。（日記、同年四月二十五日）

夜、帰途レドクリフ辺の酒屋（先年鎌田とつれ行きし）にて酒のみしに、dirty とよばる。盃打ちつけやらんと思いしが忍び帰る。　　　　　　　　　　　　　　（日記、同年六月二十四日）

戸（を）出るとき、近隣小児（十二歳ばかり）、チンチン、チャイナマンと言い、予大いに怒り、夜に入りて止まず。　　　　　　　　　　　　　　（日記、一九〇〇年三月三十一日）

美術館にゆく途上、女児、支那人と呼びやめず、傘にて打ちやる。（日記、同年五月八日）

モリソン酒店にゆく。前日高橋に近かりし女（チン顔）、予を支那人という。予酒を飲まぬことに決心す。　　　　　　　　　　　　　　（日記、同年六月二十七日）

一、二年後のロンドンでおなじような目にあった夏目漱石は、「支那人は日本人よりもはるかに名誉ある国民なり、（中略）心ある人は日本人と呼ばるるよりも支那人と言わるるを名誉とすべきなり」（日記、一九〇一年三月十五日）などと書いて、別に殴りかえそうとも思わなかった。

熊楠は、おそらく「支那人」と呼ばれたことを怒ったのではない。彼らの「東洋人」への差別に腹をたてて、それを聞き流すことができなかったのであろう。しかし、それがこの時期のしばしば襲ってくる熊楠の不機嫌の原因であったのか、あるいは結果であったのかは、にわかには断定できない。

6　ロンドン交遊録

晩年の熊楠が大英博物館時代をしきりになつかしがっていたのは、もちろん宝の山というべき蔵書に出会う喜びが中心にあったのであろうが、そのほかにも、イギリスの知識人たちの好意にみちた配慮、個性的な人物の多かった在留日本人との交遊などが、忘れがたかったからであろう。

化石学大博士バサー

熊楠は、最初のダニエルズとの事件のあと、大英博物館の自然部門の分館として一八七〇年代に新設されたナチュラルヒストリー（自然史）博物館の植物および動物学部への許可状をもらっている。そのさい同館に所属するフランシス・A・バサー博士（一八六二～一九三四）の推薦を受けている。熊楠が「化石学大博士」と呼ぶバサーは、地質時代の古生物学や棘皮動物の研究者であるだけでなく、博物館学の権威ともされていたという。

一八九三年に日本を訪ねて理科大学などの学者たちと交流し、「日本における自然科学」という報告を書いたバサーは、翌年五月、その報告を熊楠に贈ってきた。おそらく『ネイチャー』誌上での活躍ぶりを見てのことであったろう。熊楠もさっそくその報告の記事について手紙をかわしている。やがて年齢が近かったせいもあって、家族ぐるみの親密な交際をつづけるようになった。

一八九七年六月には、日本海軍の「富士」艦がチルベリー・ドックで建造されたおりには、バサー夫妻らを招待し、お返しに乗組員たちをナチュラルヒストリー館に案内し、さらに一同を酒屋に連れていって交歓している。翌年十一月、イギリスで建造された「敷島」艦の進水式に招かれたさいには、「小生は当日チベット帽で異風の装して学士会員バサー夫妻の中に立ちて見に行き、一同の眼光小生等三人に集ま」るということもあった（上松蓊あての一九一八年五月七日付の手紙）。

バサーはまた同館の植物部長であるジョージ・マレー（熊楠はモレーあるいはムレーとも書く）にも熊楠を紹介してくれた。マレーから日本には隠花植物の目録がないのは遺憾だと言われたことが、帰国後の熊楠が藻類、菌類、粘菌の研究を進める端緒ともなったとされている。（この分野への関心がそれ以前からあったのも事実だが。）

モリソンとの友情

大英図書館に出入りできなくなって、熊楠が窮乏していたころ、アーサー・モリソン（一八六三〜一九四五）は熊楠に南ケンジントン博物館の仕事を紹介してくれた。直接世話になったのは日本美術の研究者であるエドワード・ストレンジで、熊楠はここで十二日間、同館所蔵の日本絵画の題号の翻訳にあたっている。モリソンもバサーとおなじ年齢で、熊楠は気楽につきあっていた様子で、それまでにもしばしば英文で書いた論文の添削をしてもらい、時には熊楠が動物園に案内したりしている。

小生と三年ばかり親交し、小生毎々その宅へ歌麿の浮世絵などの詞書《ことばがき》をよみやりに行きし。しかるに、この人一語も自分のことをいわず、ただわれは八百屋とかの丁稚なりし、外国語は一つ知らず、詩も作り得ず、算術だけは汝にまけずと言われしのみなり。小生誰にも敬語などを用いぬ男なるが、ことにこの人の服装まるで商家の番頭ごときゆえ、一切平凡扱いにせし。只今『大英類典［エンサイクロペディア・ブリタニカ］』に死なぬうちにその伝あるを見て、始めてその人非凡と知れり。

（柳田国男にあてた一九一四年六月二日付の手紙）

モリソンはロンドンの下層階級の生活を描いた『貧民街物語』（一八九四年）や推理小説の作家として知られ、日本の美術にも関心があったとされる。

二人が知り合った年の秋、一八九八年十月二十四日、熊楠はエセックス州のエッピングにあるモリソンの自宅に招待されている。日本軍艦の建造されていたチルベリー・ドックに行くくらいで、あまり郊外に出ることのなかった熊楠の、ただ一度の遠出であったという。

汽車で一時間ほどかかって、十二時すぎにモリソン宅に着き、昼食をすませ、「珍画」を見せてもらったあと、近くにあるエッピングの森にある古城址を見に行っている。このエッピング・フォレストは、武内善信によると、イギリスにおける自然保護の歴史の一里塚ともいえる存在であるという。のちに神社合祀反対運動のさなかに書いた文章で、熊楠はこの時のことを語っている。それは帰国後の活動にもつながる契機をふくむ体験であった。

四、五百年の古木のみなる槲の群生せる間に散歩せしに、（中略）ロンドンの熱塵に汚れ透せる腸を吐出し、洗いおわりてまた嘁んだる思いあり、心大いに怪しんで、英人ばかり世才に長じ開発に熱する民にして、この大都間近き所に、かかる物淋しき天然林を、太古のままに放置しあるに驚き、委細を聞いてさらに驚いたは、（中略）アブエブリー卿が総裁で、朝野の名士を網羅して会員とせる、この森の保存会ありて、一落枝一僵幹といえども、厳重なる審査を経た上ならでは取り除かざる一事にて、この大林に生ずる菌類調査を専務とせるウールホープ倶楽部なども、古くより続きおり学界に貢献する所これ多し。

（「神社合祀反対意見」、『牟婁新報』一九一〇年二月二十一日付）

角屋先生

熊楠がのち（第六章末尾）にふれるような事情で角屋蝙蝠という筆名を使ったことについて、柳田国男に答えた返事のなかに、つぎのようなくだりがある。

ロンドンでは街の角《かど》は必ず居酒肆《いざかや》なり。三井物産会社員の倶楽部に合田《ごうだ》栄三郎という人、（中略）英語を知らず、居酒肆を角屋《かどや》という。このことを小生、福本誠氏に話せしに、日南、それはよき名なりとて、小生を角屋先生という。小生、たいていロンドン中部・西部の居酒肆をことごとく知りおり、毎日大英博物館より帰りに一軒一軒、一盃ずつ呑み歩き帰るなり。故に八時に館を出て帰宅は十時また十一、二時なり。

（柳田国男にあてた一九一二年十二月十三日付の手紙）

角屋先生の「ロンドン水滸伝」では、早い時期から顔を出すのが東洋骨董店を営んでいた加藤章造で、いつも周囲を騒がせていたのが、民権家で知られた大井憲太郎の子分というふれこみで一八九七年十月に大英博物館に訪ねてきた高橋謹一であった。頭を丸坊主にして蝙蝠傘で毛布の包みをかついだ異様な出で立ちに驚くと、鳥山啓の息子嵯峨吉から話を聞いてきたという。仕方なく熊楠もいろいろ世話をやいたが、なかなか長続きする働き口がなく、加藤章造の店などを手伝っていた。

そのころ、予大喧嘩をして博物館を追い出され浪人となった。高橋入道来たって、報恩はこの時なり、和尚〔熊楠〕は物ごとに解説を面白く書くべし、入道はまるで痴漢を粧うて売り廻らば、精神一到何ごとか成らざらん、ということで、予はロンドン大学〔事務〕総長ジキンス男より五十ポンド借り入れ、前年本願寺の売立てを見に来朝したパリのビング氏から千円近い日本の浮世絵を借り入れた。（「新庄村合併について」）

商売そのものはあまり成功したとはいえなかったらしいが、高橋の面目躍助たる仕事であった。モリソンに見てもらったという広告文も、このためのものであろう。

この高橋が大酒のみで熊楠の宿に入りびたり、それが原因で宿の主婦ともめ、一八九九年十月十七日に四度目の転居をして、ここに帰国まで住んでいる（1 Crecent Place, South Kensington）。帰国後、多屋たかに書き与えたロンドン生活の戯画を描いた二枚の葉書を見ると、加藤章造、高橋入道のほかに、もう一人栗原金太郎が入っている。栗原金太郎とは一八九九年夏から半年ほどのつきあいであったが、会津出身の鋳工《いもじ》で、当時四十六歳であったという。葉書では、鋳物にたずさわる人に多いとされる隻眼で、片方に眼帯をつけた姿で描かれている。一九〇〇年一月六日の日記には、この栗原が「ハイドパークにて婬戯中捕われ警察に入牢」したとある。

このほか画家の門《かど》蓼香については、熊楠は未刊に終わった「燕石考」に使う化石標本をバサーに提供してもらい、この人をナチュラリーヒストリー（自然史）博物館に連れていき、写生図を書いてもらっている。

ロンドン生活戯画中の熊楠自画像
（1903年２月10日筆，部分）

その門の知り合いとして飲み仲間に入った富田熊作《くまさく》は、一八九七年に池田合名会社の社員として渡英した人物だが、熊楠より五歳年下であった。富田は、一九〇三年に古美術商田中商店のロンドン支店に入り、のちに中国陶磁コレクターを相手とする美術商として名を成している。

一九二六年六月、すでに京都に住んでいた富田が、ロンドンの加藤章造のもとを訪ねたおりに、あれから二十余年たったが、「我等老いたりといえども性慾なお旺盛」、「先生の往時を談し欽慕の情に堪えず」と連署してよこした「珍画」の絵葉書同封の手紙が邸に残されている。その末尾には「高橋謹一の消息不明」と記し、行方知れずの傑物にも思いを寄せている。

握手で終わった初恋

大英博物館への復帰が不可能と分かりかけたころ、それとの因果関係は不明だが、飲み屋での熊楠の行動に小さな変化が現われはじめる。何かがふっきれたのであろうか。

酒屋（宅近くの）に入り、酔うて知人の酌《しゃく》女の手つまむ。（日記、一八九九年一月二十六日）

帰途クインス・ロードの酒店（ステーションの北隣）に、去年チェルセア・ステーション辺の酒店にありし女、羽山繁太郎によく似たるもの、予の声をきき知り声かくる。（日記、同年七月七日）

酒店にて別嬪、羽山繁に似たるものにあい、四片（ペンス）只《ただ》なげのこと。（日記、同年七月二十五日）

例の酒屋に入る処、仕立て屋レオンにあう。さて高橋の給仕で飲み居る内、彼のチェルセア来知己の別嬪行きすぎながら予を見て挨拶する。（日記、同年九月十一日）

帰途、かの酒店にのむ。羽山に似たる別嬪来り手握らんとす。予不答、別嬪怒り去る。（日記、同年九月十八日）

途上、かの羽繁に似たる女、他、二、三女とつれ子をだき来る。予には眼かけず。色常より赤し。（日記、同年十月十日）

かの別嬪一人あり、握手二志（シリング）やる。歩して帰る。（日記、同年十月十三日）

羽山に似た別品《べっぴん》方に之《ゆ》き、のむ。別品は見えず。

（日記、同年十二月六日）

翌一九〇〇年三月三日、「彼の別嬪のかみさん方に一盃のむ」とあるが、彼女のことはなにもふれていない。熊楠の初恋物語は最初で一回きりの握手をした十月十三日で終わったらしい。初恋の相手がかつての同性愛の対象であった羽山に似ているというのも熊楠らしい。（熊楠はこのころでも羽山の写真を紙入れに入れて持ち歩いていたことが日記に見える。）

『ロンドン私記』

ところで、近年、武内善信によって発見された手書きの冊子『ロンドン私記（在英日本公使館宛珍状）』には、日記に見える熊楠の「かの別嬪」を物語に仕立てあげた「クレンミー嬢」が登場する。そこには、「南方伯夫人になる女」と並んで、「亡羽山美少年」と「南方先生像」の三人のスケッチが描かれている。（さきにふれた多屋たかあてのロンドン生活の戯画では、なぜか酒店の女性にフロリダ時代の「ネリー嬢」の名が使われているが。）

『ロンドン私記』は和紙二十二枚に記され、それ以降の結末部分が失われているが、アナーバーで出した『珍事評論』のロンドン版というべきもので、一八九九年八月の日記に「公使館あての珍状」あるいは「銀行へ（の）滑稽状」と書かれているものに相当し、三つの話題が扱われている。

最初には、熊楠が要請したにもかかわらず、加藤高明公使や中井芳楠が大英博物館に対して一言もしてくれなかったことへの恨《うら》み節《ぶし》が、いささか度を越した揶揄の口調で綴られている。そこで熊楠が「予のごとき正義の士が、国辱上止むを得ず魯（ロシア）人を博物館に斬り」などと事実に反することを書いているのは、すでに日露戦争への前ぶれの動きがあって、その方が公使館が動いてくれやすいと判断したのではないか、と武内は指摘する。

つぎには話題が変わって、和歌山中学のころ、蔵のなかで火災除けのため長持に入れてあった枕絵《まくらえ》（春画）をはじめて見たときのこと、寄宿舎で美少年羽山蕃次郎と交渉があったときのことなどを、熊楠独特の美文で語っている。

そして最後には、「クレンミー嬢」の物語が、これまた挿絵入りで綿々とつづけられている。武内の解説では、熊楠が、同性よりは「美少年」、さらに「中間の性」にあこがれていたのではないか、そして女性の場合でも、「クレンミー嬢」から、多屋たか、松枝夫人にいたるまで、どちらかといえば男性的な性格の女性といえるのではないか、と指摘している。

さかんな研究発表

「ロンドン水滸伝」をたどってきて意外に思えるのは、大英博物館を追われてから帰国までの一年八か月のあいだ、熊楠がさかんに研究をつづけ、多くの論文を発表していることである。そのうちの三、四についてふれておく。

二度目のダニエルズ事件直前の一八九八年九月にブルストルの英国科学振興協会の人類学部会で本人の出席なしで代読されたという「日本におけるタブー体系」（熊楠は「日本斎忌考」と呼ぶ）は、完成稿こそ残されていないが、帰国後の神社合祀反対運動との関連からも注目すべきものであった。

また一九〇〇年三月から六月にかけてまとめた「日本人太古食人説」は、「かの邦の知人」（おそらくはディキンズ）に日本に不利なことは書くべきではないと言われて見送ったという。

この二つの論文は、近年、その草稿として残されたものが日本語に訳されている。おなじく完成稿が発表されていない「燕石考」も、一八九七年ごろからバサー博士などの助力を得て研究を進めていた。当時、ローマの東洋学大会に参加するディキンズに代読で発表してもらう予定でいたところディキンズの病気のために実現しなかったというが（柳田国男にあてた一九一一年六月二十五日付の手紙）、その経過は日記では確認できない。

一九〇〇年六月にまとめて、翌月『ノーツ・アンド・クエリーズ』誌に送った「神跡考」（日記では「仏足論」とも書く）の第一回は帰国の船が出港する日に刊行された。この論文は世界に残る神や精霊の足跡を広く論じたもので、熊楠はのちに柳田国男にあてた手紙のなかで大要を紹介している。予告しながら柳田への紹介を果たせなかった「燕石考」とともに、熊楠はこの時期に自分の書いた代表的な論文と考えていたようである。

また、一八九九年の春から冬にかけて、シカゴ近郊のラサールに住むポール・ケラスのもとにいた鈴木大拙（本名貞太郎、熊楠の三歳年下）と、熊楠は数回にわたって手紙のやりとりをしている。一部の内容は土宜法龍あての手紙にも紹介されているが、手紙そのものは一通も見つかっていない。

漱石を乗せた船

帰国の日程を決めたのがいつごろだったかは分からない。四月十六日の日記に、「渡英以後もっとも多く抜書せること今日にまさるなし」とあるのは、帰国までに終わらせたくて書き写すのを急いでいた結果かもしれない。また七月二十五日にはディキンズに三十八ポンドの借金を免除してもらったとあるが、そのせいもあってか、最後のころはディキンズに依頼された調査や翻訳に追われている。日記をたどっていくと、十七ポンド十シリングの船の「下等切符」も、中井芳楠やディキンズからの借金で買ったように読み取れる。

一九〇〇年九月一日、帰国当日の熊楠は、前夜泊った栗原金太郎の家で朝食をとってから、宿に帰ると前日にも会った高橋謹一が待っていた。十時過ぎに出て南ケンジントン駅で栗原と別れ、地下鉄で高橋とマンションハウス駅まで行き、車でフェンチャーチ・ストリート駅に向かった。それから、午後一時二十三分発の汽車に乗って、船に着き、四時に出帆した、と日記にある。小笠原謙三の調査によると、乗船したのは日本郵船の阿波丸であるという。数日前に熊楠が荷物を送ったアルバート・ドックは、テームズ北岸のドック群のなかでいちばん東寄りにある最大の埠頭であった。

「下等船室」の相客は一人であったが、熊楠は甲板に出ていろんな人と知り合いになり、あいかわらず飲酒と喧嘩に明け暮れし、将棋にもよく負けている。途中ではポートサイド、シンガポール、香港で上陸をしている。

澁澤龍彦が最初に指摘したことだが、おそらく九月末ごろ、熊楠の乗った阿波丸は、インド洋上のスマトラに近いあたりで、ヨーロッパへ向かう北ドイツ・ロイド社のプロイセン号とすれちがっている。このプロイセン号にはジェノバ、パリ経由で国費留学先のイギリスに向かう夏目漱石、おなじくドイツに国費留学する芳賀矢一《はがやいち》が乗船していた。二人とも、熊楠とは大学予備門の同級生で、夏目とは『方丈記』の翻訳のことで、芳賀とは『今昔物語集』の研究のことで、のちにかかわりができることになる。

第五章　熊野の森に入る

1　孫文の和歌山来訪

一九〇〇（明治三十三）年十月十五日早朝、神戸港に着いた阿波丸から、「蚊帳《かや》のごとき洋服一枚」をまとって熊楠は降り立った。二十歳で渡米してから十四年の歳月が経過していた。

理智院、円珠院

電報を受け取って弟の常楠が迎えに来たのは夕方の五時ごろで、その夜は二人でいろいろ話をして神戸に泊った。動植物の標本や書籍を詰めこんだ荷物が数個以上はあったと思われるが、常楠はその「おびただしきにあきれた」という。

翌朝、荷物を和歌山の実家あてに送ったあと、常楠に連れられて熊楠は谷川《たがわ》（たにがわとも読む）の理智院に向かった。理智院は和歌山市に隣接する大阪府泉南郡多奈川村（現、岬町）にあって、当時は南海電鉄の吹井《ふけい》（ふけとも読む、現在は駅舎のみ残る）駅から十数キロの道を歩かなければならなかった。迎えに来た僧が下男に植物圧搾器を運ばせてくれたという。二人は日が暮れてから理智院に着き、夕食後、常楠は和歌山へ帰った。

和歌山の実家には泊めることができないと説得され、亡父が世話をしたことのある理智院でしばらく暮らすつもりになって、熊楠はとりあえず植物標本を作るために使う圧搾器だけを持って来たのであろう。ところが、翌日、弟の楠次郎が会いにきて様子を話してくれた。また寺にいた和佐という男の話でも、常楠の家業は順調らしいという。そこで三日目の夜、その和佐とともに和歌山の常楠宅へ予告なしに押しかけ、熊楠は常楠の家族ともはじめて対面した。

東京専門学校を卒業した翌年の一八九〇年に酒造業を引き継いだ常楠は、四年後に結婚している。妻ますは中野文吾の長女で、母親のみつが外科医として有名な華岡随賢（青洲）の孫娘にあたり、妹もまた華岡家の当主に嫁している。古い家柄の娘として年若い常楠の一家を支えていた気丈の妻であったと思われる。

その妻に反対されて熊楠の扱いに苦慮していたらしい常楠は、和歌浦町（現、和歌山市）の愛宕山麓にある円珠院はどうかと考え、三日後には二人で下見に行っている。しばらく往来をくり返したのち、十一月なかばごろから熊楠は円珠院で暮らしはじめ、二か月あまり滞在した。

和歌浦での採集

帰国当初から熊楠は「紀州の隠花植物」の悉皆《しっかい》調査をする計画をたてていた様子で、十一月二十日の日記によると、粘菌、菌《きのこ》類、地衣類、藻類、蘚苔類などについての採集予定標本の数値目標を書きとめている。

円珠院の裏にある愛宕山は、もとは山上に愛宕大権現があってこう呼ばれたが、明治の末ごろ社殿は山麓に移されたという。この愛宕山と近くにある御坊山（現、秋葉山公園内）が、熊楠のおもな採集地となった。少し足をのばせば和歌浦なので、そこでは田之浦で寒中に丸裸で海中に入ったり、船に乗って布引に渡ったりして、懸命になって藻類を採集している。

「顕花植物中最微の物」であるウォルフィアについては、日記の一九〇〇年十二月二十七日に「羊歯一種及び Wolffia を寺内にとる。Wolffia は弁天堂前の手水鉢中にあり」、同一九〇一年四月十九日に「愛宕山にて Wolffia 十顆ばかりとり来る」とあるのが、『南方二書』などで東禅寺（円珠院の奥にあった廃寺）の弁天祠前の手水鉢で採集したとされているものと思われる。それまでは「台湾で洋人が採りしと聞くのみ」であったというが、熊楠の採集標本は正式に報告されることがなかった。

土永知子によると、ウォルフィア・ミクロスコピカ（和名ミジンコウキクサ）は、一九三八年に東京で発見した報告があり、和名は牧野富太郎がつけたもので、帰化植物の可能性が高いという。

「中山樵」の来訪

大英博物館を追われてまもない一八九九年三月、ロンドンへ来た福本誠（日南）と熊楠は会い、南ケンジントン博物館やキュー植物園を案内し、さらに自分の宿にも連れてきている。のちの回想によると、福本は東京時代からの知り合いではなく初対面で、孫文のことで用事があって訪ねてきたのだという（岩田準一にあてた一九三一年九月七日付の手紙）。

日清戦争に従軍記者として参加した福本は、熊楠にも会った一年半ほどのヨーロッパ旅行から帰って、宮崎滔天らと共に孫文らの革命活動を支援し、とくに一九〇〇年十月の恵州蜂起のさいには台湾や中国南部方面と往来していた。恵州蜂起が失敗に終わったあと、孫は台湾から日本に渡った。

その福本から熊楠のもとに便りがあったのは、一九〇〇年十二月六日であった。その手紙には孫文が「中山樵」という日本名で横浜旧居留地百二十一に住んでいると書いてあった。熊楠はさっそく手紙を書き、孫からの返事が十二月十三日に届いた。その英文の手紙には、あなたが故郷へ帰ったと知ってうれしい、上京できなければわたしが会いにいく、とあった。

孫文は一九〇一年の二月六日と十日と二度の手紙を出したあと、その返事も待たずに十二日の午後六時に横浜を出て汽車で大阪に向かった。横浜に住む華僑の温炳臣《おんへいしん》が通訳を兼ねて随行していた。十三日午前十時二十分、梅田に着いた二人は、食事をしたあと、午後二時半に難波を出て和歌山に向かった。二人の行動は尾行していた各県の警察によって逐一記録され、外務省に報告されている。

熊楠の日記によると、中山樵（孫文）からの手紙を受け取った二月十三日の夜、十時過ぎに富士屋旅館に来ているという手紙が届いた。翌十四日朝九時ごろ、孫は人力車に乗って一人で南方家にやってきた。「新坐敷へ通し会話、西洋料理食う。通事温炳臣よびにやり二時頃来る。蝦及《えび》すし食う。」家族の出入りはあったかもしれないが、この日の午前中は二人だけで会話をしたと思われる。

そのあと、日記では「小笠原誉至夫よびにやる（汽車中に二人にあいし也）。同人来る。五時頃小笠原、孫、温、予四人車にて芦辺屋に之《ゆく》。予は不飲、三人飲、富士屋に之《ゆけ》ば七時過ぎ也。飯後小笠原去り、予は十時過ぎ帰り来る」とある。当時、政友会の地方政治家であり、またユニテリアン派の社会運動家でもあった小笠原は、熊楠とは和歌山でも東京でも旧知の間柄であった。

のちに書いた手紙のなかで（上松蓊あて一九一九年九月十六日付）、随行している温とかねて顔見知りであった小笠原は、和歌山へ来る汽車のなかで二人に出会い、熊楠のところへ来たことを知ったという。その小笠原が孫の来訪を県知事に密告したとのちに熊楠がいうのは、おそらく熊楠の思いすごしで、警察の尾行がそれ以前から手配されていたことは、さきにもふれたとおりである。（しかし、汽車での出会いが偶然であったのか、あるいは何らかの事前の情報に基づいていたのかは不明である。）そんないきさつで芦辺屋の勘定は小笠原に払ってもらった、と熊楠は書いている。

和歌山に来訪した孫文をかこんで
（1901年2月15日）
（前列左から常楠，孫文，常太郎，楠次郎，
後列左から熊楠，温炳臣）

翌日は、十二時前に熊楠が富士屋旅館を訪ねて話をした。午後二時四十分には帰るというので、その前に常楠、その息子常太郎、楠次郎を呼んで記念写真をとった。そのあと二人は、難波を経由し、梅田発六時五十三分の汽車に乗って、翌日の昼前に横浜に帰着している。

その二日後、熊楠は孫に仏手柑《ぶっしゅかん》の砂糖漬を送り、孫からは礼状とともに、フィリピン独立の志士であるマリアーナ・ポンゼ著『南洋の風雲』が送られてきたという。さらに孫は、律儀にも約束を守り、数か月後にハワイのマウイ島で採集した地衣類の標本を熊楠に送ってよこし、その採集地について熊楠が問いあわせたさいの返事も残されている。

孫文の期待

ロンドンで会った時にくらべれば、いかにもあわただしく、しかも窮屈な状況での二人の対話で、まさに「熟談を得ざりし」という形容どおりであったろう（柳田国男にあてた一九一一年十月十四日付の手紙）。しかし、後年に書いたことであるが、熊楠はこういう受け止め方もしていた。

孫は当時甚だ日本で失意地にあり（中村弥六、福本日南等がへんな事を企て、孫の名前で甚だ不埒な事を行いしなり）。小生東京へ猪突して交渉でもしくるるものと思い面会に来りしらしく、所詮生きるか死するかのさし迫った場合にありしなり。（上松蓊にあてた一九三五年五月三十一日付の手紙）

ロンドンにいたころはワラをもつかむ気持で日本人に伝手を求めた孫であったが、いまや多くの志士たちのみならず、枢要な地位にある政治家までが時には孫に支持の態度を示すこともあった。上松にあてた別の手紙によると、孫がフィリピン独立戦争を支援したさいに、武器の購入を依頼した中村弥六が孫を欺き、運送船の布引丸を沈めて裏切ったことを、熊楠に訴えるように語ったという（一九四〇年三月五日付）。恵州蜂起のさいの福本らの行動にも、孫は似たような不満をいだいていたのかもしれない。

熊楠の言うように、その志士たちとの交渉を熊楠に依頼する気持が孫にあったとは思えないが、孫自身が切羽つまった状況で活路を求めていて、熊楠に訴えかけたのであろう。横浜へ帰ったあと、孫が折り返し有力な政治家である犬養毅《つよし》（木堂）あてに熊楠を推薦する紹介状を書いてきたあたりにも、熊楠への過大な期待が感じられる。（一九一三年十一月、犬養が田辺へ講演に訪れた時、熊楠は講演を聴きにもいかず、あとで喜多幅から犬養が熊楠のことを話していたと聞いている。）

和歌山での出会いの一年後、土宜法龍あての手紙（一九〇二年三月十七日付）で、熊楠が「彼《かの》孫逸仙如きは躬《みずか》ら当地へ下り色々とすすめられ候えども、今日の東洋の改革はそんなものの言う所は何れも、山事《やまごと》のみ多く、何とも東洋人士の意向一向小生には夢幻同様にて分り兼ね申し居り候」と書いたのも、孫の周辺で投機的に動きまわる彼我の志士や政治家たちへの不信のまなざしを語ったもので、辛亥革命後の中国までも予言していたといえる。

福本日南にあてた礼状では、『水滸伝』風に華和尚熊楠の出番かと語ってみせながらも（「出て来た歟」）、アメリカで民権派の友人たちに対した時とおなじく、ここでも熊楠はシンパサイザー（支持者）あるいはオブザーヴァー（観察者）の立場を出ることはなかった。

人の交りにも季節あり

一九一一年十月十日の武昌蜂起の成功には、熊楠も少し気をよくして、つぎのような観測を語っていた。

黄興兵を起こし大乱に及び候由電報にて見る。小生も孫文と兼約あり、もしいよいよ確定に及び

候わば一度かの軍を見舞わんと存じおり候。（柳田国男にあてた一九一一年十月十四日付の手紙）

小生、孫逸仙と約束あり、かの人の事成らば広州の羅浮山を天下の植物園とすることにかかることに候。何とか早くかの人位置少々でも堅まり次第、瑣末なる紛擾を放棄してかの国へ渡りたく存じおり候。（柳田国男にあてた一九一一年十一月十二日付の手紙）

しかし、辛亥革命で清朝を倒すことには成功したものの、それにかわったのは袁世凱の独裁であって、孫文たちは多くの妥協を強いられた。その孫文を案ずるかのように、熊楠は一九一二年の四月と五月に二度も孫文の夢をみて、久々にいっしょに歩いたり話をしたりしたことが日記にある。

臨時大総統を辞任したあとの孫文は、一九一三年の二月から三月にかけて「全国鉄路督弁」という役職を引き受け、借款交渉のために日本を訪れた。はじめての公式訪問ということで官民あげての歓迎を受けて、東京以西の各地を縦断して訪問し、多くの関係者と会合をかさねた。

その時、熊楠にも声がかかった。「旧友孫文、小生と和歌山にて会見したき由、伊東知也氏に語られたりとのこと、『大阪毎日』等に出で、和歌山より人々よび出しに来たり候も、眼悪きゆえ一人にて海上旅することならず、何もできず梟《ふくろう》のごとく黙坐しおる」（柳田国男にあてた一九一三年二月二十日付の手紙）と手紙に書いた。眼が悪かったというだけでなく、熊楠の心中は複雑であった。ロンドンにいた時や前に和歌山に来た時に警戒したり遠ざけたりした人たちが、孫がもてはやされるようになると手のひらを返したような態度をとることが腹立たしかった。

結局、孫との会見をことわった熊楠は、のちに「孫氏得意のとき一度日本へ来たりしことあり。そのとき和歌山の人々小生を囮《おとり》として孫氏を和歌山へ迎えんと申し出でしことありし」とまで書いている。熊楠は、さらに「人の交りにも季節あり、（中略）いかにほれ抜いたことある女も夫妻となれば恋愛はここに消滅すと西人がいいし（と）同様なり。されば小生は以前は孫氏と別懇なりしも、自分の身のふり方上、止むを得ず不通となり申し候」（上松蓊にあてた一九二五年九月二十一日付の手紙）と回想している。

孫がまだ長崎にいた三月二十二日、上海で国民党の中心にいた宋教仁が袁世凱の手先に襲われて死去、孫は急遽帰国した。このあと袁に反抗する勢力の起こした第二革命が鎮圧され、八月には半年前とは打ってかわり姿をかくした孫は、台湾を経て日本に亡命している。

十余年後の一九二四年十一月、北方の軍閥勢力と対決するために北上する途次、孫が日本の神戸に立ち寄って「大アジア主義」の講演をしたさいのことは、すでにロンドンのところでふれた。

その直後の一九二五年三月十二日、孫は北京で病没した。孫の死が報道されたころ、熊楠は息子熊弥の発病の対応に追われていた。その南京への移柩祭は、北伐の完了を待って一九二九年六月に行われた。その年八月、熊楠は一九〇一年の和歌山来訪時の日記を開き、それを読む人がいつの日か現われることを予期してか、「中山樵（は）孫逸仙也」と注釈を書き入れている。

2　勝浦・那智へ

和歌山市での採集

熊楠の仮住いである愛宕山室（円珠院）をあけてくれと言われて常楠宅へもどったのが、孫文の来訪する直前の一九〇一年二月九日であった。それから八か月ほど常楠宅で世話になりながら、熊楠はあいかわらず和歌山市近辺での採集を熱心につづけた。

やがて九月から十月にかけては、長兄の弥兵衛や先代の番頭などをもふくめた常楠や楠次郎との話し合いを、翌朝まで夜どおしつづけるというようなことが何度かあり、おそらくは父親の遺産分配をめぐるやり取りがむし返されたにちがいない。

いずれにしても、結果的には、これ以後一九二二年の植物研究所設立の募金前後まで、独身時代の熊楠とその結婚後の一家の生活費は（一時的な原稿料収入や知人からの援助を除いて）、家屋敷の購入もふくめてすべて常楠からの仕送りでまかなわれていたものと思われる。

勝浦に向かう

酒造期の喧噪と兄弟間の紛糾をのがれるかのように、熊楠が紀伊半島南部の勝浦村に向かったのは一九〇一年十月三十日であった。南方酒造の勝浦支店をたよりにして、当初は酒造の忙しい冬期だけの短期間の滞在を考えていたらしい。

十月三十日の夜九時半に和歌浦で乗船した熊楠は、「波随分荒く、船中喧《かしま》しきこと甚だしく少しも不眠」の状態で、翌日午後三時ごろ勝浦に着いている。当時の大阪商船による熊野巡航コースは、毎日午後五時に大阪港を出て、和歌浦、御坊などを経由して翌朝田辺港に入り、その後勝浦などを廻って、三日目の夜八時に終点の熱田港に着いたという。

久原脩司によると、熊楠の下船した勝浦港には、まだ桟橋がなくて三銭払って「はしけ」で上陸している。港に面して埋め立てたばかりの空地が広がり、その先に南方酒造の支店や、最初に二泊した「なぎさ屋」旅館（日記の「さざなみ屋」は誤記という）などが何軒かあるだけであった。

勝浦に着いた翌日、熊楠は勝浦支店の番頭である利助の弟政一とともに、まず那智山へ行った。しかし、那智山付近を採集地とするのはまだ少し先で、つぎの日には、おなじ勝浦港の出口に近い那智村湯川の「おばたけ」（熊楠は大畑、小畑などと書く）にある新田源吉宿を見に行き、その日のうちに政一に船で渡してもらい宿を変えている。

和歌山市周辺につづいて、海浜や河川などで藻類を採集する便宜を考えて、この場所を選んだのであろう。勝浦支店のある場所との往来にはふだんは船を使い、磯伝いに歩くこともできたものの、提灯をかりて闇夜に歩くのは難儀であった、と日記にある。

熊楠の藻類研究については松居竜五に小論がある。それによると熊楠は一九〇三年六月にディキンズ経由でイギリスの藻類学者ウィリアム・ウェストに手紙を送った。これに対して息子のジョージ・S・ウェストから懇切な返信があり、共同研究で図譜を刊行する計画が進みかけていた。しかし、一九一九年に息子のウェストが四十三歳で流感で亡くなったため、この計画は挫折した。熊楠は晩年にいたるまで、その集成と刊行を望んでいた。

新田源吉宿のあった「おばたけ」は、久原によると、湯川の越瀬《こわせ》にある古くからの漁師の湯治場であったという。熊楠の滞在中にも、しばしば漁師たちが泊りにきている。

兄妹心中の唄

酔っ払いのやかましさに閉口することも多かったが、遠い土地から来た船頭たちと飲みながら話しこんで、彼らの遍歴ぶりに興味をおぼえる機会もあったようだ。知り合いになった船頭の船に乗りこんで、みんなで大酒を飲む記事も何度かある。つぎの文は、この一節のために発禁になったが、平見とあるのは湯川の小字なので、そのころの忘れがたい記憶の一こまなのであろう。

今も熊野等の碇泊地で船頭や船饅頭が唄う、「所は京都の堺の町で、哀れ悲しや兄妹《おととい》心中、兄は二十一、その名は軍平、妹《いもと》は十八、その名はお清、兄の軍平が妹に×て、それが病の基《もとい》となりて（中略）」。これより先は近処に知った者がないが、虚無僧に化けた妹を殺し気がついて大きに慙《は》じ、兄が自殺するので仕舞いじゃ。十二年ほど前、勝浦港の平見《ひらみ》という閑処《かんじょ》で夜深く海藻を鏡検しておると、森浦のお米《よね》という売色の大将軍が港内に冽《さ》え渡る美声でこの唄を唱うを聴いて青衫《せいさん》ために湿《うるお》うた。その場の光景今に忘れられぬから長々と書いておく。（「月下氷人」）

熊楠は何かといえば船を出してもらい利助宅に行って用足しをしたが、そのたびに気をつかって白米と高い魚を買ってきて食事を出してくれるので、かえって窮屈に思い、勝浦一大きい構えの中野店へ行って「(自分の好きな）味噌をもらって」食事をするようになった。ここは常楠の妻の兄の支店で、その中野文左衛門夫妻が勝浦へ来たおりには源吉宿を訪ねて、熊楠の接待を受けている。

那智の滝での採集は一度行ったきりで、そのあとは寒いからと先送りにしていた。

小畔四郎と会う

年が明けて一九〇二年正月四日、久しぶりに那智へ行き、その日は熊野古道の大門坂参詣道入口にある鳥居のそばの宿に泊った。鳥居から上は霊場のため俗人は住めないとされていた。この宿が同月十二日から宿泊することになる那智村市野々の大阪屋旅館であった。

那智大阪屋の現当主である久原脩司によると、このあとくりかえし二度滞在した大阪屋の離れは、もと新宮藩水野の関所を移築したもので、熊楠は広縁のついた八畳二間に書籍や標本を積み上げて占拠していたという。まだ電灯はなく、ランプに灯を入れていた。二階建の本館は那智山の参詣客で混みあっていることが多く、廊下伝いの離れとはいっても相当やかましかったようだ。なお大阪屋は昭和のはじめに自動車登山道路の開通で旅館を廃業し、当時の建物は残っていない。

宿が那智へ移ったことで、採集の対象も菌類（キノコ）や地衣類がふえはじめる。採集地も那智の滝（一の滝）の近くからはじまり、市野々寄りのクラガリ谷を入って、陰陽の滝から、二の滝、三の滝へと及び、さらに南がわの妙法山にも足を伸ばしている。大阪屋に宿をかえたころから、当初の予定を変更して、もう少しここで生活するという気持になりかけていたのであろう。

那智へ移ってまもない一月十五日、熊楠は小畔《こあぜ》四郎と知りあう。

那智山へ始めて行きし次の年（三十五年）の冬、小生一の滝の下にて浴衣一枚に縄の帯で石に生えたる地衣《こけ》を集めおるところへ、船員らしきもの一人来たりいろいろ話すと、その人は蘭を集めにこの山へ来たりしという。よって観音堂の前の中川烏石の亭へ同行し、そこに盆栽せる蘭を見せ候。（中略）それより自分の宿所へ同道し牛肉にて饗応し、郵船会社に勤務の旧友のことどもを尋ねて後立ち去り候。その人が小畔氏なり。

（山田栄太郎にあてた一九二九年三月十三日付の手紙）

この時は、勝浦港から船で帰る小畔を引きとめようと思い立ち、熊楠は人力車に乗って追いかけたが間に合わなかった。新潟県長岡の出身で郵船会社の海外航路で仕事をしていた小畔は、日露戦争に従軍したあと、内地勤務となってからは熊楠と絶えず文通をかわし、粘菌研究上の高弟としてだけでなく、物心両面の支援者として生涯にわたって交際をつづけた。

就職を断わる　一九〇二年三月十二日夜、熊楠は歯の治療のために勝浦から船に乗りこんで和歌山市に向かった。このあと五月二十一日に船で田辺に向かうまでの二か月あまり、熊楠は和歌山市に滞在した。

この時期に一つの出来事があった。かねて土宜法龍が中心となって準備し、一九〇一年に正式発足した真言宗高等中学林（種智院大学の前身）に、熊楠に教授として来てほしいという依頼があった。土宜からの三月八日付の手紙が残されているが、三月十六日の日記に「土宜氏状及び佐伯権大僧正状持ち高藤秀本師来訪」とあるのが、その手紙かどうかははっきりしない。この日は使いとして来たに記されている。

高藤を和歌山城に案内しただけで帰したが、翌十七日付で土宜あてに出された手紙には、つぎのよう

昨日突然高藤師来訪、御招聘の指令書は正に受領、然る処小生少々一身上の都合有之《これあり》、只今と申されては御受けは全然とは致し難く候。この委細は高藤師にも遠廻りに一寸申し上げ置き候が、その中一度上京の上親しく申し上ぐべく候。

小生は帰国後全く跡を韜《くら》まし、山野の然も樵夫木人も入らざる境に孤居し、当市人とても小生を識らず帰国せりとは思いも寄らぬほどの事にて候。ただし例の円位上人〔西行〕も風流情裏に身を遊ばせながら、心はやはりたてたてしき処ありしと申すごとく、山中宰相の目ある小生の事とて間々勧誘する人も多く、前田正名前日来山の節も大学へ出づべしと勧められ、また大隈伯よりも吉田を以て招かれ候が、小生は今日の日本にありふれ、然も小生従前得意の智識にほこるとか多聞を衒《てら》うとかは人間の所志に非ず、今少しなにか骨のあることを致し度と存じ居り候。

（土宜法龍にあてた一九〇二年三月十七日付の手紙）

最初に今は無理と断わった上で、後段では「今少しなにか骨のあること」で仕事をしたいからと理由づけをしている。もう一度土宜から手紙をもらってから書いた返事では苦しい弁解もしているが、結局、教師を引き受けることはなかった。

手紙に見える前田正名を、熊楠はロンドンで大英博物館とキュー植物園に案内したことがあった。那智へ出かける直前、和歌山に来ていた前田と会うことを常楠に勧められているが、熊楠は会わなかった。前田は結婚式で大隈重信に親代わりを頼んでいるほどの関係だから、この個所はどちらも早稲田大学への就職の件をさしているのだろう。

雑賀貞次郎が常楠から聞いたところによると、大隈が早稲田大学の教授に迎えたいと常楠を通じて内意をきいてきたが、熊楠はとりあわなかったという（「南方熊楠先生略伝」）。早稲田大学の前身である東京専門学校出身の常楠は、一九〇七年に大隈が高野山に参詣したさいに「世界一統」という酒名をもらい、のち南方酒造は一九七一年に社名を「世界一統」に改めている。

熊楠も後年には、「（大隈）伯は毎度小生のことを尋ねくれ候つき、一度出京面会致したく存じ候」（柳田国男にあてた一九一四年四月十四日の手紙）とも語り、さらに援助を求めるなら「弟の紹介で大隈侯へ幇間に出るが一番近道に候」（上松蓊にあてた一九一八年五月七日付の手紙）という言い方までしている。しかし、教師となるのはやはり無理だということをいちばんよく知っていたのは、熊楠自身であったのではないかと思われる。

田辺に立ち寄る

五月二十一日夜十二時過ぎ、例によって混みあう船に和歌山市から乗った熊楠は、一睡もできず、翌二十二日朝六時に田辺町（一九四二年から田辺市）へ着いた。

和歌山中学の同級生喜多幅武三郎が田辺で一八九三年から医院を開業していたので、それを頼っての訪問であった。熊楠は那智山へ参詣にきた田辺の人に喜多幅医院の繁盛ぶりを聞いて、立ち寄ってみる気になったらしい。（一八八六年に羽山繁太郎と湯崎温泉を訪れた帰途にも田辺で昼食をとっているが、滞在したのはこれが初めてである。）

田辺の素封家多屋家の当主寿平次は熊楠の亡父の知人で、熊楠も喜多幅といっしょに五月三十一日に訪問した。その多屋家の末の息子勝四郎との出会いが、熊楠に予想もしなかった日々をもたらすことになった。

翌六月一日には、さっそく舟で勝四郎と鹿島［神島］へ行ったものの、二日酔いの熊楠は「木耳等少々とるのみ」で、まともな採集はできない状態であった。後年に熊楠とは深い因縁で結ばれる神島だが、特別に関心をはらっていた気配はなく、八月になってからふたたび渡って採集をしている。

　午後、（中略）駒井、杉本、松居三氏と綱不知《つなしらず》より鹿島［神島］に遊ぶ。三人かわるがわる舟こぐ。予は島上の林中に入り採集、終りにのぞみ丸裸になりしを以て、身体蚊にさされ完膚なし。されど潮に浴し夜までになおる。駒井は海岸に、他二人は舟こぎまわる。夕に到り舟にのりかえれば晩なり。（中略）ワンジュ、ハマボウ、ツチガキ一種、禾本科一種等とる。（日記、一九〇二年八月九日）

それからも勝四郎は熊楠の要望に応えるかのように、さまざまな場所へ同行している。

六月二日には数人で天神崎の西にある目良《めら》で遊び、翌三日には二人で船に乗って湯崎温泉に渡り、有田屋に泊っている。ここは亡くなった親友羽山繁太郎と別れる前の数日を過ごした宿である。二人が泊まった時に梅花紋石をくれた老母は七年前に亡くなった、と宿の主婦に聞かされたことが日記に見える。このあと十月九日に田辺へもどるまでの四か月ほど、熊楠は有田屋に滞在する。

このあたりは一八七三年から行政的には瀬戸鉛山《かなやま》村（一九四〇年から白浜町）となっているが、ふだんは江戸時代以来の瀬戸村、鉛山村の区分が通用していた。湯崎温泉は鉛山に古くからある湯治場で、旅館や民宿が十数軒あった。まだ内湯はなく自然湧出の共同浴場があるだけだったが、熊楠は崎の湯、浜の湯、屋形湯などの湯崎七湯によく通っている。

白浜温泉の名は、一九二〇年に温泉掘削が成功した翌年、杉村楚人冠らが命名したとされる。観光地としてにぎやかになるのは鉄道の開通する一九三三年以後のことである。

湯崎温泉に遊ぶ

湯崎に宿をとった熊楠は、毎日のように、綱不知、江津良、御船山、権現崎、眼鏡岩（円月島）、元島、千畳敷、白良浜、三段岩（三段壁）、長浜などを歩きまわり、さまざまな動植物を採集している。そのついでに、山で赤蝮《まむし》を殺し、海辺の水たまりで黒白ぶちの蛙をとりそこない、ヤドカリ十五疋を買って一疋逃げられて呆然とし、イモリを箱に入れて若い芸者にプレゼントして卒倒させるなど、その採集の対象は和歌山中学のころの延長かと思わせるほど無邪気で多種多様である。

しかし、その採集行の記事を帳消しにする勢いで日記に乱舞しているのは、このひと夏の遊興三昧ぶりである。夏のおわりの九月十七日には、田辺の「熊洋同志会員」が「当地開闢《かいびゃく》来の大騒ぎ」をして、日記にはその八人の姓名が記念のために列記されている。あげくに、その大騒ぎは十八日には田辺の泉治平（写真師）宅へ、さらに十九日にはおなじく田辺の五明楼へと場所をかえ、何人もの芸者たちをまきこんで続いている。
飲み友だちにしてみれば果てることのない送別宴の連鎖にすぎなかったであろうが、熊楠は二年後に田辺へもどってくる前奏曲と受けとめていたかもしれない。

飲むが本業の君

十月八日、有田屋の支払いをすませた熊楠は、船で田辺にもどり、旅館塗師《ぬし》物（のちの白浜館、湯川富三郎宅）に泊った。

十月九日には池田写真館を訪れ、多屋勝四郎に銅乱と金槌を持たせ、浜本熊五郎に植物圧搾器とビク二つを竹でかたげさせ、この二人をしたがえて浴衣姿の熊楠が植物採集に行く様子を再現して写真をとらせた。これは九月末から十月初めにかけて、湯崎から船を仕立てて椿温泉を訪れて辻氏宿（椿楼）に泊ったあと、富田経由で採集しながら歩いて帰ったときのさまを演出したものという。この写真には道行きの地名をたくみによみこんだ大津絵（大津絵節の俗謡）も添えられている。

再現された植物採集行
（右から熊楠，浜本，多屋）（1902年10月９日）

この勝四郎と熊五郎は、二人とも湯崎温泉の日々の飲酒狂乱をふくめてのもっとも忠実な伴走者であったから、むしろひと夏の遊興三昧のほてりを残す記念写真というべきであろう。田辺でもあいかわらず「朦朧組」の乱行はつづいていたものの、時には以下のような殊勝な対話もかわしている。

予、蟻も一時也、蟬も一時也、蟻は炎天に子孫の為に働く所を多屋入道《にゅうどう》に尿ひりかけられ、蟬は秋のこの近日までツクリンヒョーンとさわりをやらかす。蟻を取らんか蟬を取らんか、吾は蟬を取らんというに、木津〔文吾〕大いにこれを賛し曰く、その上に蟬は人の頭上へ小便をへりかけ飛び去るなりと。佐藤〔安太郎〕大いに呆れる。

（日記、一九〇二年十月十四日）

熊楠は、このあと二か月ほど田辺に滞在し、動鳴気渓《どうめき》、三栖《みす》の千法寺と窟の観音、万呂《まろ》の天王池（盥船の菱取り）、蟇岩《ひき》、奇絶峡などと、町の周辺を片っ端から歩きまわって、闘鶏神社にも立ち寄っている。また、のちに「山神オコゼ魚を好むということ」などで紹介する山の神の絵詞の描かれた屛風（湯川富三郎所蔵）も、見せてもらっている。

「二百日のむが本業の君でさえ、みなかたつけて勝浦えゆく」とは、友人木津文吾の送別の狂歌であった。

3　ふたたび那智で

畑中に酔って寝る

田辺を立ち去る十日ほど前に、熊楠は和歌浦町の円珠院に住む園芸愛好家の小堀梅之丞を呼び寄せている。この年の正月、小堀は熊楠の紹介で訪れた小畔四郎に希品の風蘭を譲ってやっている。熊楠は小堀にも神島へ行くことをすすめ、十一月三十日に自分も加わった数人で神島に渡って、ワンジュをたくさんとって帰っている。

十二月四日、古座まで同行する小堀と勝四郎を連れて、熊楠は串本に向かう船に乗り込んだ。串本町では勝四郎の姉婿にあたる網元の矢倉甚平（正しくは甚兵衛）に船を出してもらい、大島の手前にある芝山（苗我島）や通夜島で羊歯や地衣を採集している。

十二月九日、熊楠は小堀と歩いて古座へ向かい、佐藤長右衛門店へ立ち寄った。アメリカで知り合った友人茂木虎次郎が養子となっている佐藤家で歓待を受け（虎次郎は不在）、さらに同家の船で古座川をさかのぼって一枚岩まで一日がかりで往復し、地衣や苔の採集をしている。

十二月十五日には、熊楠は早起きをして、一人で六時に古座を徒歩で出て、下里で昼食をとり、夕方四時に勝浦に着いた。ここに二泊してから荷かつぎをたのんで船で古座に引き返し、十九日にまた歩いて勝浦までもどった。那智の大阪屋に泊ることになるのは二十三日からであった。

徒歩で歩いた距離も相当長く、もともと足のあまりよくない熊楠としては、きつい日程という感じを受ける。一月なかばの日記には、「足腫れ多くは臥す」とか「足はれなお止まず、大いによわる」などと見える。あとでふれる多屋たかの手紙でも、「あなた様には、お足がちと御痛み遊ばしたそうで、いたしとや那智の御山にふむあしもおおそうでんすかそれはまーさぞ」と労《いた》わられている。

旧暦正月元日の一九〇三年一月二十九日には、疲労がかさなっていたのか、めったにない失敗をする。当日はプレパラートを作りながら酒を飲んでいて、友人のあとから勝浦へ行く約束があったので出かけた。その途中、市野々のはずれで、道ばたの畑の中に落ちて寝こんでいたらしい。近所の人たちが見つけて菓子屋にかつぎこんでくれ、その家で翌朝まで眠っていたという。それから十日ほどして、市野々のあたりを通りかかると、「小児六、七歳なるもの三人、あの人このあいだ酔いたおれたるなりと高声に笑う」と日記にある。

一九〇二年の暮に那智の大阪屋へもどった翌日、熊楠は那智から「勝浦へ之《ゆ》く途上、市野々のはずれ近き処にて、二十二、三の美婦、柴を頭にのせ、家に入るを見」て心を動かされた。そのことを「かれ柴に人の思ひをからみつけ、さこそは恋の重荷なるらめ」と詠んで、田辺の芸者打村愛子に書き送った。

枯柴大和尚様

この柴売りの女を詠んだ歌のことを兄の勝四郎から教えてもらった多屋たかは、「私もその女になりたかったよー」、「柴うりの身の上こそ羨ましく候」と率直な慕情をつづった手紙を熊楠あてに書いて出した。熊楠が父の形見の帯を泉治平と取り違えたことや採集に使うナイフの入手のことなどで、兄の頼まれた用件に代わって返事をするという口実はあったにせよ、それは十九の女性にとっては思いきり大胆な恋文であった。

一九〇三年二月九日、この手紙を受け取った熊楠は、「これ予、人の処女より状受くる始めなり。また終わりならんか」と日記に書きつけた。これに対し、熊楠は前年の田辺における行状にまさるとも劣らないロンドンでの悪友たちとの交遊を描いた二枚の戯画を、相次いで書き送っている。

田辺にいる時、たかの浴衣姿を見かけたことはあったが、言葉をかわしてはいなかった。「前日天覧になりし石井という彫刻家の博覧会に出せし象牙彫りの田舎娘稲扱きの顔と一分ちがわぬ、すこぶる穏やかなる美女にて、まことに愛敬のある女」だと、熊楠は土宜法龍に語っている。

しかし、「枯柴大和尚様みもとに、火をも入れさせ給え妾に」という結びの句に応えるには、熊楠の返し文はいささか冗舌である。往復書簡としてまとめられたほかにも、かわされた手紙は多かったようだが、雑用の依頼など、いつのまにか世話女房的な役割まで押しつけていたらしい。

のち一九〇四年十月に、熊楠が田辺にもどって多屋家の離れに住むようになって八日後、「夜、お高嬢来り、一時間ばかり話す」とあり、さらに数日後、「夜、お高嬢来り、栗金のまねす」とある。

ロンドン生活戯画中の栗金（中央）と熊楠（右）
（1903年２月10日筆，部分）

例の熊楠の書き送ったロンドン戯画で、八十個の錫で作った亀の子をぶちまけた前に片目の眼帯をかけて坐りこみ、どうしてくれると凄んでいる栗原金太郎のまねを、たかはどう演じたのであろうか。

翌一九〇五年三月、大酔して夜おそく帰った熊楠が家に入れず騒いだ時に、駆けつけたたかは熊楠の着物を脱がせ、裸のまま玄関に入れて寝かせた。旅館の下女に着物をはがされたと思いこんだ熊楠は、相手を盗人とどなりつけたそうだが、あとになってようやく自分の家と気づいたという。

熊楠は「田辺なる多屋が門辺にかけし橋、ふみみるたびに人もなつかし」で文《ふみ》と踏むをかけて詠み、たかに贈っていた。それを聞いた友人が、「田辺なる橋は土《ど》ばしか石橋か、ふみみるよりもわりて見てしな」と詠んだそうだが、そんな機会が訪れることはなかった。熊楠の結婚した翌年、結婚して脇村たかとなってからも、二人がしばしば顔をあわせたことは日記にも見える。

和歌山へ歯の治療にもどったあと、田辺での半年あまりの滞在をへて、一九〇二年十二月、熊楠は九か月ぶりに那智へもどったことになる。

中井芳楠を偲ぶ

このあと一九〇四年十月までの二年近く、植物の採集と整理をつづけながら、英文論文の執筆をさかんに行い、かたわらプルターク（プルタルコス）の『偉人伝（対比列伝）』やルソーの『自懺文（告白）』などを原書で読み、『栄華物語』や『曽我物語』などの日本書にも手を出している。

ルソーへの関心がすでにアメリカ時代の『珍事評論』にも見られることについては、前にふれた。ルソーは『告白』のなかで、幼いころからプルタルコスの『偉人伝』を愛読し、それによって「束縛や隷属をがまんできぬ、この奔放で自尊心のつよい性格」がつくられた、と語っている。

また熊楠は時々近くの川のほとりを歩きながら『告白』を読んだことも、日記に書いている。ルソーもまた、「わたしに必要なのは、急流、岩石、モミの木、暗い森、山、登りくだりのでこぼこ道、こわくなるような両側の断崖だ」と書いている（『告白』第四巻）。

その『告白』を読みおわったころ、熊楠はイギリスで世話になった中井芳楠が一九〇三年二月九日に亡くなったことを、多屋勝四郎からの手紙で知った。一時帰国中に東京で亡くなり、まだ五十一歳であった。そのあと何日か、熊楠は中井のことを偲びながら妙法山を歩いている。土地の人は、妙法山は、亡くなった人がまず詣でてシキミを挿し、夜になると「一つ鐘」を鳴らす霊場としていた。数日後の日記では、熊楠は中井に四百円の借金があったとも記している。また一年後の一月一日にも妙法山に参詣したのは中井への弔いであったと、土宜法龍あての手紙で語っている。

もはや中井への借金は返せなくなったとしても、イギリスで手をつけてそのままになっている論文のいくつかは完成させて発表しておきたいと思ったのであろう。文献を利用するには不便な那智で、熊楠はそれらに手を入れて海外の出版社へ投稿する作業を熱心に進めている。

英文論考の明暗

前にもふれたように、「神跡考」の第一回分を掲載した『ノーツ・アンド・クエリーズ』は、熊楠がロンドンを去る一九〇〇年九月一日の日付で刊行された。同年中に掲載された第二回と第三回も、イギリスで書いたものである。その追加補充である第四回と第五回は、一九〇四年に那智で書かれていて、そのころ読んでいた『栄華物語』やプルタルコスの『偉人伝』、和歌山から常楠にたのんで送ってもらった『酉陽雑俎』などからの引用がある。

また一九〇二年春に和歌山へ行ったさいに、熊楠が常楠宅の蔵のなかを二日がかりで引っかきまわし、ロンドン時代のノートである『課餘随筆』巻八をさがし出したのは、大英図書館で『古今図書集成』から書き抜いた「燕石考」の材料を見るためであった。

イギリスにいた一八九七年ごろから研究に着手していた「燕石考」は、残されている数種の草稿のうちの一つが現在は訳して紹介されているが、まだくわしくは草稿間の比較検討がされていない。熊楠としては「一世一代の大篇」という意気ごみで、一九〇三年三月の後半を使って整理し、翌四月はじめに『ネイチャー』に投稿したが、六月下旬に戻されてきた。七月にはさらに加筆訂正したものを『ノーツ・アンド・クエリーズ』に送った。九月二十二日の日記には「燕石考」が『ノーツ・アンド・クエリーズ』に掲載された夢を見たとあるが、それは正夢とはならなかった。

おなじくイギリスにいたころからまとめかけていた「日本人太古食人説」もまた、三月に『ネイチャー』に投稿したが採用されなかった。十一月にはニューヨークの『サイエンス』誌に「クマラジュナ」という署名で投稿しているが、これも掲載されなかったらしい。

那智にいた二年間に『ネイチャー』と『ノーツ・アンド・クエリーズ』に発表された論文は、短いものが多いけれども、三十数編に及んでいる。その一方で、長い準備をへて執筆した二編の論文が、おなじ雑誌に投稿したにもかかわらず掲載されなかったのは、やはりそれなりの理由があったものと思われる。「燕石考」については「写真図を入るる入れぬ」で話がつかなかったと熊楠はいうが、それらの内容が問題にされた可能性も残る。

「燕石考」の評価

「燕石考」の内容は、熊楠が柳田国男にあてて書いた手紙によると、「『竹取物語』に、燕巣中の子安貝を得ればかぐや姫その人の妻たらん、と言いしことあり。米のロングフェローの詩にも、燕巣中の石を得れば幸あり、ということあり。ローマのプリニウスの『博物志』に、燕一種の石をもってその子の眼を開く、ということあり。英、独等の俚談に、クサノオウという草の汁、燕の子の眼を開くに用いらる、という。ノルウェー等の俚話に燕が持ち来る石は人の眼を明らかにすといい、支那の『本草』に石燕という介化石、眼を明らかにすという。それからこれに関係ある郎君子《すがい》の靨《へた》を媚薬とすることあり。（わが邦にも熊野比丘尼、スガイのヘタを諸国へ売れり。何に使いしということ知れず。小生これを考え出だせり。）これらの一件を総括せし考なり」（柳田国男にあてた一九一一年六月二十五日付の手紙）とある。

鶴見和子は、「燕石考」を熊楠の書いた論文のなかで「英文和文をとおして事例も豊富で、論旨明快で、分析と洞察に富む最高の傑作」であると評価し、「この論文は、心が物を誤認してゆくすじ道を、さまざまな誤認の系列が作用しあって、誤解の相乗効果を生じてゆく過程として分析している。そして誤解の方向が、異なる文化のあいだで、いかに共通性があるかを示している。（中略）そしてその論証の手つづきの中に、南方曼陀羅が躍動している」とする（『南方熊楠・萃点の思想』）。すなわち、つぎにふれる熊楠独特の「事の学」あるいはそれを発展させた「南方マンダラ」の方法が生かされた論文と見ているのである。

中沢新一もまた、「燕石考」が「南方マンダラ」の思考モデルを念頭におきながら書かれていることを認めている。そして、土宜法龍あての手紙で熊楠のふれているような、当時のイギリス学界のアストロノミカル・ミソロジスト（天文神話学者）への挑戦というだけでなく、二十世紀後半の構造人類学を先取りする可能性をもそなえていたとする（『森のバロック』第三章「燕石の神話論理」）。

「事の学」

イギリス時代にさかのぼることになるが、当時の土宜法龍あての手紙に書かれていた「事の学」は、のちの「南方マンダラ」とのつながりもあって注目されている。

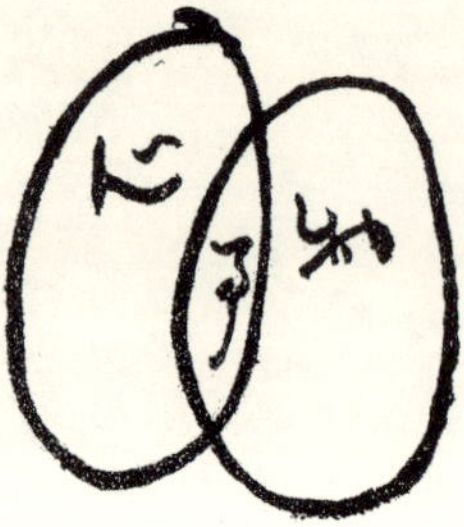

小生の事の学というは（中略）、電気が光を放ち、光が熱を与うるごときは、物ばかりのはたらきなり（物理学的）。今、心がその望欲をもて手をつかい物を動かし、火を焚いて体を煖むるごときより、石を築いて長城となし、木をけずりて大堂を建つるごときは、心界が物界と雑《まじわ》りて初めて生ずるはたらきなり。電気、光等の心なきものがするはたらきとは異なり、この心界が物界とまじわりて生ずる事（すなわち、手をもって紙をとり鼻をかむより、教えを立て人を利するに至るまで）という事にはそれぞれ因果のあることと知らる。その事の条理を知りたきなり。（中略）今の学者（科学者および欧州の哲学者の一大部分）、ただ箇々のこの心この物について論究するばかりなり。小生は何とぞ心と物とがまじわりて生ずる事（人界の現象と見て可なり）によりて究め、心界と物界とはいかにして相異に、いかにして相同じきところあるかを知りたきなり。

（土宜法龍にあてた一八九三年十二月二十一日付の手紙）

「事の学」については、もともと手紙のなかだけに書かれていたことで、十分な説明がされているとは言いがたいので、研究者によってさまざまな解釈が試みられている。それが右のような当時の学者たちの研究への不満に発していたことは、忘れてはならないだろう。

このような土宜法龍あての手紙が、ロンドン＝パリ間でかわされた時期よりも、さらに濃縮された内容となり、論文にも匹敵する長さとなったのが、那智時代であった。

手もとに書籍も少なく、「それゆえ博識がかったことは大いに止むと同時にいろいろの考察が増して来る。いわば糟粕なめ、足のはえた類典ごときことは大いに減じて、一事一物に自分の了簡がついて来る」（土宜法龍にあてた一九〇三年六月三十日付の手紙）。しかも「夜分は何というて仕事もなく、例の植物の画かかんにも、ランプは電気灯とかわり彩色乱るるからこの状を草して法楽に備うるため貴下に呈す」（同上、同年八月十日付）なりゆきとなった。

「南方マンダラ（曼陀羅）」

近年になって熊楠邸内と栂尾高山寺からあらたに発見された多数の手紙も加わり、両者のあいだで往復された手紙のほぼ全容を見ることのできる日も近くなったが、ここでは鶴見和子によって「南方マンダラ（曼陀羅）」と名づけられた図と説明を紹介しておく。

不思議ということあり。事不思議あり。物不思議あり。心不思議あり。理不思議あり。大日如来の大不思議あり。予は、今日の科学は物不思議をばあらかた片づけ、その順序だけざっと立てならべ得たることとと思う。（中略）

これらの諸不思議は、不思議と称するものの、大いに大日如来の大不思議と異にして、法則だに立たんには、必ず人智にて知りうるものと思考す。さて妙なことは、この世間宇宙は、天は理なりといえるごとく（理はすじみち）、図のごとく（図は平面にしか画きえず。実は長《たけ》、幅の外に、厚さもある立体のものと見よ）、前後左右上下、いずれの方よりも事理が透徹して、この宇宙を成す。その数無尽なり。故にどこ一つとりても、それを敷衍《ふえん》追究するときは、いかなることをも見出だし、いかなることをもなしうるようになっておる。

その捗《はかど》りに難易あるは、図中［中央部にある］（イ）のごときは、諸事理の萃点《すいてん》ゆえ、それをとると、いろいろの理を見出だすに易くしてはやい。［右上部にある］（ロ）のごときは、（チ）（リ）の二点へ達して、初めて事理を見出だすの途につく。（中略）

さてこれら、ついには可知の理の外に横たわりて、今少しく眼境を（この画を）広くして、いずれかにて（オ）（ワ）ごとく触れた点を求めねば、到底追蹤に手がかりなきながら、（ヌ）と近いから多少の影響より、どうやらこんなものがなくてかなわぬと想わるる（ル）ごときが、一切の分かり、知りうべき性の理に対する理不思議なり。

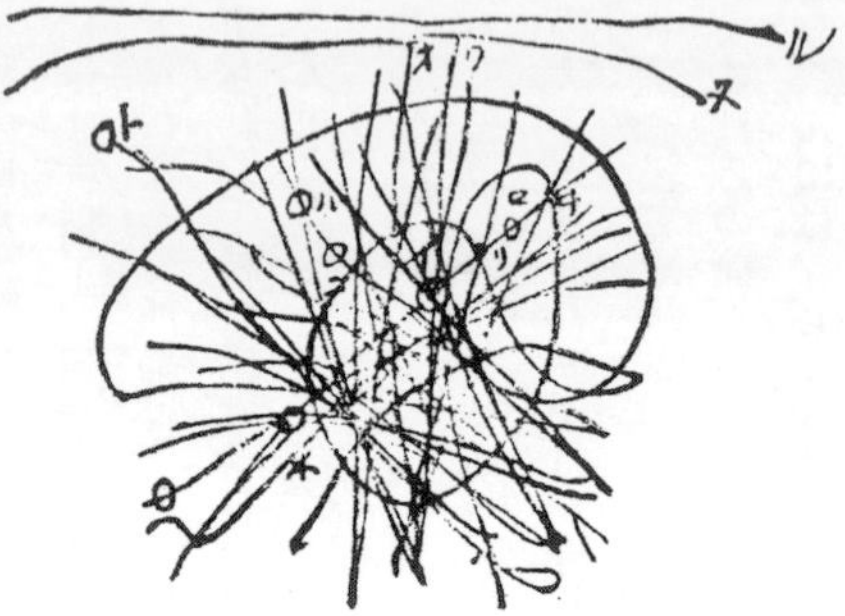

さてすべて画にあらわれし外に何があるか、それこそ、大日、本体の大不思議なり。

（土宜法龍にあてた一九〇三年七月十八日付の手紙）

鶴見がこの熊楠の描いた図を仏教学者の中村元に見せたところ、即座に「これは南方マンダラですね」と言われたので、熊楠の世界観を絵図で示したものとして「南方マンダラ」と呼ぶことにしたという。真言密教の教義を大日如来を中心とする諸尊の配置で図示したものがマンダラである。そこで森羅万象の相関関係を描いた熊楠の図をマンダラと呼んだのである。鶴見はそこで固定化されない中心点とされている「萃点」に着目し、熊楠の思想を解くための手がかりとしている。

マンダラの実証

中沢新一によれば、土宜あての手紙の「南方マンダラ」は「おそろしく複雑な構造」をしていて、（1）不思議の体系、（2）マンダラの構造、（3）縁の論理、の三つの側面が一つになって語られているとし、それをときほぐす試みを展開している（『森のバロック』第二章「南方マンダラ」）。

中沢は、さきの図よりも少しあとに書かれた土宜法龍あての手紙に見える胎蔵界と金剛界の両部マンダラに大日如来を配置した図や、日記に見える大日如来から物界や心界が生じてくる図が、「南方マンダラ」の核心を示すものであって、それこそが本来の意味でのマンダラであると指摘している。また「南方マンダラの形成」の経過をくわしくたどった松居竜五は、その最後のくだりで、「南方マンダラ」で語られた方法論が、熊楠の著作のなかで直接用いられていることを実証的に跡づけていくことの必要性と困難さを語っている。そして、つぎの熊楠の発言を引いた上で、「土宜宛書簡における熊楠の華麗な言葉に魅了されて、南方マンダラを神話化してしまう傾向のある私たちの読み方への、戒めの言葉ともとることができる」と述べている。

曼陀羅のことは、曼陀羅が森羅万象のことゆえ、一々実例を引き、すなわち箇々のものについてその関係を述ぶるにあらざれば空談となる。抽象風に原則のみいわんには、夢を説くと代わりしことなし。そのうち小生面《まのあた》りいろいろの標品を示し、せめては生物学上のことのみでも説き申し上ぐべく候。

（土宜法龍にあてた一八九三年八月二十日付の手紙）

幽霊か夢か　さきの「南方マンダラ」図の説明のあとで、熊楠は tact について語っている。熟練と訳す人もいるが、熊楠はやりあてるを名詞化した「やりあて」ということばを使い、「発見ということは、予期よりもやりあての方が多い」とし、「やりあて多くを一切概括して運という」としている。

その実例として珍しい植物との出会いがいくつか語られているが、その一例を引こう。

当熊野にナギランというものあり。伊藤圭介先生の祖師に当たる小野蘭山、当郡〔熊野太地浦〕向島という地でとりしことを手記せるを予は知る。飯沼〔慾斎〕翁の『草木図説』にはその図説あり（見しこと少なしと見え、図も説も実物と多少ちがう）。（中略）

しかるに今月〔一九〇四年三月〕八、九日つづけて予の宿前の禿山のある所にて必ずこれを得んと夢みる。禿山にそんなものある道理なく、この辺のものは蘭と見ればほり来たりて売るなり。故にそんなもののこるはずなし。あまりにも幾度も夢見たるゆえ、九日午後その点に行きしに、果たしてナギランの実物（中略）五株を取る。（中略）しかるに本月二十三日朝、またなお往きて見るべしと夢見る。そんなはずなしと思いながら往くに、右の五株とりし跡にまた十四株を得。古今希有のものを得れば、小生常に亡父の冥福を祈ること寸時も止まぬから、そんなことかと思い、この少なきものを自生地でとるは如何《いかが》と思いしが、今とらずんば絶ゆるにきまったものゆえ、前年申せしごとく懺法を行ないてとり、四株は標品として英国へおくり、また自分へとどめ、他は友人の庭に栽えしめ保存することとせり。

（土宜法龍にあてた一八九四年三月二十四日付の手紙）

このような霊感体験については、熊楠自身、「心理学者のいわゆる閾下《いきか》考慮（サブリミナル・ソーツ）、仏説にいわゆる末那識《まなしき》、亜頼耶識《あらやしき》様の物ありて、昼夜静止なく考慮し働きながら、本人みずからしかと覚えぬ一種の脳力ありとせば、予が多年の経験より類推して、みずから知らぬうちに、地勢、地質、気候等の諸件、かくのごとく備わりたる地には、かかる生物あるも知れずと思い中《あた》れるやつが、山居孤独、精神に異常を来たせるゆえ、幽霊などを現出して指示すと見えたり」（「田辺随筆」の「千里眼」）と、かなり自覚的に語っている。

那智にいるあいだは、とくにこのような「夢か幽霊か分からぬ」暗示を受けることが多かったことが日記にも点綴されている。

『方丈記』の翻訳

一九〇三年春に「日本人太古食人説」や「燕石考」の加筆整理が終わって投稿したあと、一息ついた熊楠は、ルソーの『民約論』などを読みながら植物採集に精を出していた。

比較的落ちついた日がつづいていたように見える五月二十五日、朝から飲んでいた熊楠は、午後から南方酒造支店へ行ったあと、夕方中野店へ行き、「乱暴」をはたらいた。そこへ夜になって訪れた水兵に殴られたらしく、「予鼻夥しく打たれ出血」、翌日は一日寝こんでいた。つぎの日は大阪屋へもどったものの、あいかわらず「終日在寓、眼はれいたむ」という惨状で、そこへしばらくぶりのディキンズからの手紙が回送されて届いた。

その四月七日付の手紙には、ディキンズが一九〇一年にロンドン大学事務総長を退職し、同年男爵位（第四階級のバース勲爵位、B. C.）を授かり、その年金で暮らしているとあった。熊楠は三舞村の並木弘、土宜法龍経由で依頼した僧侶の長有匡と稲村英隆、姪の楠枝の四人に頼んで受爵を祝う「寄滝祝」の和歌を書いてもらい、ディキンズに送っている。

さらに、その手紙には、『竹取物語』と『万葉集』などの翻訳と注釈はすでに半分ほど終えたが、『方丈記』の翻訳を手伝ってもらえないだろうか、とあった。日記によると、熊楠は六月十三日から七月九日までかかって、『方丈記』の翻訳と序、鴨長明伝の執筆を一か月足らずで終えている。

熊楠邸に残された『方丈記』の草稿を、のちに刊行物に発表されたものと比較検討した小泉博一によると、完成した訳文は熊楠の草稿をかなり書きかえたものとなっており、熊楠訳はディキンズ訳の下訳として使われたものと推測されるという。

『方丈記』の翻訳は、まず「A Japanese Thoreau of Twelfth Century」の題名で、一九〇五年四

月刊の『王立アジア協会雑誌』に南方熊楠とディキンズの共訳として発表された。さらに一九〇七年には、『HO-JO-KI Notes from a Ten Feet Square Hut』の題名で、ディキンズ訳とのみ記し（ただし注記などには熊楠の名が明記されている）、ゴワンズ社の海外作品を紹介するインターナショナル・ライブラリーの一冊として刊行された。

これに先立ち、帝大在学中の夏目漱石が一八九一年に英訳した『方丈記』が、一八九三年刊の『日本アジア協会会報』に、その漱石訳を使っておこなったJ・M・ディクソンの講演記録とともにジャクソン訳として発表されている。岩村忍によると、熊楠（あるいはディキンズ）はこの漱石訳を見ていたか知っていた可能性があるが、省略の多い不完全な翻訳であるという。

なお、先の手紙のように、このころディキンズの進めていた日本文学の翻訳は、一九〇六年に刊行される『Primitive and Mediaeval Japanese Texts（日本古文篇）』（オクスフォード大学）に収められ、別に出た『方丈記』はのぞき、『万葉集』、記紀歌謡、『古今集』、百人一首、『竹取物語』、「高砂（能）」などの翻訳とローマ字表記の原文とが二分冊となっている。すでにふれたイギリス時代の『竹取物語』をめぐるやりとりにも見られるように、熊楠もさまざまな形で協力した仕事である。

日露戦争をめぐって

日露戦争の宣戦布告は一九〇四年二月十日であったが、その前から軍事行動は始まっていた。大国との対決に日本の存亡をかけた戦争が、片田舎の那智・勝浦をも大きく揺り動かしている様子が、以下のように日記から見てとれる。二月二十四日に旅順港を封鎖した第一次の決死隊のなかには熊楠の知人もいた。

一九〇四年二月九日　日魯談判破裂の由、勝浦より三人兵営へ新たに之《ゆき》しと。
二月十日　今朝五時天満の村役場へ電報来り、昨日台湾〔朝鮮の仁川の誤伝か〕沖にて合戦、露艦一艘沈み（中略）吾軍艦は一艘のみ沈没との張り出しで、村民元気恢復大浮れとのこと。
二月十一日　紀元節また戦捷により参詣人多かるべしと。予、次の室障子開放しまつに一人も客なし。
三月二日　朝、広田卯次郎氏『時事新報』一枚被送《おくらる》、客月二十四日午前、旅順港を閉鎖隊冒頭に海軍中佐有馬良橘、同大尉斎藤七五郎あり。此人前年竜動《ロンドン》予の室に来りし（下略）。
三月八日　朝、市野々より四人兵役に打立つ。観音まいり足なみそろえ下り之《ゆ》く。予は不見、声をきくのみ。隣家東屋の若主人も之く。此人のみは子あり二人、姉小石いつも遊びにくる。

土宜法龍から来た三月二十一日付の手紙には、その日露戦争を批判する意見が書かれていた。堺利彦や幸徳秋水らの『平民新聞』が非戦論をとなえ、少しのちに与謝野晶子の「君死に給ふことなかれ」が書かれるものの、それらは少数派で、大勢は緒戦の勝利に湧き立っていた。
その手紙を三月二十四日に受けとった熊楠は、すぐに返事を書きはじめている。土宜の戦争批判への異議申立ては、堕落した仏教界への非難とからめて語られているが、この戦争に対する熊楠の確固たる支持の姿勢がうかがわれる。

貴下征露軍士の勉強して死にたきに驚かる。（中略）小生は征露軍士の方が賽銭や斎料を寺に抛つものより千万ましと思うなり。（中略）いわんやこの軍《いくさ》たる何の理由なき朝鮮征伐や、ほんのかかわり合いなる北清事件［義和団事件］、またいわんや内乱などとちがい、この二百年内外の間ずいぶん苦しめられたる仕反《しかえ》しにて、いわゆる百王の恥を雪《すす》ぐものにあるなり。（中略）こんなもの［淫乱の法主］に比ぶれば、勉強して今度の軍に死にたきは当然のことなり。

またこの戦争は有所得の妄念より起こるという。また日露両国この妄念を断ずれば何の戦争かこれあらんといわる。実に然り。しかしながら、妄念に不得止と得止の二あり。この戦争のごときは不得止なり。第一に両国人民衆《おお》くなる。第二に今日は国権を張るを要す。第三に十九世紀以後ことに商業も殖民も何かかかも兵力で保護するの風を生ぜり。故に一国これに執着せぬときは、一国その妄念なきがために亡ぶるなり。すなわち妄念なきがために妄人民となりおわるなり。

（土宜法龍にあてた一九〇四年三月二十四日付の手紙）

『ノーツ・アンド・クエリーズ』でやりとりがあっただけの面識のないイギリスの投書家から戦勝祝いの手紙が来たことや、相次いで伝わる近隣の戦死者や負傷者の知らせも、熊楠は日記に書きとめている。勝敗を決した旅順陥落や日本海海戦の報は、翌一九〇五年に田辺で聞いている。

谷に遊ぶ、滝に遊ぶ

伝説のごとくと自分で語っているのもおかしいが、とくに那智にいた後半の二年間の超人ぶりは、たしかに敬服に値するものであった。採集のために赴くのを、くらがり谷に遊ぶ、一の滝に遊ぶなどと日記に書いている。しかし、この「遊び」への傾注ぶりには、日記を読むだけでも鬼気迫るものが感じられる。夢中で歩きまわっているうちに、山中で日が暮れてしまい、七時や八時になって帰ることも時々あって、旅館の人たちなどが提灯をつけて迎えに来たこともある。

もし伝説のごとく多く酒飲んで、しかして、日中は数百の昆虫を集め、数千の植物を顕微鏡標品に作り、また巨細《こさい》に画し彩色し、英国にて常に科学の説を闘わし、また文学上の投書し、かつ不断読書し、また随筆し、乃至《ないし》この状のごときものを草案もせずに書き流し得とすれば、これ大いに偉事に候わずや。

（土宜法龍にあてた一九〇三年七月十八日付の手紙）

十月五日、熊楠は同行する山崎三次とともに那智村の天満を立ち、はじめて中辺路をたどって田辺に向かった。小口村（現、熊野川町）、本宮村（現、田辺市）の川湯温泉、近野村近露（同前）、栗栖川村（同前）にそれぞれ泊まって、四泊五日の採集をかねての旅行であった。

その風雨に荒れた山道を苦しんでたどりながら、熊楠はつぎにふれるような海外への放浪の旅に思いをはせていたのであろうか。

小生また学資でき候につき、近年中に英国へ再渡するつもりなり。今度はたぶんかの地で畢《おわ》るべし。何とか少々のものを故郷の国へのこしたき上、およそ一万円ばかりなくばかの地で永住むつかしく、小生の資産その半ばに少々不足というほどゆえ、むやみなこともできず、かつ日本のこともちと学びおきたきゆえ、そのうち京都へ之《ゆ》き、それも面白からずば大隈伯方へ之《ゆ》く。何とか今一度貴下に対面したきことと、これのみ存じおり申し候。蔵書等多く、ちょっと置く所なく、その方《かた》づけかたがた京都へ之《ゆ》きたく候。（土宜法龍にあてた一九〇三年六月三十日付の手紙）

もう一度イギリスへ渡りたいという思いは、土宜あての手紙にはくりかえし語られている。遺産の分け前は、かつがつに暮らす程度には加算してもらえる見通しがあったのであろうか。さらに別口の資金が加わればまた外国へ行けるかもしれないという一縷の希望は、つぎの十余年後の手紙にも、悲痛な叫びとなってこだましていた。

拝呈、その後、大いに御無沙汰に打ち過ぎ申し候。小生こと長々この地におり、空しく年を取り申し候。小生海外より帰国に及び候にはよくよくわけのあることにて、小生は一生海外に留まり得ざりしを今に大遺憾に存じ候。（中略）さて小生（中略）大いに気力も衰え申し候て、子供二人（男は十歳、女は六歳）の成立後のことを慮り、多年蔵蓄の書籍什物標本を（主として外国へ）売却せんと存じ候も、何様多大のもの、かつ科学に渉れるものはその物の性質明白なると一向分からぬとは大いに価格にちがい有之《これあり》。

只今までの借宅にては手狭にて何とも致し方無之《これな》く、よって今度なき袂をしぼり四千五百円で四百坪余の（小生に取りては）過分なる広き邸を買い取り、それに立て籠り一意客を謝して右の書籍と標品の整理調査にかかり申し候。これらしらべおわり売却して子供の資金ができ候わば、小生は日本を遯世《とんせ》致し外国にゆき流浪して死ぬつもりに御座候。小生自由独行の念深く、またことに本邦の官吏とか学士とかいう名号《みょうごう》つけたるものをはなはだ好まず。日本にありては埋もれおわるか自暴自棄のほかに途《みち》なく候。

（土宜法龍にあてた一九一六年五月八日付の手紙）

第六章　神社合祀に反対

1　結婚前後

田辺に定住

一九〇四（明治三十七）年十月十日、那智での生活を切りあげた熊楠は、陸路の中辺《なかへ》路《ち》経由で田辺町に着いた。この時点ではまだ田辺への永住を考えていたかどうか分からない。一九〇六年七月に結婚して田辺で暮らす決心をするまでの一年九か月は、迷走したじぐざぐの道のりであったろう。

熊楠はとりあえず一年前に滞在した時にも世話になった多屋家の「裏の閑室」を借りて暮らしはじめ、十二月からは多屋家の持家を借りることになった。中屋敷町の内、中丁の北詰西側にある五十余坪の敷地に二十坪ほどの平屋であった。

二年前の忠実な相棒であった多屋勝四郎は結婚していたためか仲間に加わらず、のち一九〇七年十一月に渡米のあいさつに来ている。かわりに兄の鉄次郎が相手をしてくれたものの、一九〇五年はじめには一時的に関係がこじれ、熊楠も多屋家の借宅にもどらない時期があったらしい。

それにしても、この一年九か月のあいだの熊楠と飲み仲間たちとの交遊ぶりは、日記にまでしばしば暴力沙汰が記されていて、おそらく周囲の人たちの目にあまるものがあったのではないだろうか。前にふれたように、大酔して自分の家も分からず、多屋たかに着物を脱がされ（おそらくは愛想をつかされ）たのも、この時期である。それとは別の日だが、「この日、予の酔い様《ざま》、従来田辺にては未《み》曾有《ぞう》なり」（一九〇五年四月五日）とみずから日記に書いたような日もあった。

那智にいた最後の一年には英文論文の投稿などに意欲的であったのに引きかえ、田辺に来た翌一九〇五年から一九〇六年にかけての著作活動が（『方丈記』の翻訳をのせた雑誌がイギリスから届いた以外には）まったくの空白となっていることは、熊楠の心境の落ちこみぶりを示している。ふたたび海外に出たいという思わくを実現できなかったのが、もっとも大きな原因であろうか。

友人の喜多幅武三郎がなんとか妻帯をさせようと心をくだいたのも、当然のなりゆきであった。

結婚式のあとさき

田辺町の東に接する湊村（現、田辺市）には、田辺城下の総産土神とされた闘《とう》鶏《けい》神社がある（神社では正字を使い闘雞と表記するが、本書では闘鶏を使う）。明治維新以前には新熊野鶏合《いまくまのとりあわせ》大権現などと呼ばれた。『平家物語』壇浦合戦のくだりには、熊野別当湛増《たんぞう》がここで赤と白の鶏を闘わせて源氏方に加勢することを決めたという話が出てくる。

もと安藤家の家臣で、維新後に藩校修道館の漢学教師をしていた田村宗造は、闘鶏神社の二代目宮司となり、一八七三年から一九〇七年まで務めている。喜多幅の世話してくれた結婚相手は、この田村宗造の四女松枝（戸籍はまつゑ、一八七九年生れ）であった。「小生四十歳、妻は二十八歳、いずれもその歳まで女と男を知らざりしなり。（中略）裁縫、生花など教え、貧乏なる父に孝行し嫁するひまもなかりしなり」（「履歴書」）。

一九〇六年七月二十七日、錦城館でおこなわれた田村松枝との結婚式には、新郎側は姉くまと弟常楠、新婦側は父親が病気のため欠席、姉三人と妹二人がそろって出席した（中瀬喜陽による）。熊楠がはじめて父親に顔を合わせたと日記にあるのは、式からひと月半近くもたった九月八日であった。熊楠はその時、まだ実家にいた松枝に四斗樽に入れた帝国文庫など数十冊の本を読んでほしいと届けたところであった。（当時の一般的な慣習だが、入籍はおくれて翌一九〇七年三月二十日となる。）

結婚式前後の日記は残されていないが、八月三日に再開される日記でも、まだ二人は同居していない。九月になったころからは、自宅で「松枝と臥す」という記載が、その行為形式のメモらしい欧文の符牒（活字化された日記では省略されている）とともに連日つづく。狭い家で居ずらかったのか、こんどは女中が毎晩のように外泊している。

熊楠から松枝への贈り物は、日記によると、英和辞書（八月二十五日）、三好学『植物学講義』上下二冊（九月三日）、帝国文庫および続編四十四冊（九月八日）、冨山房『日本家庭百科事彙』（十二月十一日）と、もっぱら書物攻勢であった。もらった方ではびっくりしたことであろう。

少しあとになるが、一九〇八年三月には、イギリスのディキンズから結婚祝いの指輪が贈られてきた。ダイヤモンド一個と真珠数個をあしらったもので、値段は九ポンド、松枝の実家や近隣の人たちにも見せてまわったことが日記に見える。

ヒキ六の身の上

一九〇七年六月二十四日、長男が誕生し、熊弥と命名された。熊楠は野田定吉宅で何日か寝泊りしていて、短時間の対面しかしなかったのか、当日は「すこぶる健やかなり」と書くのみで、四日後の日記にはじめて、「児を見て暁近くまで眠らず」とある。これ以後、植物採集の記事と併記して、熊弥の一挙一動が日記に記録されはじめる。

野田宅にはチョボ六と呼ばれる猫がいて、熊楠が結婚前に田村家へ連れていって洗ってもらったと伝えられるのはこの猫らしい。はじめは「小児」とだけ記されていた熊弥が、いつのまにかこの猫とまぎらわしい「チョコ六」という愛称となっていた。

ところが熊弥が生まれて一年にもならない一九〇八年四月九日、松枝が荷物をまとめ、チョコ六を背負って出て行き、しばらく帰らないと言ってよこす事態となった。日記で分かることは、長く風邪をひいていたチョコ六を風呂に入れたことで、前日に熊楠が意見を言った。松枝が泣きだしていたのに、熊楠は大酔してさらに言いつのったらしい。その数日前にも、鶏肉の味が薄いと言ったことで松枝が泣いたとあるから、そんな出来事がかさなって、松枝には積もる不満があったのであろう。

友人や親戚がいろいろ取りなしたらしいが、熊楠もかなり強硬な態度をとりつづけている。四月十九日には松枝からチョコ六を引き取って、親しくしていた石友（石工の佐武友吉）夫妻に世話をしてもらっている。その二日後には、人に頼んで松枝からディキンズのくれた指輪を取り返している。

別居中の五月ごろから「チョコ六」の愛称が「ヒキ六」となった。これは「便々たる腹をつき出して這い廻る有様の蟇《ひきがえる》に似たるをもって」つけたというが、熊楠にとってヒキガエルは少年のころからの愛憎相半ばする対象であった。誕生日を過ぎて子どもが動きまわるようになったので変えたにすぎないかもしれないが、少し気にかかる呼び名である。

二人のあいだの解決は意外に長引き、七月五日には熊楠が「田村方に乱入」したとあるが、この時は友人に連れ戻されたらしい。七月十日にも熊楠が田村家へ赴いたと聞き、「乱妨《らんぼう》」をはたらいては困ると友人たちが駆けつけたところへ、松枝の帰る知らせがもたらされた。三か月ぶりの帰宅が実現したのはその数日後である。

勧学院の雀は『蒙求《もうぎゅう》』を囀《さえず》る習い、拙妻年来発見せし菌類はおびただしきものにて、おそらくアジア中で女性の菌発見者としては第一位におることと存じ申し候。しかるにこの女は漢学者の娘にて（中略）、とかく小生の自由思想、民本主義と気が合い申さず、これには閉口致しおり申し候。「すれすれの中に花さくとくさかな」とあるごとく、子供は父に従うてよいか母に従ってよいか、ほとんど迷惑することに御座候。（上松蓊にあてた一九一九年十月十二日付の手紙）

日本の雑誌に登場

熊楠が日本の学術雑誌に投稿をはじめるのは、那智にいた一九〇四年からである。その場所となった『東洋学芸雑誌』を、熊楠は留学前に創刊時から購入していたが、帰国後に購読を再開していた。一九〇四年のあと、二年の空白をへて、一九〇七年から一九〇九年ごろまでは動植物関係の短い報告をさかんに投稿している。ほぼこれにかさなりあう時期に、『ノーツ・アンド・クエリーズ』への英文論文の投稿も似たような分野でおこなわれている。

これに一部重なり、あるいは引きつぐような形で、一九〇八年にはじまり一九一一年ごろからふえてくる『東京人類学会雑誌（のちに人類学雑誌となる）』への投稿は、人類学や民俗学関係の長めの論文が多くなり、内容上でも意欲的なものがふえてくる。

『ロンドン抜書』につづくような形で、おもに和漢書（漢訳仏典をふくむ）の読書ノートである『田辺抜書』第一冊が書きはじめられるのは一九〇七年二月であった。和紙を使った縦書きの罫紙を百丁か二百丁綴じたもので、一九三四年に書かれた第六十一冊までが残されている。その内容はまだくわしくは紹介されていないが、熊楠独特の読書方式が生涯にわたってつづいたことを示している。

書き抜かれたものは、闘鶏神社から借りた中国書などを手始めに、小学校の図書室に置かれていた「田辺図書館」の蔵書（目録の抜記が一九〇七年の日記帳にある）、さらに知人たちの所有する本を片っぱしから借りて、田辺で手に入る本はすべて見るつもりかと思わせる意気ごみである。「史籍集覧」や国書刊行会の本などは、二か月あまりかかってほとんど徹夜を続けながら書き抜きをしている。

和歌山に置いてあった『ロンドン抜書』全五十二冊は、すでに一九〇六年はじめに二回に分けて田辺へ送ってもらい、これらもしばしば資料をさがすために読み返している。

一九〇八年七月に田辺で『海南時報』という新聞が創刊され、十一月三日には『植物学雑誌』に出た熊楠の「本邦産粘菌目録」のことが紹介された。翌一九〇九年正月の同紙には、熊楠は酉年にちなむ「鶏の話」の数回の連載を執筆した。地元の人たち向けに書いた最初の文章で、のちの「十二支考」の前ぶれとなるものであった。

田辺での植物採集

飲みつぶれたり落ちこんだりしながらも、植物採集だけは途切れることなくつづけていた。一九〇五年の春ごろからは、飲み仲間である画家の川島草堂（本名友吉、戯号破裂）を誘ったり、時には植物に関心のある田辺小学校教員の千本武吉と連れ立ったりして、近隣の山野へ採集に出かけることが多くなった。一九〇七年には上芳養村の小学校長で植物に関心のある硲《はざま》良蔵と知り合い、一九〇九年からは田辺小学校の教員で動植物にくわしい宇井縫蔵との往来もはじまる。

身近かな西ノ谷村（以下、いずれも現、田辺市）の東神社や天神社からはじまり、秋津川村の奇絶峡、稲成村の蟇岩《ひきいわ》へと足をのばし、さらに上芳養村の龍神神社（龍神山《りゅうぜん》）、川又村（現、印南町）の川又観音などの寺社林を中心にして、前に一時滞在した時よりもきめこまかく、狙いをさだめて歩きまわっているように思える。とくに稲成村の稲荷神社（稲荷山）と同村糸田の高山寺のそばにあった猿神《さるがみ》祠は、くりかえし訪ねている。

また一九〇八年十一月から十二月にかけては、結婚以来はじめてのひと月近くかけた熊野各地への採集行を荷かつぎ役野田馬吉との二人でおこない、前にはあわただしく通過した中辺路を寄り道しながらたどり、瀞峡《どろきょう》や玉置《たまき》山まで足を伸ばし、山中の野宿もよぎなくされた。採集の対象はあいかわらず隠花植物が中心であった。藻を入れる三百余の空瓶を入れた木箱を先に送っておいたのに、途中で木札が失われてしまい、野中の小学校に放置されるという出来事もあった。

一九〇六年に入ってからの日記には、採集した植物がミシガン州、フロリダ半島、西インド諸島などで採集したものとおなじであるといった記述が目立つようになる。

それに呼応するかのように、アメリカの農務省にいる技師のウォルター・T・スウィングルから、柑橘類についての問合せとジャクソンヴィルで採集した淡水藻のピトフォラを送ってほしいという手紙が来た（一九〇六年十二月五日着）。これは熊楠が一九〇二〜〇三年に『ネイチャー』に発表したピトフォラ・オエドゴニアについての報告を見てよこしたものであった。

採集品の整理のない夜には、一九〇六年二月にディキンズから送られてきたシェイクスピアの全集を、翌年はじめあたりにかけて次々と読みすすめ、また一九〇七年秋から翌年はじめにかけては、あらたに購入した『アラビアン・ナイツ』の英語版、一九〇八年秋からはワシントン・アーヴィングの文集を読んでいる。

2 田辺周辺の社叢で

リスター父娘あての手紙

この時期の採集ではあまり重点を置いていなかった粘菌（変形菌）については、一九〇五年秋に熊楠が大英博物館あてに送った四十七点の粘菌標本が、ジョージ・マレーがすでに引退していたこともあって、アーサー・リスターのもとに回送された。そのリスターの同定した結果が熊楠に届いて、一九〇六年から二人の文通による往来がはじまった（『南方熊楠・リスター往復書簡』）。

その成果としてイギリスの植物学雑誌『ジャーナル・オブ・ボタニー』第四十四巻（一九〇六年）には熊楠の採集した二十九種が、同誌第四十二巻（一九〇四年）にのった草野俊助採集の十八種に次ぐ日本産粘菌第二報として発表された（萩原博光による）。

右の報告は日本の『植物学雑誌』二三五号（一九〇六年）にも紹介され、熊楠はさらにこれらをふくむ「本邦産粘菌類目録」を同誌二六〇号（一九〇八年）に、さらに「訂正本邦産粘菌目録」を同誌三二一号・三四五号（一九一三年・一九一五年）に発表している。

『粘菌図譜』（一八九四年）を刊行したアーサー・リスターは一九〇八年に亡くなるが、その仕事を引きついだ娘のグリエルマ・リスターは一九一一年と一九二五年にその改訂版を出している。熊楠は一九三一年までリスター父娘と継続的に往来があり、このことが熊楠の植物研究のなかで粘菌採集が後年まで続くことになった要因の一つであったと思われる。

糸田の猿神祠

ところで、山本幸憲がイギリスで入手した熊楠のリスター父娘あての手紙に、日本ではまだ神社合祀についての見解を公表していなかった一九〇七〜〇九年に、熊楠が糸田の猿神祠の合祀される前後の状況と意見を書き送っていたことが、橋爪博幸によって紹介されている。

稲成村（現、田辺市）の糸田にある猿神祠は、古くは山王権現社と呼ばれ、高山寺のある台地の会津川にのぞむ見晴らしのよい場所にあった。『紀伊続風土記』には「社地周十八間」とあって、それほど広くはないが、古来の信仰上の聖地で樹木も茂っていたと思われる。一九〇六年六月に猿神祠のタブノキの朽木から採集した粘菌の一種がリスターによって新種と認められた（*Arcyria glouca* A. Lister アオウツボホコリ）。熊楠が生涯に発見した十の新種のうち最初のものである。なお英文では朽木の学名はタブノキ（クスノキ科）とされているが、日本文では単に樟（クスノキ）と書いている。

それを知らせるリスターからの手紙が一九〇七年四月二十八日に届いた時、猿神祠はすでにその月のはじめに同村内の稲荷神社に合祀されていた。（明治初年まで稲荷神社は伊作田《いさいだ》村、猿神祠は糸田村に所属したが、当時は合併して稲成村となっており、一村一社の決まりが適用されたのであろう。）合祀されても境内はまだしばらくもとの状態であったらしく、熊楠は同年七月四日に祠跡を訪ねて同一の粘菌を採集している。しかし、猿神祠が合祀されて移されたため、まもなくおなじ場所でおなじ粘菌を採集することはできなくなるだろうと、熊楠はリスターへの手紙で訴えた。

その予測はしばらくして現実となり、一九〇八年五月二十一日付のリスターあての手紙では、熊楠はそのタブノキの朽木がすでに失われてしまったことを書かざるをえなかった。ところが、それに対する娘グリエルマからの返信には、同年七月に亡くなった父アーサーの訃報が記されていた。

そこでアーサー・リスターへの「弔い合戦」だとみずから名づけた一九〇八年暮れの一か月にわたる採集行の帰りに、熊楠はこんどは猿神祠跡の木立が一本残らず消え失せているのを目撃して、落胆のあまり言葉を失ったと、一九〇九年二月十九日付のグリエルマあての手紙に書きつけている。

糸田の猿神祠が全滅して貴重な粘菌の採集地が失われたことについて、熊楠は「再び神社合祀合併に就て」（『牟婁新報』一九〇九年十月十二日）で、日本で発表した文章では初めて指摘し、また「無謀なる神社合祀」（『大阪毎日新聞』一九一〇年二月十一日、十二日）などでも言及している。

熊楠はのちに書いた「巨樹の翁」（一九二二年）という論文で、「北欧諸国へ耶蘇《やそ》教が入った時などは、家を建つとか田畠を開くの必要に迫られざるに、単に樹神崇拝を絶やすために大木を伐らせたことが多かった」と書いている。日本の多くの寺社林もまた、古代の樹神崇拝と切り離しがたいものとして形成されてきた。なによりもまず神社のある森を残したいというのが熊楠の切実な動機であったことは、のちに書いた川村竹治和歌山県知事あての手紙でも、つぎのように語っている。

さて小生は在欧中、本邦が近く名声を第一、二等国と斉《ひと》しく馳《は》せながら、科学材料の調査すこぶる欧米に劣れるを慨し、帰国後ただちに熊野の山野に退居し、峰を分け海を潜り、十一年一日のごとく、その精査をこれ勖《つと》め、老いのまさに至らんとするを知らず。もとより迂愚《うぐ》の質、これに加うるに一私人の事業にはあり、家累も多く、資産また薄きも、運を天に任せて多少は成功せるところあり。その研究の成果を発表して、いささか国恩に報じ、外侮を禦《ふせ》がんとするの際に至り、神社合祀の濫行さるるより、自分が発見し、記載し、図録せる諸生物、日を逐うて絶滅し行き、影のみ留まりて実物は失われ、せっかく連歳精密の検究を続けおりしも、実物全滅のため、九仞《きゅうじん》の功を一《いっ》簀《き》に欠くようのこと多く、十一年の労苦を挙げて水泡に委する例蓆《しき》なり。

(川村竹治和歌山県知事にあてた一九一一年十一月十九日付の手紙)

湊村の神社合祀

明治政府による神社政策は、まず明治初年の神仏分離にはじまり、一八七一(明治四)年以後、官社(官幣社、国幣社)、府県社、郷社、村社、無格社という五段階の格づけをおこなった。さらに日露戦争のおわった一九〇六(明治三十九)年以後になって、神社合祀(神社の合併整理)を強行することで中央集権的な立場からの再編成を完結させようとした。村社以上の神社には「神饌幣帛料を供進する(官費で補助金を出す)」ので、その費用を抑制するためにも、合祀は必要であった。

神社合祀は内務省から出されたいくつかの訓令などをもとに、各県ごとに実行方法が決められた。熊楠が「明治三十九年十二月の合祀令」と呼んでいるのは、熊楠の一九〇九年の日記に書き写されているように、和歌山県で出された一町村一社を標準とする「神社の存置および合併」についての通牒であった。これ以後一九一一年六月までに、和歌山県では二千九百二十三の神社が整理統合され、開始前のわずか五分の一にあたる七百九十が残るだけになっていたという(『南方二書』)。合祀の中止される一九二〇年には四百四十前後まで減少していた。

糸田の猿神祠の事例については海外の知人への私信にしか記さなかった熊楠が、一九〇九年八月十五日の日記で、「予は昨日磯間の神祠三つとも十日ばかり前に移転合併を命ぜられ、村人せめて一を存せんと望むも聞かれざる由聞き、今日に至るも不快」と、初めて神社合祀に言及する。

その前日は、秋津小学校教員の植物研究家栗山昇平らと磯間から乗船し、熊楠は定住後はじめて神島に渡っている。神島では粘菌などを採集しているが、そのさいに磯間の合祀の話を聞いたのであろう。（神島にあった弁天社は、その直前の七月、新庄村の大潟神社に合祀されている。）

磯間の三社とは、もと磯間村村社の日吉神社（旧称山王権現、熊楠は磯間の猿神社と呼ぶ）、もと神子浜村村社の神楽神社（熊楠は六本鳥居とも呼ぶ）、もと拡大以前の湊村の八幡神社で、この時点ではいずれも明治になって統合拡大された湊村に属していた。

前の二つの神社は熊楠もよく採集に訪れていた場所で、おなじ湊村の闘鶏神社への合祀を勧告されていたが、村長佐山伝右衛門（千世）ら関係者の判断で取りやめになった。八幡神社だけはこの年に当時おなじ湊村に属していた蟻通神社に合祀された（のちに復社）。

いずれも本来は別々の集落（漁業や農業などの生業にも違いのある自然村）に属する神社であったが、明治になってからの統合再編でおなじ村内にいくつもの神社がある形になっていたので、一町村一社の原則から合祀を勧告されたが、それぞれに存続の条件を備えているとされたのであろう。

熊楠も、この問題では九月下旬に『牟婁新報』に合祀の報道が出たあと、日吉神社、神楽神社、それに受入側の闘鶏神社や蟻通神社の関係者などからあいついで話を聞いたことが日記に出ている。

『牟婁新報』への登場

『牟婁新報』は田辺で一九〇〇年に創刊され、高山寺の住職であった毛利清雅（柴庵）が社主兼主筆として健筆をふるっていた。一九〇五～〇六年ごろには荒畑寒村や管野スガらが編集に参加して、社会主義的傾向を強めたことで全国的にも知られた。それまでは毛利の行き方に批判的な見方をしていた熊楠も、神社合祀反対運動では言論活動の場として『牟婁新報』を積極的に活用することになる。

『牟婁新報』では神社合祀の進め方に疑問を呈する記事が一九〇七〜〇八年ごろから何度も掲載され、毛利自身、一九〇七年十二月には「神社併合に就て」という文章を書いていた。

さらに一九〇九年秋には、高等女学校の建設費を捻出するために海岸の景勝地である大浜台場公園を売却することに反対する運動が田辺町内で高まり、同紙上でも大々的なキャンペーンが展開されていた。田辺湾にのぞむ台場公園は幕末に外敵をふせぐ砲台を築いた跡地で、それを当地出身で大阪在住の栗山善兵衛に一千円で売却し、高等女学校の建設費にあてるという話を町当局が進めていた。

磯間の合祀をめぐる事情を熱心に聞き歩いていた熊楠は、そのような紙面の展開をしていた『牟婁新報』に自分の意見を発表したいと考え、一文を書いてみずから新聞社に持参した。一九〇九年九月二十七日付の同紙には、「世界的学者として知られたる南方熊楠君は如何に公園売却事件を見たるか」と題する書簡形式の長い文章が掲載された。これは神社合祀について熊楠の書いた最初の文章であると同時に、同紙へのはじめての執筆でもあった（『田辺市史』第九巻）。

その内容は、当時の紙面にあわせて公園売却問題から話を始め、「その付帯品として、左記の件を田辺の人々に注意申し上げんとす」として自説を展開する。この三年来の神社合祀が「甚《いた》く吾が国体に戻《もと》り、公安に大害ある」ことは、いずれそのうち都会の大新聞やその筋を相手に論ずることとし、

「危急存亡」に瀕する具体的な事例として、さきの磯間の三社にはふれず（すでに二社の存続が決まっていたためか）、田辺町内の江川と片町の夷子《えべす》さん（蛭子神社と浦安神社）、紺屋町の稲荷祠、中屋敷町の祇園社（八坂神社）の四社の存続すべき役割を訴えている。（この四社と藤巌神社をふくむ田辺町内の五社は、最後まで合祀されることがなかった。）

さらに熊楠は、それらの合祀を強引に進めているのが県や郡の役人たちであることに注目し、つづけて「楠見郡長に与［う］る書」を執筆し、九月三十日と十月三日の『牟婁新報』に連載している（『父南方熊楠を語る』）。熊楠流の悪罵をつらねる手法が散見していて気になるものの、大筋はさきの文章を補完して行きとどいたものとなっており、この二編の書簡形式をとった文章のなかに神社合祀に反対する熊楠の考え方はすでに尽されているといえる。（熊楠が毛利とはじめて顔をあわせ、路上で立ち話をするのは、このあと十月十三日である。）

田辺海岸の大浜台場公園（明治末ごろ）

泣き叫ぶ妻

熊楠の書いた神社合祀反対の文章が『牟婁新報』に掲載されはじめたころ、二年前に闘鶏神社の宮司をやめていた松枝の父田村宗造は病臥中で、十月一日に七十一歳で亡くなった。

十月十六日付の『東京朝日新聞』では、和歌山中学の後輩である記者の杉村楚人冠（広太郎）が、熊楠の発言を引きながら、神社合祀への注意を喚起した(「好個英国式(4)高陞号撃沈と神社合祀」)。そのことを二十四日付の『牟婁新報』に紹介してもらった熊楠は、さらに三十日付の同紙に「緊急広告」を、十一月十八日に「緊急広告に酷似の表示」を相次いで掲載し、「郡長は強盗詐欺兼備の悪漢」などと楠見郡長への攻撃をつづけた(ともに全集六巻)。

さらに「公園売却事件」から説き起こす一文を投じたなりゆきとして、熊楠は十一月二日(天長節の前夜)に開かれた牟婁新報社主催の台場公園売却反対演説会に出ようとした。ところが、知人宅で酒を飲んで酩酊状態となった熊楠を巡査が会場へ入れなかったため、「予闖入して警察署長を罵りやりこめ、巡査六人とつかみ合い」(登壇して「ほれてつまらぬ他国の人に、末は烏の泣き別れ」と都都逸をうたったという記事もあるが)、酔っていた熊楠を、石友たちが引きずるようにして連れかえったらしい。

十一月十三日には、毛利立会いのもとで『大阪朝日新聞』あての長文の投書を書留便で送ったが、二十五日には原稿が戻されてきたため、「高山植物の採集禁止」(六回連載)などのテーマ別に分けて十二月から翌年にかけて『牟婁新報』に掲載した。この投書の前後には、松枝が「ヒステリヤ病」をおこして熊楠の行動に強く反対していたことが、十二月七日付の古田幸吉あての手紙にも見える。

十一月十六日の日記には、「朝、予、松枝に怒る。松枝泣く所へ下女帰る」とあり、さらに日暮れにも熊楠は酔って帰り、ふたたび「松枝を罵る」とある。その夜、松枝はヒキ六や下女を引きつれて、よそへ泊りに行っている。これは以下のような事態に対応する記事なのかもしれない。

御存知通り、小生一人暮しのときは、至りて言行の正確に、豪傑らしくふるまい得たる男なれども、すでに妻子ある以上はその懸念の為にさしひかえねばならぬこと多し。昨年〔一九〇九年〕秋十一月上旬にも、小生大山神社のことを懸念し、第一着に当地の郡長を大攻撃し、その余波を以て日高と東牟婁、有田の諸郡長を討たんとかかりしも、妻はその事を大事件であたかも謀叛如きことと心得、自分（妻）の兄妹等官公職にあるものに大影響を及ぼすべしとて、子を捨てて里へ逃げ帰るべしとなきさけび、それが為め、小生は六十日近く期会を失し、大いに怒りて酒のみ、妻を斬るとて大騒ぎせしこともあるなり。

（古田幸吉にあてた一九一〇年四月十二日付の手紙）

実際の状況よりも誇張されているかもしれないが、江川《えがわ》の蛭子神社の合祀をめぐっては、当時、以下のような「風聞」もあったらしい。よその地域の例でも、漁業に従事する集落では独自の神社への信仰が根強く、合祀反対が多かったといわれる。

加うるに、漁夫数千名小生に帰信し、暴動をも起しかねぬ様子にて（田辺の江川という所は県下第一の手荒き所なり。前日（十一月二十三日夜）『牟婁新報』千号祝いに三十三貫の大提灯をかつぎ、ねりあるき候。風聞には小生指揮して郡長宅を潰しに行くとのことにて、小生は当日郊外にかくれ居り、また郡長は大辺路え逃げ行き、わずかに事無くすみ申し候）中々一寸方付かず（下略）。

（古田幸吉にあてた一九〇九年十二月七日付の手紙）

3　合祀批判の場を求めて

地方における神社合祀が山場をこえたかに見える一九一〇年から一九一二年になって、中央の新聞や雑誌などで合祀反対を論ずる熊楠の活動が、しだいに実を結ぶことになる。

内外の学界に

神社の森が失われる危機感に発して『牟婁新報』などに発表した文章が、地元で起こっている事例や行政担当者への直接の告発といった傾向が強いのにくらべ、中央の新聞や雑誌などには各地の事例を集大成し、理論化して批判の視点を拡大したものが多くなっている。

熊楠はまず自分の投稿している学術雑誌の関係者に、掲載してくれることを期待した文章を書き送った。日記の一九一〇年一月十一日の発信欄にある、坪井正五郎と大野雲外あての連名状がそれである。東京帝国大学教授の坪井は、白井光太郎らと人類学会を創設し、『東京人類学会雑誌（のち人類学雑誌）』を主宰していた。大野延太郎（雲外）は、坪井のもとで仕事をしていて、熊楠に『東京人類学会雑誌』を送ってきたことがあるので連名としたのであろう。

その文章と坪井の返信の内容は、『牟婁新報』に一月から連載された「神社合祀反対意見」の最初の二回で知ることができる。武内善信によると、坪井は「私どもがかれこれと申したとて、その為に何程の影響があろうとも思われません」というそっけない返事をくれたらしい。しかし、その二人にあてた文章には、イギリス、ドイツなどでの遺跡や文化財保護の動きが紹介されていた。

これにつながる形で「神社合祀反対意見」の連載記事では、各国での自然保護運動の動きも語られている。熊楠はロンドンで親交のあったアーサー・モリソンの自宅に招かれたさいに、イギリスの自然保護運動の拠点であるエッピング・フォレストを訪れたことがあり、そのほかアメリカのヘッチヘッチー・ダム建設反対運動やフィンランドの事例（これは「楠見郡長に与〔う〕る書」に見える）についても関心をよせていたのである。

その一方で、熊楠は英文で書いた「合祀反対論」を「贈れり」としてイギリス、アメリカなどの十人の名を挙げている（『牟婁新報』三月十二日）。実際には海外の識者に送るとすればこんな顔ぶれと列挙してみせたところなのだが、やがてこれがあとでふれるような異議をひき起こすことになる。

衆議院での質問

一九一〇年三月十九日、地元和歌山県選出の代議士である中村啓次郎が、衆議院で神社合祀について質問をしてくれるという知らせを聞いて、熊楠は毛利清雅らとともに祝杯をあげた。中村は熊楠とロンドンで知り合いであった巽孝之丞（横浜正金銀行）の実弟で、たがいに知ってはいたと思うが、質問にいたる仲介の労をとったのは毛利であったらしく、翌年以降、何度か三人で会っている。

三月十八日に出された質問に対して内務大臣平田東助から答弁があり、これに対して二十二日に中村啓次郎が「神社合祀に関する」再質問をし、かなり長い演説をしている（『南方熊楠日記』3附録）。その内容は熊楠の「起草」したものを中村が「整頓」したものであるという（『南方二書』）。

全体の大筋はたしかに熊楠の主張を取り入れているが、日露戦争に従軍した農民の妻女が氏神に無事を祈ったこと、「多年異域に流浪」した身にとって（中村は台湾で弁護士として活躍していた）鎮守の森にとりわけ感懐をいだくことなど、中村の加筆した部分もあると思われる。

この演説を受けたかのように、内務大臣からは、神社基本金がなくとも維持の見込み十分のものは合祀に及ばずという指令が出たという（日記、一九一〇年六月二十一日）。また一九一一年三月にも、熊楠からの提案を受けて、中村は内務大臣に神社合祀の禁止を求める九か条の申し入れをして、「本大臣は全然君と同様の意見を有す」という回答を得たという（『牟婁新報』一九一一年四月一日）。

これらの政府側の動きは、中村による演説が一定の役割を果たしたことはあるにしても、神社合祀そのものがすでに調整段階に入っていたことの反映でもあろう。

中村はさらに、二年後の一九一二年三月十二日にも、衆議院で「神社併合奨励に関する」質問をして、前回よりも長い演説をしている。これについては、熊楠の書いた草稿が発見され、演説の速記録と比較したところ、「内容をかなり限定、簡略化」して使っていることが分かったという。

六項目にわたる説明は、神社併合が亡国をもたらす所以を事例をあげて説き、政府にその取消しを迫っている。三年前に暗殺された伊藤博文が、欧化主義の人といわれながら、日露戦争開戦のさいや韓国統監着任のおりに伊勢の大廟に祈願したことにふれ、神社のもつ意義を説いたくだりもある。

中村代議士の第一回の演説の紹介が『牟婁新報』に掲載されるころから、熊楠の身辺はやや落着きをとりもどす。一九一〇年四月十五日におこなわれた田辺の町会議員選挙では、台場公園売却反対運動の高まりをうけて、毛利清雅をふくむ刷新派が大勝利し、熊楠は祝いの酒をとどけている。

「大逆事件」前後

一九一〇年六月三日、「本邦における動物崇拝」の執筆中で前夜眠らなかった熊楠は、朝早くから会津川畔で植物採集をしていた。その朝におこった事件のことを、熊楠は四日夜になってから銭湯で聞き、日記に「一《ママ》昨朝四時頃、警官多く裁判所に集り、判官と共に牟婁新報社を取囲み、毛利氏の書類を捜索し持去る。これは東京にて社会党輩破裂弾を作りしによるとのこと」と記した。のちに「大逆事件」と呼ばれる社会主義者、無政府主義者たちへの一斉検挙の余波であった。

五月二十五日に長野県からはじまった検挙は、八月にかけて全国各地で数百人に及んだ。おなじ六月三日には新宮でも大石誠之助らが家宅捜索をうけ、のちに大石や成石平四郎（蛙聖）ら六人が検挙された。熊楠は川島草堂の紹介で成石と会ったことがあり、何度か文通もかわしていた。成石の手もとにあった熊楠の書簡一通も押収された証拠物件に入っていたという。

田辺では、六月二十九日から七月四日にかけて、毛利のほか、雑賀貞次郎、川島草堂、芸妓田野栄《サエ》をふくむ二十人の人たちが再度の家宅捜査や取調べを受けた。六月二十九日夜、牟婁新報社をたずねた熊楠は、その徹底した捜査ぶりを聞き、成石との関係が調べられていることを知った。

翌一九一一年一月十九日の日記には、前日言い渡された幸徳、管野以下二十四名の死刑判決のなかに「知人成石平四郎及びその兄（予知らず）勘三郎もあり」と記す。さらに二十四日には成石をふくむ十二名の死刑が執行されたことを記し、二十五日には川島草堂が刑死前の成石から受け取ったハガキを見せにきたので、その文面を書き写している。
一月三十日には、熊楠にあててよこした成石のハガキがとどき、これも全文を書き写している。知人の死を悼む気持ちはあったにちがいないが、熊楠の抱いた感想は単純ではなかったろう。

先生是迄眷顧《けんこ》を忝《かたじけのう》しましたが、僕はとうとう玉なしにしてしまいました。いよいよ不日絞首台上の露と消え申すなり。今更何をかなさんや。唯此上は、せめて死にぶりなりとも、男らしく立派にやりたいとおもっています。監獄でも新年はありましたから、僕も三十才になったので、随分長生をしたが何事もせずに消えます。どうせ此んな男は百まで生［き］たって小便たれの位が関の山ですよ。娑婆におったて往生は畳の上ときまらん。そう思うと、御念入の往生もありがたいです。右は一寸此世の御暇まで。東京監獄にて　成石平四郎　四十四年一月下旬

熊楠は、その処刑直後に書いた知人あての手紙では、つぎのように語っている。

毛利氏は五時間警務長より問われたが委細は社員にも語らずとのこと、予は以後氏は社会党如き輩と少しも関係なきことを望む。新宮はもっとも神社濫滅の行われし処にて、そこにこの度の逆徒六人迄出でしも、多少かかる濫政が人気を狂奔させしこととも思われ候。
（西面欽一郎にあてた一九一一年一月二十五日付の手紙）

熊楠はこれ以後に書いた神社合祀反対の文章のなかに、くりかえし「この地〔新宮〕より最多数（六名）のかの大逆事件に関連せる逆徒を出だせるは、官公吏率先して〔神社合祀という〕破壊主義の実行を示せるに因由するところなしと言うを得んや」（『日本及日本人』掲載の「神社合祀反対意見」）といった趣旨の発言をおりこんでいる。

「大逆事件」の火の粉が神社合祀反対運動にふりかかるのを回避するために、熊楠の本心ではないが、ことさら敵対するかのように扱ったとする見方もできる。それに対し、武内善信は、この西面あての手紙の書き方などからして、むしろ本心と考えるべきではないかとしている。

たしかに「予が学問上生物保存の点より考起して、神社合祀に反対説を唱えしに当たりて、もっともこれを冷笑せしはかの大逆の徒なりし」（「田辺随筆・神社合祀」）というような発言については、熊楠の根拠のない決めつけであることが、杉中浩一郎や武内善信によって指摘されている。

渡米報道と転居

アメリカ農務省技師のスウィングルから一九〇九年九月に来た手紙には、「予に翻訳のことを托し、また都合により渡米を求むるなり」という内容が記されてあった。やがて十か月後の一九一〇年七月になって『大阪毎日新聞』（八日〜九日）に熊楠がアメリカの招聘に応じたという話が出て旧友の木村駿吉がコメントを加え、さらに同紙に福本日南の「出て来た歟《か》」（七月十五日〜二十一日）が連載された。そのほか『万朝報』（七月十六日）などにも同様の記事が出た。南方熊楠の名がこれだけ中央紙を賑わしたのは、初めてのことであった。

この件について、前年十二月に熊楠の書いた手紙には、つぎのようなくだりがある。

小生は米国農務顧問となり、東西洋の培養植物根源を調べる任に当り、俸給無際限（すなわち入用だけくれる）にて官邸を与うべしとのことながら、せっかくの学問を外国の用に使わるるを好まず、荏苒《じんぜん》致し来り候。しかし、今回の神社合祀ごとき不埒極まることをなす上は、所詮吾国は亡国に極まり、この上見込みのなき国とあきらめ、米国に移り、一意自己の私利を謀るつもりにて（下略）。

（古田幸吉にあてた一九〇九年十二月七日付の手紙）

一九一〇年八月十二日から二十日まで、熊楠は和歌山の常楠宅に滞在して、植物標本や書籍の整理をつづけている。周囲の人たちにはアメリカへ渡る準備をするためと説明していた。

それに先立つ七月、毛利の世話で、熊楠はおなじ中屋敷町中丁にあった藤木氏の別荘に転居している。この家には四年前に『牟婁新報』にいた管野スガも住んでいたことがあるという。一九一六年におなじ中丁の西側にある屋敷に移るまではここに住んだ。

のちに柳田国男にあてた手紙では、「米国よりは毎度招かるるも、小生かの国人を大嫌いにて行く気にならず。加うるに、妻は一向の国粋風の士族の娘にて、第一肉類を食うことができず」（一九一三年十二月二十七日付）と、アメリカへ行かない理由を説明している。

和歌山での大がかりな整理は、転居して広くなった家に資料を持ってくるためもあったのかもしれないが、それをわざわざ新聞で話題となっているアメリカへ渡る準備のためと広言したのは（招聘の件を話題にしたことをふくめて）、あるいは熊楠の名前を広めて反対運動に役立てる演出であったのかとも考えられる。

夏季講習会に乱入

熊楠が和歌山へ行っているあいだ、田辺では紀伊教育会主催の夏季講習会が八月十五日から二十一日まで、県下から六百五十名ほどが参加し、田辺中学校の講堂で開かれていた。県庁で神社合祀を担当していた田村和夫が、紀伊教育会の理事として会の運営責任者となっていた。

講習会では林学博士本多静六など三人の講師が講壇に立った。『牟婁新報』にも連日講習会の記事がのり、とくに本多の講演は数回にわたって大々的に紹介されていた。

この時の印象もあったのか、五年後に書いた「博士輩の出放題」という文章で、熊楠は「われらごとき一生私産を傾け、いやな酒まで呑んで学問に困苦する者と異《かわ》り、本多などは政府で重用され、民間でも毎度の公園新設、古蹟破損の計画は無報酬ではしやさんすまい」と、本多の無節操ぶりを非難している。

その閉会式がおこなわれた八月二十一日、相良渉会長の告辞、楠見節郡長の式辞がすみ、終了証書授与のあと来賓祝辞が始まろうとした時、熊楠が会場に乱入し、大声をあげて標本類の入った信玄袋を投げつけた。この日、早朝の船便で和歌山から帰った熊楠は、毛利を訪ねて「合祀ずきの田村」に会いたいと語った時からすでに酔っていて、そのあとも二軒ほど寄って飲んだという。

熊楠自身の描写によれば「乱暴の初めは県属等六、七人予にかかり、一県属予の喉を柔術でしめたり。然るに、予の喉強く一向しまらず。予彼輩をなげたおし、また警察署長を蛙《かいる》の如くにぶっつける。それより大立まわりと成りし也」（古田幸吉にあてた一九一〇年九月九日付の手紙）とある。ひと暴れしたあとの熊楠は、警察署長や毛利らになだめられて帰宅した。

『牟婁新報』の八月三日付のコラムで、すでに「夏季講習会に出席するはずの田村和夫氏等は、今頃きっと夢見が悪かろう。御用心、御用心」と予告していたことからすると、閉会式への乱入は合祀反対運動の局面打開を図った熊楠の計画的な行動であった可能性が高い。しかし、相手もそれなりの報復手段は考えていたのであろう。

入監と風俗壊乱罪

乱入の翌日、八月二十二日午後四時ごろ、熊楠は家宅侵入罪で自宅から拘引され、九月七日夜まで十七日間入監した。当日の行為からすれば、いささか過大な処分に思える。その間に松枝夫人も事情聴取を受けたという。この前後の日記は書かれていないけれども、「田辺未決監入監中手記」と題する一冊のノートが残されている。九月二十一日には予審免訴の判決が出て無罪放免となった。入監中にも面会に来てくれた和歌山の常楠には、さっそく毛利から電話を入れてもらっている。

ところが、出監後はじめて書いて『牟婁新報』（九月二十四日、二十七日）に発表した「人魚の話」が、こんどは風俗壊乱罪で発禁となった。十月三日には田辺の裁判所で新聞紙法第四十一条違反の裁判が開かれ、芝居見物よろしく傍聴に押しかけた近隣の三十余人の名が、すべて日記に書きとめられている。翌四日、発行人栗山松之助と熊楠にそれぞれ罰金二十円の判決が下された。

その文章に記された人魚と人間の交接するくだりが違反とされたのだが、「相良無武《ないむ》とか楠見糞長《ふんちょう》とか、バチルス、トリパノソマ同前の極小人に陥れられて、十八《ママ》日間も獄に繫《つな》が」れたという意趣晴らしの箇所も、関係者の目にさわったにちがいない。

『牟婁新報』に掲載された公判筆記によると、熊楠は『和歌山新報』の記事を引いて、乱入のあった夜に花屋楼で会飲して、自分を告発して入監させた張本人が相良、楠見の二人であるとし、「人魚の話」のついでに、自分は彼らへのあてこすりを書いたのだ、と法廷で明言したという。

大山神社の合祀

夏季講習会に乱入したころ、熊楠のいちばん頭を悩ませていたのが大山《おおやま》神社の件であった。父弥兵衛の生地である日高郡矢田村（現、日高川町）大字入野にある大山神社が、おなじ矢田村の役場所在地である土生《はぶ》の八幡神社に合祀されようとしていた。入野に住んでいた叔父（父の弟）の古田善兵衛は、イギリスから帰ったころの熊楠にただ一人よくしてくれたという。その四男にあたる古田幸吉は、一時期和歌山の南方酒造で働いていたこともあるが、当時は矢田村で夏ミカンの栽培に従事していた。

熊楠が古田幸吉から最初に事情を聞いたのは一九〇九年十二月であるが、入野地区住民からの大山神社に関する合祀出願はすでに同年十一月十日に出されており、県の許可が十二月二十四日に出された。しかし、合祀決行の日取りはしだいに先送りされ、さまざまな曲折をへて、四年後の一九一三年十月十一日に合祀される。その合祀にいたる経過と、熊楠の主張した打開策は八〇通に及ぶ古田あての熊楠の手紙から知ることができる（『父南方熊楠を語る、付神社合祀反対運動未公刊史料』）。

一言でいえば、入野地区ではあくまで合祀に反対する住民は少数派であった。熊楠は自分の打開策が挫折したあと、古田あての手紙で「村民の無気力」を指摘し、また日野国明あての手紙で「その過半は官公吏の命とあらば、糞すら辞せずに食うごとき柔順輩」であると語っていた。

入野地区の事情を「合祀容認」型の事例として調査した畔上直樹によると、一八八九（明治二十二）年の水害で大きな被害を受けた矢田村では、復興策として稲作中心の農業から夏ミカンなど柑橘類栽培への転換が進められ、古田幸吉はその中心人物であった。稲作儀礼の欠落は神社行事のあり方にも変化をもたらし、伝統的な祭礼の中止が合祀以前から長期にわたってつづき、住民にとっての神社の役割が小さくなっていたことが背景にあるというのである。

若き植芝盛平

田辺町内の合祀は手つかずであったのに、西隣りの西ノ谷村（現、田辺市）では合祀が厳しく「奨励」された。早くも一九〇七年一月には、字目良の八幡神社、古い由緒のある字出立の出立《でたち》王子社、字尾ノ崎の稲荷神社の三社を、字古町の上《うえ》の山東《やまひがし》神社に合祀し、それぞれ一字をとって八立稲《やたちね》神社と呼ぶことにしている。

最後まで反対した字西郷の上の山西神社（西の王子）も、一九〇九年十二月に上の山東神社に合祀させられた。しかし、上の山西神社と八幡神社では、旧来の祠を残し神体もそのままにして実質的に存続させたという（以上、『田辺町誌』による）。その事情を熊楠はつぎのように語っている。

> 西の王子の氏子承知せず、他大字と絶交し一同社費を納めず、監獄へ入れると脅すも、入れるなら本望なり、大字民七十余戸ことごとく入獄されよと答え、祭日には多年恩を蒙りし神社を潰すような神職は畜生にも劣れりとて、坊主を招致し経を読ませ祭典を済ます。神か仏かさっぱり分から

ず。よって懲らしめのため神社跡地の樹林を伐り尽さしめんと命ぜしも、この神林を伐ればたちまち小山崩れて人家を潰す上、その下の官道を破るゆえ、事行なわれず。ついに降参して郡衙《ぐんが》より復社を黙許せり。（白井光太郎にあてた一九一二年二月九日付の手紙に添えられた「神社合祀に関する意見」）

この西の王子の場合に登場するのが、つぎの手紙に見える「兵隊帰りの植芝なる豪傑」で、それは西の王子の近くに住んでいた若き日の植芝盛平と思われる。日露戦争に従軍したのち大阪の連隊にいた植芝は、長男なので除隊させてほしいという父親の頼みで、一九〇六年に郷里に帰り柔道の道場を開いていた。当時、植芝はまだ二十代後半であった。

当町近所西の谷村も社費の件に付き多数は不納説、少数（金持ち連）は利益上より（海藻を取る）今年のみ納むべしとの争いの所ろ、兵隊帰りの植芝なる豪傑の為に打負け不納に決し、小守重保氏に頼み復旧請願書認め中なり。（西面欽一郎にあてた一九一一年一月二十五日付の手紙）

後年、合気道の開祖として知られるようになった植芝は、自分が若いころ神社合祀反対運動に参加し、熊楠のもとで奮闘したと語っていたことが多くの伝記に記されているものの、その詳細は明らかでない。一九五〇年ごろ、茨城県岩間に住んでいた植芝をプロレタリア文学者の貴司山治が訪ねたことがある。その時、植芝は、熊楠と自分は「熊よ」「盛平よ」という刎頸の間柄で、二人とも「田辺の町のにくまれ者だった。しかし乱暴なのは五十人力の私よりも学者の熊の方だった」と語ったという（乾元社版全集月報3）。

一九一二年一月五日には、熊楠は西の王子の「復社祭り」に招待されている。出席しなかったら、翌日、祭礼のご馳走と鏡餅がとどけられたと日記にある。餅は翌年の祭礼日にもとどけられている。

3 『南方二書』前後

柳田国男との出会い

十七日間の入監生活は、柳田国男との出会いにとっても記念すべきものとなった。熊楠は入監中に柳田の『石神問答』を差し入れてもらい、はじめて柳田の本を読んでいる。その後、『遠野物語』も読み、両書とも一九一〇年中に書いた文章に引用している。

当時内閣書記官記録課長の職にあった柳田は、一九一〇年五月から六月にかけて『石神問答』と『遠野物語』を出している。その前年に自家出版で出した『後狩詞記』につづいて、柳田の民俗学への始動を告げる仕事であった。

柳田は、晩年に『故郷七十年』（一九五九年）のなかで、「これ〔『石神問答』〕を坪井正五郎博士にお贈りしたところ、人類学会の方々へ紹介して下さった。その中に紀州田辺の南方熊楠氏へも贈るようにとすすめられ、それが交際のはじめであった」と語っている。本章のはじめにふれたように熊楠と往来のあった坪井が、柳田に熊楠の名を教えたのであろう。当時熊楠の手にした二冊の本は、おそらく柳田の依頼で送られたものと思われる。

二人のあいだに文通が始まるのは、翌一九一一年三月、熊楠の「山神オコゼ魚を好むということ」を読んで、柳田が「突然ながら一書拝呈仕り候」と書いた時からである。柳田もまた一九一〇年十月に「山神とヲコゼ」を発表していたが、熊楠はまだそれを読んでいなかった。そこで「今回の御文を見て欣喜禁ずる能わず」、自分の論文を送るとともに手紙を出したのであった。

日本のフォクロア研究にとって、二人の出会いは大きな意味をもっていた。そのことについては章を改めてふれることにしたい。ここでは神社合祀とのかかわりについて経過を記しておきたい。

熊楠は柳田への最初の返事から神社合祀の状況を報告し、それ以後もほかのやりとりをかわすと同時に、合祀の報告も書きつづけた。そのなかで三重県阿田和村（現、御浜町）の引作《ひきつくり》神社の大樟にふれて、熊楠が「音にきく熊野橡樟日《くすび》の大神も柳の蔭を頼むばかりぞ」と書き送ったことは、柳田にも強い印象を与えたらしく、『故郷七十年』で回想している。

熊楠との出会いに感動していた柳田は、「願わくはこれからの生涯を捧げて先生の好感化力の一伝送機たらんと存じおり候」とまで言いきって、つぎのような助言をしている。

田舎の記者はみな善人ならんも、その他にも先生の孫悟空性を利用し一騒動を起こさせ見て楽しまんとする悪少年ども少なかるまじく候。もしこれがため、盛年を消耗し給うごときことあらば、その惜愛すべきこと決して神島の霊木の比にあらず候。(中略) それにつけても一日も早くかの意見書を御発表なされ、根本的に輿論を改造するの必要有之候。箇々の問題で修羅を焼し給うはいかにも精力の不経済に候。

(柳田国男の熊楠にあてた一九一一年八月十四日付の手紙)

牧野富太郎への期待

神社合祀反対運動さなかの一九一〇年十月ごろから、熊楠は自分の採集した植物の同定を、宇井縫蔵を経由する形で牧野富太郎に依頼している。やりとりされた標本の一部は返却されて熊楠邸に残っているが、首都大学東京(旧東京都立大学)の牧野標本館には六十二枚が保存されている。(公刊された日記をたどると、一九一三年十一月ごろまで、この形での往来がつづいている。)

一八九三年から東京帝国大学理科大学の植物学研究室助手として目ざましい仕事をしていた牧野は、おなじ研究室の松村任三主任教授との対立から一九一〇年に免職とされたが、関係者の取計らいで一九一二年一月に改めて講師として採用されている。熊楠が牧野と直接に手紙をかわすのは、その中間の一九一一年六~七月のことで、往復書簡二通が土永知子による注釈つきで紹介されている。

「未だ拝面の栄を担わず候えども、夙《つと》に欽仰の念を抱き居候処、友人宇井氏の世話にて毎度採集植物に関し高教を忝なくし幸甚に候」とはじまる手紙で、熊楠は神社合祀による各地での貴重な植物への影響を列挙し、さらにおなじ植物学研究室の三好学教授の天然記念物保存論を最近まで知らなかったのは残念だとも語っている。

これに対し牧野からの返信は、個々の植物については言及しながらも、合祀反対運動に対しては意見をのべていない。ただし、牧野がしばらく前に徳川頼倫侯を大磯の別荘に訪ねたさい、那智山の神林に伐採許可を与える判決のあったことや熊楠のことも話題になったと書き添えている。

那智山の事件については、その直前、五月三十日の『東京朝日新聞』（無署名だが杉村楚人冠の執筆とされる）に危機を訴える記事が出たためもあって、しだいに伐採禁止の方向に向かっていた。

熊楠は、牧野へ手紙を出した直後に闘鶏神社の樟樹伐採を目にし、また牧野の返信を受け取ったころには神島における下草刈取りを聞いて、いずれも地元の新聞に抗議文を執筆している。

『南方二書』の頒布

柳田に意見書の発表をすすめられた熊楠は、創立されたばかりの史蹟名勝天然紀念物保存協会の会長である徳川頼倫にあてて書くつもりでいた。ところが、理科大学出身の海藻学者岡村金太郎から松村任三あてに出した方がいいと言われた。そこで宛名は松村とし、文中に三好学教授とも相談し、徳川侯にも見てもらうよう取りはからってほしいと書いた。

松村あての第一便は一九一一年八月二十九日に、それを補う第二便は八月三十一日に書かれて、それぞれ柳田あてに送られた。柳田からは「松村氏等の手にこのままわたせばよくも読まずに仕舞って置くならんと想像すべき理由ありしゆえ（中略）活版に付し、二、三日のうちに自分知れる限りのやや気概ある徒に見せることにいたし候」（九月十五日付）という返事が来た。

その手紙二通を原稿としたパンフレット『南方二書』は、柳田によって五十部だけ活版印刷に付され、九月下旬に関係者に発送された。そのうち三十余人の送り先は柳田の手紙に覚書があり、松村任

三、白井光太郎、志賀重昂、三好学、井上通泰、賀古鶴所、小島烏水らの礼状は熊楠に回送されて、南方邸に保存されている（ほかに土宜法龍からは直接熊楠あてに来ている）。

柳田からの送り先を知らせた手紙には「松村氏は植物保存には比較的不熱心なる人のよし内々聞込み申候」という添え書きがあったが、松村からの礼状には「啻《ただ》に史蹟、勝地、天然物保護に関する意見のみならず、植物自生の産地、その他種々の参考となるべき事ども相別り、貴重の長文に御座候」とあり、さらに「植物保護、森林濫伐防止に関する意見書は、徳川頼倫侯まで差出し置き候えば、侯爵よりは和歌山県知事へ何らかの諭告書旨送り候由に承知仕候」とも書いてあった。（もっともらしい返事ではあるが、柳田が危惧していたように松村は役に立つ仕事はしなかったにちがいない。そのころ、松村は牧野富太郎を免職にしたことで、周囲の人たちから非難をあびていた。）

『南方二書』が田辺に届いた日の手紙に、熊楠は「小生、貴下拙意見書刊行下されしを喜び、今日三時ごろより子分らを集め飲み始め、小生一人でも四升五合ほど飲み大酔」したと書き（一九一一年九月二十七日付）、何日かたってからは「小生『二書』出でてよりは大いに心も安く、三年来始めて閑悠を得、妻子も大いに怡《よろこ》びおり候」（同年十月六日付）と受けとめている。

先生の業徒労ならず

柳田は、最初は『南方二書』を送った官吏たち（内務次官、山林局長、文部大臣秘書官、井上神社局長など）が受取のはがきもよこさないと嘆いていたものの、知人たちからの礼状にいつもとはちがった手応えを感じて、つぎのように高揚した感慨をのべている。

近ごろの政治家輩は一向論文などに目をとめずこまったものに候。しかし、今回は意外に反響も多く、かつ機運に際会したりとも申すべく候。国論ようやく一変し、真摯なる日本研究これより起こり、雨降り地固まるの結果あらんとす。先生の業徒労ならず候。よって単に俗論防制の消極的行動より転じて、なお将来の民風を作り上ぐる上に御尽力下されたく候。（中略）

小生が家も実父は神官にて憂国者に有之候いしも、とく物故し、兄弟数人その志を継ぎて時節をまちおりしに候。先生においてまことによき道連れを得申し候。

（南方熊楠にあてた一九一一年十月十一日付の柳田国男の手紙）

熊楠が「神社の統廃合を亡国の行為と考え」ていたことは、吉川壽洋が指摘するように、さきのアメリカへの招聘にふれたさいの引用に見られる。その引用とおなじく大山神社の合祀への対応に苦慮する古田幸吉にあてて書いた手紙では、つぎのような心情も語られている。

およそ事は成敗を期すべからず。小生前日諸方へ配布せる状にも、今度のこと必勝を期せず、真田幸村、山中幸盛、明智佐馬ノ介など武士道の神のごとく言わるる人なれども、軽薄なる者どもより見れば、至って世間を立ちまわること下手な馬鹿者たるに過ぎず、然しながら骨のある人間より見れば、成らぬと知りながら、もし成ることかと思わるるだけ働きし（すなわち俗にいう成らぬまでも尽力せし）所が男であるなりと申せし。

むかし希臘［ギリシア］の諸氏はおのおのその土地の神社を安んぜんため、市村の全滅を期して戦えり。これその国々独立の根源なり。（古田幸吉にあてた一九〇九年十二月十五日付の手紙）

目前のさまざまな不如意にもめげず、しかも大半の合祀はすでに完了していたにもかかわらず、熊楠が『南方二書』やその前後の執筆活動に心血を注いだのは、「要は、紀州で全く功なくとも、全国でこの事の厲行《れいこう》を全く止めたきに候」（古田幸吉にあてた一九一〇年三月二十四日付の手紙）という切なる気持ちからであった。

白井光太郎の助力

東京帝国大学農科大学教授で本草学にもくわしかった白井光太郎は、『南方二書』の礼状に「紀州神社合祀乱脈の状況相分り、長太息を禁ずる能わず」と書いてきた。その後まもなく、熊楠との文通が柳田の仲立ちで始まっている。

一九一一年十月ごろには、熊楠からの要請に応えて、史蹟名勝天然紀念物保存協会の白井と戸川残花の連名で、野中の一方杉の伐採中止についての請願書を和歌山県知事に送っている。しかし現地の村長らとしては、同時に合祀される十三社のうちの十社では、すでに神木を売り払って新社殿の代金にあてていたため、ここだけ例外を認めるわけにはいかないということで、杉、檜など三十数本が伐られて、最後に九本の大杉だけが保存されることになった。

その交渉中にもはや全面的な伐採中止はむつかしいと思った熊楠は、請願書まで出してくれた白井らに申しわけないと、みずから剃頭して法蚓《ほういん》（蚓はミミズ）と名乗り、五歳の息子もまた剃頭して法《ほう》蟹《かい》（蟹はカニ）と名づけた、と十一月十六日付の手紙で柳田に知らせた。

おそらく熊楠は、その窮状を知らせるとともに、かねてから考えていたように海外の学者たちに檄《げき》を飛ばして日本の政府に抗議してもらうつもりだ、と白井に書き送ったのであろう。（川村竹治和歌山県知事にも、十一月十九日付で同じ趣旨の手紙を書いている。）ところが、これを読んだ白井は激怒して、そのような抗議の方法に反対し、熊楠に絶交状をよこした。

かねてから熊楠の運動の進め方に不満のあった柳田も、これを知って、「思うに熊野の天然は、貴下のごとく志美にして策の拙なる豪傑の御蔭にて、これからもなお大いに荒廃することならん」（十一月二十三日付）と強い口調で非難し、外国人への依頼に異議を申し立てた。熊楠はやむなく白井への謝罪を柳田に申し入れており、おそらく和解が成立したものと思われる。

白井自身、一九一一年十月には、「神社の合併史跡名勝の破壊は国家の深憂」と題する文章を『日本及日本人』（十月二十八日号）に発表している。また衆議院では中村啓次郎代議士が再度質問をしてくれることになったので、白井はさらに貴族院でも柳原義光伯爵らの賛成を得て、「神社合祀の弊害に関する建議案」を提出する準備をした。一九一二年二月に熊楠が白井に手紙を書き、「神社合祀に関する意見」を添えて送ったのは、その建議案に協力するためであったのだろうか。

ところが、白井は政府委員からいずれ合併励行は見合わす方針となっているから、提出をやめるようにと言われ、そのことを熊楠にも書き送った（「保存小話」）。この件について、熊楠は「どうやら原内相に籠絡され建議案は出ぬ事と成り候由」（高木敏雄にあてた一九一二年三月二十五日付の手紙）と受け止めていた。

『日本及日本人』

『南方二書』は、これを読んで共感した日本山岳会の創立者小島烏水の要望で、雑誌『山岳』に「祖国山川森林の荒廃」と「森林の濫伐と森林の荒廃」と改題し、二回に分けて転載された。

しかし、中村代議士の一九一二年三月の二度目の演説があっても、熊楠はまだ安心できなかった。同年四月十五日から一週間開かれる地方官会議に間に合わせたいという思惑もあって、さらに影響力の大きい刊行物として、熊楠は半月刊の雑誌『日本及日本人』への執筆を考えた。

もともと一九一一年三月に田辺に立ち寄った俳人の河東碧梧桐が熊楠宅を訪れたおりに、『日本及日本人』の編集者に紹介してくれることになり、一九一二年三月からは同誌に短文の寄稿をしていた。しかし、それだけの縁で「多少激語もあり、また長すぎる」文章の掲載を依頼するのはむつかしいと思い、当時文通していた高木敏雄に懇願して『日本及日本人』主筆の三宅雪嶺を訪ねてもらい、「神社合併反対意見」掲載の内諾を得ることにした。そのさい高木に書き送った手紙にはこうある。

小生は何とぞ順序立った合祀反対論を誰かが出さんことを俟ちて居りしも、何れも砕片的のもののみで、止むを得ず自らかかる長きものを認《したた》めしなり。（中略）

小生は考証の学と植物記載のみを事とし、本文ごときもの書くは至って不得手なり。悪嘲謔など入るること『牟婁新報』ごとくならば随分長く続けど、真面目では書けず。

しかし合祀論は、『日本及日本人』で白井氏これを始めてより、逐い逐い諸府県に起こり、小生の意見書を求めに来る者多きも、柳田氏刊行のものはすでに配布しおわり、『山岳』に出た分も高価に過ぎ、かつ部数に限りあれば、白井氏に因み、何とぞ成るべくは『日本及日本人』へ出してほしきなり。

（高木敏雄にあてた一九一二年三月二十九日付の手紙）

『日本及日本人』には、熊楠の「神社合併反対意見」が四月から六月にかけて四回にわたり連載され、末尾に「未完」と書いたままで終わっている。ほかに提供した材料はなるべく使わないように心がけたため、「索然無味のところが多く」なってしまったと自分でも反省している。

高木あての手紙で「小生はこの一篇をもって合祀事件に匙《さじ》を抛《なげう》つ決心ゆえ、この上は合祀はどーなってもかまわず、閉戸謝客、十分に学問の上にのみ心を凝し得、随って多年研究の植物学上の成績を発表すると同時に、風俗学上の著述も出し得るなり」（三月二十五日付）と書いていたように、熊楠としてはここで一区切りをつけるつもりであったらしい。

意見書の内容

標本採集の場である神社の森が失われる危機感に端を発した反対運動であったが、それを万人向けに説得的に展開しようとする過程で、熊楠は自分の投入できる学識を片っ端から持ち出して、これまた多様な形式での新聞記事や意見書を書き上げている。田村義也の表現を借りれば、「神社合祀を巡る彼の主張には、要約が困難なほどに多岐多彩な問題が投げ込まれて」いる（「南方熊楠の『エコロジー』」『熊楠研究』五号）。

鶴見和子のように、それを「エコロジーの立場に立つ公害反対」（著書『南方熊楠』の章名）の先駆的な実践活動として評価する見方も出てくる。もっとも鶴見自身も列挙しているように、熊楠が何度か使っている「エコロジー」という用語は「植物棲態学（生態学）」という本来の科学上の用法にとどまっている。鶴見は個々の文章の主張も理解した上で、熊楠の合祀反対運動そのもののなかに、今日的な意味での「公害に反対する」エコロジーの思想を読み取ろうとしたのである。

熊楠のかかわった神社合祀反対活動の全体についての実状を知るためには、たとえば『南方二書』に、関連資料（新聞記事、手紙、日記など）を使っての注釈と補遺を加える必要がある。重複しているように見えながら、さまざまな資料の記述には相当の出入りがある。できれば後年の変化についても知りたい。（時日の経過を追った本書の記載でも、ふれることのできなかった事例が多い。）

注釈には地域（神社）別と動植物別という二つの軸からの整理が必須である。（地域については中瀬喜陽、植物については土永知子による仕事の蓄積がある。また二〇〇四年に龍谷大学で企画された展示をもとにした『南方熊楠の森』には、『南方二書』を中心として視覚資料をも使った見取図が示されている。しかし、文献資料の整理と集成については、なお望蜀の感を抱かざるをえない。）

これらの資料には帰国以来十年ほどかけて熊楠のおこなった動植物採集のさいの知見がたくさん埋めこまれている。採集された標本が順調に図譜や植物誌として刊行されていれば（生前にはごく一部の種名が発表されただけであった）、かならずしも必要ではなかったし、あらためて記載されることもなかった記述が、神社合祀に反対する文書によってかろうじて書き残されることになった。

貴族院予算委員会第三分科会で、高木兼寛男爵と江木千之議員が神社合祀廃止の演説をし、これに賛成の決議がなされたのは、数年以上の歳月を経過した一九一八年三月二日のことであった。

翌三月三日の熊楠の日記には、『大阪毎日』の記事を見て、「余この事を言い出して、九年にしてこの吉報あり。本日甚だ機嫌よし、昨日と大違いなり」とある。しかし、風邪気味で体調をくずしていた熊楠は、とくに祝杯をあげた気配もない。

「明治」のおわりに

『南方二書』が刊行されてまもない一九一一年十月十三日、長女の文枝が生まれた。すでに兄の熊弥は五歳になっていた。前年五月の日記には、熊弥がそのころまで母乳を飲んでいたのを止めさせ、松枝の「月水」が久しぶりにあったという記載がある。日記でヒキ六と書かれていた兄の呼び名が熊弥にかわるのは小学校にあがる一九一四年からであるが、文枝は最初から文枝と書かれている。

一九一二年夏、明治天皇の危篤が伝えられると、多くの人たちが闘鶏神社に参って平癒を祈った。松枝も二人の子どもをつれて参詣している。「聖上崩御」の号外が出た七月三十日には、「夕、国旗及び竿、下女して買わせる。これ始めてなり」と日記にある。

大葬のあった九月十三日から三日間、「奉弔と印せる提灯四角柱形」をしたものを買い、各戸につった。十四日の号外を見て、熊楠は「十三日午後八時、御霊柩宮城御発門と同時に、赤坂区新坂町邸にて乃木大将（六十四）、妻（五十四）自殺」と日記に書きとめた。乃木希典夫妻の殉死はさまざまな論議を呼び、非難する者も多かった。森鷗外が数日間で「興津弥五右衛門の遺書」を書き上げて、乃木の死を弁護したことはよく知られている。

熊楠は「自殺につき」という文章を、「角屋蝙蝠」というペンネームで『日本及日本人』十二月一日号に発表している。キリスト教でも仏教でも自殺を禁じてはいるが、それも絶対ではなく、時と場合によってさまざまであることを内外の事例をあげて説き、自殺についての通念に異議を申し立てている。(のち一九一四年四月二十七日の日記には、喜多幅武三郎が上京したさいに井上通泰から聞いた話として、井上が『南方二書』の原文を生前の乃木に見せたことがあったが、難読で一通しか読めなかったと返されたということが記されている。そこでは「自殺につき」は「大将の自殺を難ぜる輩を駁せし」ものと熊楠自身が書いている。)

なお柳田が「『日本及日本人』の自殺論は、貴下の御筆と思いつつ拝見致し候。角屋蝙蝠とはいかなる意味の御仮号にや」と書いてよこすと、これに答えて熊楠は、すでにふれたように「角屋」はロンドンの町角ごとにあった居酒屋をさし、また「蝙蝠《こうもり》」は、「貴下の状に鳥なき郷の蝙蝠とありしゆえ取りて号とす」と語っている。

第七章　フォクロアの世界へ

1　説話の比較研究

農政官僚として日本の農山村に関心を向けていた柳田国男が雑誌の発刊を画策して、熊楠の意見を求めたさいに、熊楠が「フォークロール会」について語った言葉がある。

「フォークロール会」

うまく行かば考古学会や人類学会は乾燥無味の土器や古器の図録のようなものにひあがり、フォークロール会はなかなか俗人が見ても珍談ばかりで面白きものとならん。名称は実にむつかしく候。民族学会、伝説学会、里伝学会、いずれも不適当なり。そのうち一考致すべく候。

（柳田国男にあてた一九一二年二月十一日付の手紙）

民族学会とある箇所は前後の手紙の用法からすれば民俗学会と書くべきであろうが、民俗という用語そのものがまだ安定していなかったことの反映でもある。考古学会と人類学会は当時すでに存在した呼称であった。熊楠は、この引用のあとに『エンサイクロペディア・ブリタニカ』を引き、イギリスでは「フォークロール」のなかに「Belief and Custom（信仰と風習）」と「Narratives and Sayings（話伝、言句）」がふくまれるとして、その細目も紹介している。それらを包括する日本語の訳名はむつかしいが、内容はおもしろくなりそうだと柳田に答えたのである。

ところが、柳田が「信仰生活以外にも弘く日本田舎の生活状態を研究し、新しき題目を提供する雑誌」として『郷土研究』（一九一三年三月〜一九一七年三月）と命名しておきながら、それが柳田のいう「ルーラル・エコノミー（地方経済学）」を取り上げずに民俗学や説話学ばかり扱うのはおかしくはないかと、のちに熊楠は反問している（「『郷土研究』の記者に与うる書」）。（当時、これとは別に石橋臥波が『民俗』という雑誌を一九一三年五月に創刊し、熊楠はこちらにも寄稿している。）

また「民俗学入門」を書いてみないかと柳田に言われたあと、民俗学の材料の手近かな例として「紀州俗伝」を書いてみたとし、「民俗の分布を知るには、かかる些事些言の蒐集がもっとも必要なり」とのべ、さらに「小生は、民俗学が社会学の一部なるごとく、話説学《ストリオロジー》は単に民俗学の一部に過ぎず、と主張す」とも語っている（柳田にあてた一九一四年五月十日付の手紙）。

ちなみに熊楠は、この「紀州俗伝」の素材ともいうべき覚書を各年の日記帳の巻末に残しており、一九〇七〜一三年分をまとめたものが、『南方熊楠日記』第四巻に「田辺聞書断章」として掲載されている。また、これにつづく民俗の覚書が『田辺抜書』第三二冊の「随聞録」などに見られ、これを紹介した中瀬喜陽によると、一九一三〜一四年にかけてもっとも精力的に記録されているという。植物採集と図記を別にすれば、帰国後の熊楠がもっとも関心を寄せていたのが、この民俗学と説話学をふくむフォクロアの分野であった。大英図書館で読書をしていたころにも、さまざまな民族の異風、異俗に対する関心は強かったが、当時の英文論考では「さまよえるユダヤ人」や「神跡考」などのようなフォクロアをあつかった論文はまだ少なかった（前者は『南方熊楠英文論考［ネイチャー］誌篇』、後者は柳田国男あての手紙での紹介あるいは『南方熊楠文集』1を参照）。

英文論考の傾向

那智にいて生物学や考古学と説話学の交差した研究ともいえる「燕石考」を完成させたにもかかわらず、なぜか『ネイチャー』にも『ノーツ・アンド・クエリーズ』にも掲載されずに返却された。そのあと熊楠は「フォクロアか植物学か」（一九〇三年、内容は石蒜の話）や「ウナギのフォークロア」（一九〇四年）など表題にフォークロアをふくんだ文章を何編も書いており、それがこの時期以降かなり量産されている英文論考の一般的な傾向でもあった。

那智にいる最後のころ、イタリア人グベルナティスの『動物志怪（Zoological Mythology）』（英語版、二巻とも一八七二年）や『植物志怪（La mythologie des plantes）』（フランス語版、二巻一八七八・一八八二年）を通読し、またイギリス人クラウストンの『Popular Tales and Fictions（俗話小説の移化）』（二巻とも一八八七年）を読んでいるのも、そのような研究への傾倒を示すものであった。

最古のシンデレラ譚

初期の英文論考のなかで特別な役割を占めている文献に唐代の段成式の『酉陽雑俎』がある。そこに見える動植物の記録を、熊楠は「中国人の先駆的観察」として何度か紹介していた。

その『酉陽雑俎』の重要性を土宜法龍に説いた一八九四年三月四日付の手紙では、同書の「貶誤《へんご》」篇から、中国の話として語られていながら実はインド伝来の漢訳仏典に由来する例を二つ紹介している。一つは書生の背負った籠から次々に男女が現われて飲食する「陽羨《ようせん》の書生」で、もう一つは芥川龍之介の「杜子春」の原話とおなじ筋立ての「中岳の道士顧玄績」である。

篇名の「貶誤」は「誤用を貶《おとし》める」という意味らしいが、段成式がそこで「多く旧伝古話の起源と変遷を述べたるは、西人に先立ちて、比較古話の学に着鞭せしものとして、東洋のために誇るに足れり」というのが、熊楠の見解であった。

ところで『酉陽雑俎』には、そのほかにも貴重な昔話の記録が二つある。一つは、わが国の「瘤取り爺」の類話である「新羅《しらぎ》の旁㐌《ぼうい》」の話で、熊楠はのちに「鳥を食うて王になった話」（一九二三年）や「一寸法師と打出の小槌」（一九二六年）で紹介している。もう一つがつぎの話である。

那智にいた一九〇四年一月二十五日夜、「『酉陽雑俎』続集巻一、葉限、シンダレラに似たる話、訳し成る。稿を少しも改めず、一気呵成也」と日記にある。これが三月六日の日記に記す「The Chinese Cinderella」と思われるが、『ノーツ・アンド・クエリーズ』に投稿したのか、投稿したのに掲載されなかったのか。いずれにしても英文では発表されていないし、草稿も見当たらない。

熊楠がこの話をふくむ『酉陽雑俎』の紹介を日本でしたのは「西暦九世紀の支那書に載せたるシンダレラ物語」（『東京人類学会雑誌』三〇〇号、一九一一年）である。イギリスのコックスが三百四十五話のシンデレラ型の類話を集めて研究書を出したのは一八九三年であったが、熊楠はこの本を見ていなかったらしい。のちに論文を書くにあたって友人に問い合わせて、そこには『酉陽雑俎』の話が入っていないことを確認している。しかし、東西の伝播関係についてはなにも言及していない。

ヨーロッパのシンデレラ譚のもっとも古い文献は十七世紀以後だから、『酉陽雑俎』はそれより数百年以上もさかのぼる。英語圏の研究者にその存在が知られたのは一九三二年ごろだということで、もし熊楠の英訳が一九〇四年に出ていれば注目されたと思われるのに残念でならない。

偶合と伝播

説話の比較研究を意図して最初に書いた日本語の論文は、「『大日本時代史』に載する古話三則」であった。『大日本時代史』全九冊（一九〇七〜〇九年）は早稲田大学出版部から刊行中であったので、『早稲田文学』に投稿し、半年後に改稿してようやく掲載されている（一九〇八年六月）。

第一の「米糞上人の話」（『今昔物語集』巻二八にあることを知らなかったのか、熊楠は注記していない）は『文徳実録』で史実として扱われている。カスピ海地方の類話はもちろん偶合であろうが、売僧《まいす》が人を欺く話は古今に例が多いとする。第二の「九条堀河に住む女、夫を殺して哭く話」（『今昔物語集』巻二九）は、唐代の『酉陽雑俎』やそれ以前の書物にも類話があるので、中国の説話を日本の話のように作り変えたものとする。第三の「毛利元就、箭を折りて子を誡めし話」は『イソップ』や諸外国にも似た話が多く、第一と第三は偶合、第二は伝播とみなすべきだとしている。

今諸方の古話を比較するに、遼遠相関せざる地に箇々特生しながら、人情と範囲の同じきより、酷似偶合の談を生ぜるあり。（中略）

また、各国の古話を対照するに、一邦に生じて他疆に徙《うつ》り、時として風土世態の異なるより、多少の損益変遷を経ながら、帰化同塵して永住するあり。（「『大日本時代史』に載する古話三則」）

実際には、「さまよえるユダヤ人」について松居竜五が指摘しているように（『南方熊楠英文論考［ネイチャー］誌篇』解説）、おなじ説話についても偶合か伝播かという判断の揺れ動く場合もある。どちらかといえば熊楠は、「天下一切の諸話を総括整列せるの後」でなければ伝播とは断定できないとして、むしろ古今東西の類似した話をたぐりよせ、「時千載を差《たが》え、道万里を隔つといえども、人情は兄弟なるを証するに余りありというべし」という見方を取ることが多かった。

このあと一九〇九年から一〇年にかけては「出口君の『小児と魔除』を読む」と「本邦における動物崇拝」を『東京人類学会雑誌』に発表している。まだ民俗学という呼び方は広く通用してはいなかったが、熊楠としては自分の方法を最大限に駆使してまとめてみせた印象を受ける。

それにつづけて書いたのが、さきに挙げた「西暦九世紀の支那書に載せたるシンダレラ物語」で、副題にある「異なれる民族間に存する類似古話の研究」が、あるいは熊楠のつけた原題だったかもしれない。「『大日本時代史』に載する古話三則」から三年たって、自分の説話研究の蓄積を提示する意気ごみで書いていることが感じられる。

大蔵経の抜書

前章でのべた神社合祀反対運動での奮闘と表裏する時期にも、熊楠は自分の進めるべき研究について忘れてはいなかった。もっとも驚くべき作業は、一九一一年四月から一九一四年十一月まで、ほとんど間断なくつづけられた大蔵経の抜書である。三年半にわたって時には夜を徹してまで一心不乱に書き抜いた大蔵経の抜書は、『田辺抜書』の第十五冊から第三十三冊、第四十二冊（これのみ一九一九年）にまで及んでいる。四千ページをこえる厖大な量の細字の抜書には、キーワードともいうべき頭注がくまなく付けられている。

大蔵経は仏教の経典を集成したもので一切経とも呼ばれる。熊楠の家から歩いて数分の距離にある法輪寺に、江戸時代に鉄眼《てつげん》禅師の開版した黄檗《おうばく》版大蔵経が所蔵されていた。もと田辺の十一の寺が共同購入して闘鶏神社で保存していたものを、明治初年の神仏分離で海蔵寺に移し、のちに法輪寺に収蔵され、一九五五冊が八十八箱に収められていた（『田辺の指定文化財』）。

わたしが「平凡社版南方熊楠全集大蔵経索引」（『熊楠研究』三号）を作成する過程で集計した概算によると、『田辺抜書』に出てくる経名は五百をこえていて、黄檗版大蔵経全体のおよそ三分の一にあたる。そのうち全集で引用されている経名は二百数十で、抜書の残されている分のほぼ半数しか著作では使われていないことが分かる。

ロンドンのインド局には明治初年に岩倉具視の贈った黄檗版大蔵経があったが、すでにふれたように熊楠はこれを見ていない。しかし、それを使った南条文雄の『大明三蔵聖経目録』(一八八三年)を、大英博物館で見て『ロンドン抜書』に二度書き抜いている。ロンドンでは『法苑珠林』という漢文仏典の存在を土宜法龍に教えられて手にしているが、まだ限定的な使用にとどまっていた。帰国して説話研究を進めていく過程で、漢訳仏典や漢文仏典の重要性に気づいた熊楠は、機会があれば大蔵経に目を通したいと考えていたものと思われる。

その抜書の開始はたまたま柳田国男との文通が始まった時期とかさなっていた。のちに『郷土研究』に連載された「今昔物語集の研究」では、この大蔵経の通読が決定的な役割を担っていた。

「ホイッティングトンと猫」

大蔵経の抄写を始めて、まもなく書いた「仏経に見えたる古話二則」(一九一一年六月)では、すでにいわゆる「ソロモンの裁判」の類話についての指摘をしていた(「大岡越前守子裁判の話」参照)。その後、柳田にあてた手紙のなかでは、別の成果の一例をつぎのように語っている。

ロンドン市長ホイッチングトン(十四世紀の人)が一疋の猫の御蔭で大富になりしという、紀文大尽然たる英国の俗話は(『宇治拾遺』の長谷観音に祈りて一日の中に虻《あぶ》一疋から豪富になりし人の伝に似たり)今回送り来たりし『大英類典[エンサイクロペディア・ブリタニカ]』十一板にも十三世紀までしか調べおらぬを、小生釈迦の律中よりその原話を見出し候て、『Notes and Queries』へ、たぶん今夜までに文成り出す。

(柳田国男にあてた一九一一年八月十二日付の手紙)

これが『ノーツ・アンド・クエリーズ』に発表された「ホイッティングトンと猫——東洋の類話」（一九一一〜一二年）で、熊楠はこれを日本語で書きあらためた「猫一疋の力に憑って大富となりし人の話」を、柳田の世話で当時の代表的な総合雑誌『太陽』（一八九五年創刊、博文館発行）の一九一二年一月号に掲載する。商業雑誌へのはじめての登場で、二年後の同誌に「十二支考」を連載する端緒となった。引用文中の「原話」という言い方は適切ではないが、似た展開をみせる致富譚の先例として漢訳仏典が引かれている。

半年後の一九一二年二月十四日の日記には、「夜、今福湯へ之《ゆく》、帰りて『維摩経』写す。これは合祀反対の祈りに全く写す。抄するに非ず」とあって、このあと二日かかって『維摩詰所説経』三巻を写しおわっている。

このように写経の祈りをこめて全文を書き写した場合もなかったわけではない。しかし、その日の昼まで抄写していた『六度集経』は、「ホイッティングトンと猫」の英文追加稿に使われたものであった。日本語では一九二四年の「鼠一疋持って大いに富んだ話」でようやく追加分が活字となった。

『今昔物語集』の研究

熊楠は早い時期から『今昔物語集』に関心をもってはいたが、その本をなかなか見やすい形で手に入れることができなかった。イギリス時代に熊楠が英文論考に使ったのは、江戸時代に井沢長秀が抜粋して再編集した『考訂今昔物語』であった。田辺定住後の一九〇七年二月から書きはじめた『田辺抜書』第一冊には、『旧本今昔物語集』の巻二と巻十四からとする抜書があるものの、それがどこの蔵書によったのか写本かどうかも分からない（「旧本」は井沢本と区別するための呼称であった）。

このあと、「史籍集覧」本（一八八一～八五年刊）や「国史大系」本（一九〇一年刊）などを、宇井縫蔵や中学校、あるいは田辺図書館（一時小学校に置かれていた）など各所から借りて、何回かにわたって『田辺抜書』に抜書しているが、記載の前後関係はかなり錯綜している。

まとまった形で手元において参照できたのは、芳賀矢一の『攷証今昔物語集』（第一冊一九一三年、第二冊一九一四年、第三冊一九二一年）が刊行されてからである。これに書きこまれた熊楠の覚書は晩年にいたるまでつづけられているが、単なる出典探索には終わらない熊楠独自の説話の読み方を示すものとして、小峯和明によって解読され、逐次紹介されている。

一九一三年三月に出た『郷土研究』創刊号には、赤峯太郎（高木敏雄の筆名）の『今昔物語集』本朝部の出典研究の呼びかけがあった。それに応ずる形で熊楠は三号と五号に短文を書き、さらに『攷証今昔物語集』第一冊を入手したあと、同誌六号から四回にわたって「今昔物語集の研究」を連載した。大蔵経の通読を基礎にした天竺部と震旦部の十数話についての出典探索は、芳賀本の欠を補う重要な指摘であった。

熊楠の連載が終わった時点で、芳賀は石橋尚定を通して、その指摘とまだ発表していない部分があればそれもふくめて、自分の本に掲載させてほしいと申し入れてきた。熊楠は『郷土研究』の編集人（すなわち柳田国男）に聞いてくれと返事をしたらしい。柳田は芳賀とはかねてから面識があり、しかも熊楠と芳賀も大学予備門の同級生で知らない関係ではなかった。

その後、どんなやりとりがあったかは不明だが、七年後にようやく出た同書第三冊の「攷証補遺」には熊楠の論文で指摘した出典がなんのことわりもなく掲載されている。芳賀が一九二七年に亡くなる前後、熊楠は芳賀が自分の研究成果を無断で再録したとくりかえし非難している。しかし、熊楠邸蔵書にある第三冊には、「大正拾一年五月十三夜、国学院にて芳賀博士手づから熊楠に贈らる」という書入れがあって、当時はもう少しちがった受け止め方をしていたことをうかがわせる。

高木敏雄との文通

『郷土研究』の編集者として柳田に協力することになった高木敏雄（一八七六～一九二二）については、すでに一九一二年二月に柳田から熊楠にあてて、つぎのような手紙がとどいていた。ここには二年後にはたがいに疎遠になっていく三人の関係を予感させるような言葉が記されている。

高木君は十二、三年来貧乏にもかまわず非常の精力をもって読書せし人にて、学殖すこぶる軽んずべからずと存じ候。今後何とぞ喧嘩をせぬように御交際をねがいたく候。少々変人との評あれど、小生はうまく梶をとり、死ぬまでにぜひ大なる研究事業を完成せしめたく熱望致しおり候。

（南方熊楠にあてた一九一二年二月九日付の柳田国男の手紙）

高木と熊楠の文通は、前年十二月から『東京朝日新聞』に掲載されはじめた読者投稿の伝説欄のことで、一九一二年一月ごろに始まったらしい。その連載を高木が再編集した『日本伝説集』（郷土研究社、一九一三年）では、「前鬼後鬼」と「猿神退治」に熊楠の名が記されている。

高木は東大のドイツ文学科在学中に神話学の論文を書きはじめ、一九一〇年秋から『読売新聞』に世界の説話についての連載を始めるなど、多方面にわたって目ざましい仕事ぶりをしていた。熊楠との文通は、高木が『郷土研究』の編集をやめる一九一四年三月までの二年あまりつづいた。

二人の文通では、説話研究についてのかなり具体的な内容が語られている。毎回熱心な質問を寄せてくる高木に接して、熊楠は二人での共同作業への希望を語っている。

スウェーデンのMoaと、今一人と終始一致してその全国の古話を集めたる大著述あり。実に見事なものなり。小生は何とか貴下と協力してかかるものを編みたく存じ候。

（高木敏雄にあてた一九一二年四月一日付の手紙）

小生ごとき者の鄙見を、事々しく述ぶるも如何《いかが》なれど、まずは今日は、自国の古伝を、文書のみならず、古伝話その他俗間に存せるものを、なるべく洩れなく集むること米人のごとくし、さて満州、韓国、また呂宋《ルソン》、カロリン島（この島に日本に似たことはなはだ多しとか）、南洋諸島等、手近い所のことをなるべく詳らかにし、さて遠方の諸伝と比較して、相似の諸点の多少浅深を詳らかにしたきことに候。

（高木敏雄にあてた一九一二年五月二十三日付の手紙）

この共同作業の構想は実現せずに終わったが、当時の熊楠の気負った姿勢を伝えている。

2　日本の民俗を探る

和歌山出身の郷土史研究者であった宇野脩平が、晩年の柳田国男に民俗学を志した動機について尋ねたところ、即座に「それは南方の感化です。私のような官吏をしてたものが、こういうことをやるようになったのは、まったく南方の感化です」と語ったという。そして宇野は「普通柳田は日本民俗学の父とよばれるけれども、日本民俗学の父は、それをイギリスで育て、日本に移植した南方であるべきで、それを今日の姿に育てあげた柳田は日本民俗学の母というべきである」とものべている（「南方さんのこと」『人物叢書』附録一四五号）。

日本民俗学の父・母

どちらが父か母かはともかく、柳田が日本に民俗学を作り出す助走を始めていた時、熊楠がその場に立ち会っていたことは確かであり、そのもつ意味は決して小さくはなかったと思われる。

柳田と熊楠の文通は、一九一一年から一九一五年にかけてはひんぱんな往来があり、そのあと一九一六年と一九一七年、それに一九二六年は、それぞれ数通ずつが残されているだけである。

柳田からの最初の手紙には「小生は目下山男に関する記事をあつめおり候。熊野はこの話に充ちたるらしく存ぜられ候」とあった。それに対して熊楠は「英国より帰りて十年ばかり山間に閉居し動植物学を専攻いたし候」と答えて、二人の劇的な出会いが始まっている。

このあとの二人は、神社合祀反対運動についてのやりとりと並行して、ほぼ一年にわたって熱心に

林中裸像
（1910年１月28日，辻一太郎撮影，当時の岩田村岡周辺にて）

山人をめぐる意見を交わしている。その決着がつくのは、六年後の一九一七年三月号で休刊する『郷土研究』のひと月前の号にのった熊楠の「諸君のいわゆる山男」であった。

柳田は敗残した先住民で山に入った者があり、その子孫が今も日本に残っているという仮説を立てて、その証拠を求めているが、南方はそうしたたぐいの者は存在しないと考えている。両者の交信の断絶を契機として、柳田の眼は山人を離れて常民へと方向を転ずる。それは柳田のみならず、日本民俗学にとっても大きな転回点を意味するものであった。

（谷川健一「『柳田国男南方熊楠往復書簡集』を読んで」、『朝日新聞』一九七六年四月十二日）

柳田が一九一四年に五百部だけ印刷して知友同好に配った『山島民譚集』は、内容的にも熊楠の影響が感じられるが、熊楠の没後半年ほどして書かれた同書の再版序文に、柳田はこう記している。

何が暗々裡の感化を与えて、こんな奇妙な文章を書かせたかということが、先ず第一に考えられるが、久しい昔になるのでもう是という心当りは無い。ただほんの片端だけ、故南方熊楠氏の文に近いような処のあるのは、あの当時闊達無碍《かったつむげ》の筆を揮って居たこの人の報告や論文を羨みまた感じて読んで居た名残かとも思う。但し南方氏の文は、勿論是よりも遥かに自由で、且つさらさらと読みやすく出来て居る。

（柳田国男「『山島民譚集』再版序」一九四二年）

宮武外骨との往来

一九一二年三月、宮武外骨の編集する浮世絵専門の雑誌『此花』に、熊楠は「婦女を姣童に代用せしこと」を投稿した。宮武もこれを歓迎し、「今回図らずも御投書を受け、欣喜この事に御座候」と返事をした。その投稿を掲載した雑誌を受けとって、熊楠はさらにこう書いている。

小生事も在外十五年の間常に欧米の諸博物館にて浮世絵を扱い、また大英博物館にて pornography（淫画学）および男女に関する裁判医学を専攻致したること有之、『此花』創刊の節より、毎々投書御採録を願わんと存じ立ち候うち、かの神社合祀の暴令出で、極力反対三年その暇を得ず、また、大いに食らい込み申し候。しかし、近来は朝野の名士に拙著『南方二書』を配布してより大いに勢いを盛り返し、合祀令は見事失敗と相成り、小生もようやく旧業（植物学）に復するを得おり申し候。

（宮武外骨にあてた一九一二年五月二十七日付の手紙）

熊楠はこのあと一九一二年七月の『此花』凋落号（終刊号）に「千人切りの話」や「奇異の神罰」などを掲載する。同時期の『日本及日本人』に固いテーマで書いているのにくらべると、いかにも熊楠好みのテーマにふさわしい場所で執筆しているという感じを受ける。

ところが柳田は、晩年の『故郷七十年』ではやや同情した見方をしているものの、当時は宮武について「彼はわれわれが門にも立つべき者ではなく候」（一九一三年一月二十一日付）と厳しい態度を示していた。これに対して、熊楠は「宮武外骨氏は、箇人としてははなはだ品行のよき人にて、きわめて篤実温厚の人の由、この人を毎々扱いし警官その他より承り候。かかる人が『滑稽新聞』など出し、三十余回も入牢に及びしは、時世がこの人を「焼け」になしおわりたるものと存じ候」（一月二十四日付）と弁護する立場をとっている。

一九一三年春には『郷土研究』と『民俗』が創刊されて熊楠も忙しかった。予告にあった熊楠の「草木の相生相剋」がなかなか掲載されないことについて「今宮中学校の教師」から電話で催促があった、と宮武からの手紙に書いてよこした（六月二十二日付）。吉野孝雄は、この教師が七月の『日刊不二』に短歌「沼空集海山のあひだ」を発表する折口信夫ではないかという。熊楠はのちに一九二二年の上京のさい折口と顔を合わせている。

同年八～九月には『日刊不二』にも「田辺通信」などの連載をおこなっている。同年十月の月刊『不二』の創刊のさいは、印刷前ぎりぎりの入稿で「陰毛を禁厭に用うる話」を発表する。この時は熊楠からの要求で、宮武は三十円という高額の原稿料を前払いしている。

この年九月下旬から十月初旬にかけて、熊楠は大阪と和歌山を訪ねている。大阪では宮武の親友で不二新聞社社長でもある弁護士の日野国明を訪ね、大山神社合祀を不法として訴える件について相談をした。この時、熊楠は浜寺公園内の宮武宅に三泊した。数日後、日野は和歌山市を訪ね、川村竹治和歌山県知事に面談している。しかし、熊楠の努力も空しく、大山神社は十月中に合祀された。

風俗壊乱罪で罰金

月刊『不二』には、このあと「蟹の占い」(二号)、「月下氷人」(三号)、「平家蟹の話」(四号)と連載がつづいた。このうち一九一三年十一月一日刊の月刊『不二』三号にのった「月下氷人」の兄妹心中のくだりと、『日刊不二』十一月六日号にのった「情事を好く植物」のスルナグという草の話が、新聞紙法第二十三条(風俗ヲ害ス)の違反(風俗壊乱罪)で告訴された。

木本至によると、これは『日刊不二』十一月六日号にのった「我社が事を好むに非ざる所以」という記事で「警察署長の瀆職行為と刑事の不正」を取り上げたことに対し、大阪府警察部からの訂正要求を無視したための「犬の糞かたきを討たれる」、すなわち別件での仕返しと見られるという。

一九一三年十一月十八日の大阪区裁判所での裁判では、熊楠欠席のまま求刑がなされた。同月二十二日の判決は求刑の半分で、熊楠は各五十円ずつで計百円の罰金、月刊・日刊の『不二』の発行人と編集人は各五十円ずつで計二百円の罰金であった。熊楠の場合、罰金が払えなければ五十日間の労役に服すということであった。

熊楠はただちに不服控訴申立てをしたが、翌年一月二十三日の公判でも熊楠欠席のまま控訴が却下されて刑が確定した。いくつかの手紙のなかで、熊楠は金銭をもって罪を許すは貧人に不利だと主張し、自分は労役に行ってもかまわないと書いている。五月には大赦になるはずという宮武からの来信も残っているが、最後には罰金を弟の常楠が払ったという。

この事件を知った柳田からの手紙には「『不二新聞』奇禍は笑止千万に存じ候。あの雑誌は調子あまりに低く、俗士の好奇心をそそるために学問を悪用する嫌い有之候えば、われわれはこれまた一概に相手方を批難せず候」（一九一三年十二月二十三日付）とあった。

それに対して熊楠は、「小生も合祀一条で大いに少々の資産を減らし食《く》い込みおり、止むを得ず少々貰うつもりで、宮武の『不二』へ投書致し候ところ、また事を起こし」て（十二月二十七日付）、歯切れの悪い弁解をしている。「少々貰うつもり」とあるところは、さきの原稿料前払いの件と考えあわせると、金が欲しくて書いたという一面の真実を語っているのかもしれない。

この事件と前後して、「月下氷人」と同じ号に『実業之日本』の紹介記事に加筆した「南方先生逸話」が掲載された。熊楠は自分の書いた文章が掲載されている号にこのような評判記がのるのは、小生を売り物にするものであって困るという手紙を、日野国明あてに出した。その件に、裁判の後始末もからんで、宮武とのあいだに齟齬が生じたらしい。やがて不二新聞社がつぶれて夫人が急逝したこともあって、宮武は一九一五年秋に東京へ転居し、二人の往来は途絶えることになった。

柳田の田辺来訪

熊楠にとっては多事多難であった一九一三年の暮も押しつまった十二月三十日夜、人力車に乗った柳田国男が、突然熊楠の家を訪れた。友人の松本烝治と連れ立って、二十八日に東京を出て、和歌山から有田、日高をへて来たのであった。

熊楠はとりあえず二人には錦城館で待っていてくれと頼んだ。ところが柳田によると、「夕食を済まして大分経ってから、もう来そうなものだといっていると、女中がいえもう見えているのです。しかし初めての人に会うのはきまりが悪いからといって、帳場で酒をのんでいらっしゃるのですという。そのうち、すっかり酔っぱらってやって来た」(『故郷七十年』)。

日記によると、熊楠は銭湯へ行ったあと「丸よしで二盃のみ、楠本松造氏訪い、小倉屋で三盃のむ」といった始末で、それから錦城館へ行ったのであった。

「少し酒が入ると面倒になるらしく、松本を見て、こいつの親爺は知っている、松本荘一郎で、いつか撲《なぐ》ったことがあるというようなことをいい出した。よく撲ったという癖があるらしいが、松本はただ苦笑いをしていた。感心なことには、いつまで飲んでも同じことは一回もくり返さなかった。しかし、このときは、大切な学問上のことは何もいわなかった。」(同前)

なじみの芸妓栄枝にも来てもらったが、熊楠は「大酔して嘔吐し」、着がえを楠本に自宅へ取りにいってもらったというから、あるいは泊ったのであろうか。翌日、家で「終日臥す」ところへ、「午後、柳田氏来たり、二時間ばかり話して去る。予、眼あかず、臥したまま話す」と日記にはある。

「一晩しか泊れないので、翌日挨拶に私一人で行くと、細君が困った顔をしている。そして僕は酒を飲むと目が見えなくなるから、顔を出したって仕方がない、話さえできればいいだろうといって、搔巻《かいまき》の袖口をあけてその奥から話をした。」(同前)

手紙ではかなり激越なやりとりをかわしている相手を前にしての、このただ一度の出会いのあまりにもシャイな応対には、柳田も面くらったことであろう。

無鳥郷の伏翼

この二人のあいだでは、かなり早いころから丁々発止と切り結ぶ激しいやりとりが見られた。

『南方二書』についても、柳田は「実際御文はあまり複雑にて、活版にしても常人に消化むつかし」（一九一一年九月二十日付）と率直な感想を語り、その刊行への感謝もこめて熊楠が手紙のなかで紹介した「神跡考」に対しても、柳田は「あまり材料多く、かえりて向う人にはわかりにくくなり、おしきものに候。小生のものなら、こうも書いてみたいと思う所多く候」（同年十月八日付）と忌憚のない意見をのべていた。

> 貴下は年久しく外国におられ候のみならず、帰りても無鳥郷里にのみ住まれ候故、御見識何分にも偏りたりとおぼえ候。（中略）
> 人にも常に申すことなるが、南方氏は明治日本の一奇現象なり。このぐらい地歩を占めて外国の学者と意見を交換せらるる人を出し得たるは国の大事なり。されど今のままにて進まば、後人の眼より見れば外国人の東洋研究者が一人多かりしと少しも択ぶところなし、御再考下されたく候。
> 貴下は鼻息あらく手紙に一種の権威あり。（下略）
>
> （南方熊楠にあてた一九一一年十月十四日付の柳田国男の手紙）

小生はいかにも無鳥郷の伏翼なり。しかし、かつて鵾鳳《こんほう》の間に起居した覚えはあり、帰来も及ばぬまでも世に後れまじきためにずいぶん斬新な著述などとりよせ見ておれり。（中略）次に、小生鼻息荒く、手紙に一種の権威ある由、これ小生の幸いなり。弘法大師は支那におりて書いた字ほどに帰国後の字がならなんだとか。小生も久しくこんな田舎におり、昔日の勇気衰え馬へ乗ったらたちまち落ちはせぬかと案じおるに、修養の功まるで空しからず、今日なお手紙に一種の権威あると貴下よりいわるるは大慶なり。（中略）

貴下は例せば小生の「足［神］跡考」を見て外国人の東洋研究者が一人多くなれりと思わるるが、小生は日本人の世界研究者が特に一人出でしことと思う。

（柳田国男にあてた一九一一年十月十七日付の南方熊楠の手紙）

一九一四年四月、柳田が貴族院書記官長となったころ、一年間『郷土研究』の編集を手伝っていた高木敏雄が手を引いた。柳田としてはこれまで以上に熊楠の協力を望み、定期的な寄稿を依頼してきた。この前後から、熊楠は柳田の研究方法や編集方針に対する批判を表明するようになった。

柳田との対立

一九一六年には、二月に柳田が「蛙のおらぬ池」を発表すれば、翌月には熊楠が「鳴かぬ蛙」を書き、六月に柳田が「白米城の話」をのせれば、八月には熊楠が同題の一文を出すという応酬がつづいた。そして同年十二月には、龍灯伝説と耳塚の問題のやりとりで、二人の対立はついに最終的な局面を迎えることになる。

たとえば、蛙の鳴かない池の由来について、柳田が神の降臨とのかかわりで説こうとするのに対して、蛙は雌雄の情念が盛んになると鳴くが深く冷たい池で性欲が静まれば鳴かないこともある、と熊楠は説く。その対立点は、柳田が信仰や言語の側から説話の由来を説明しようとしたのに対し、熊楠がより事実に即した解釈を試みようとしたところにあった。

「南方が民俗の学にひきつけられたのには、この学が南方に似ており、南方がこの学に似ている面があるからではなかろうか」、「南方の反俗的な生き方が、人間の本性の〈奇怪〉とよく通じあう面をもちえた」と書いた益田勝実は、その編著『民俗の思想』（一九六四年）の解説で、柳田と南方の果した役割のちがいをくわしく跡づけている。

人柱伝説の背後に人柱習俗の存在を見る。南方熊楠の時点における民俗の学は、いわば、その点で素朴であった。人間たちがなにかの必要のために、同類のひとりを、罪もないのに埋めて殺す。そういうことに対しての、わりに自然と、ありうることだ、とみる考え方が伏在している。わたしが問題にしたいのは、そういう人間感覚が、かれ以後の研究のなかでは喪《うしな》われた、という現象である。（中略）南方の素朴な多量犠牲説、柳田の複雑な根本としての少量犠牲説から、さらに、説話流布の姿だけが問題にされる犠牲不問説に進んできたのが、日本の近代における学問の発達のしかたの一軌跡である。（中略）

海外放浪の南方熊楠が熊野山中の粘菌に縛りつけられていき、反対に、中央官界の柳田国男が官職を抛《なげう》って旅を志す。日本の民俗はそのような経緯を経て、しだいに探《さぐ》られていく。

（『益田勝実の仕事』Ⅰ）

柳田と熊楠のもう一つの重要な対立点は性の問題の扱い方であった。

鄙猥なる文

『郷土研究』の編集方針についてのやりとりで、柳田が「万町ぶしその他の卑穢なる記事は、小生編輯の責を負う以上はこれを掲げぬつもりに候」（一九一四年五月十二日付）と書いてきたことに、熊楠は猛然と反発している。関連する記事は、同誌三号の「磐城荒浜町の万町歩節」にふれて、同誌九号に熊楠が大学予備門時代に聞いた奥州仙台節の「妾《わたし》お×××播磨の名所」の俗謡を紹介したことであろう（本書第二章1節参照）。

柳田は「小生は貴下に対しては多くを容与しおるも」、他の一般寄稿者の分は厳しく取捨をしていると特記していた。これに対し、熊楠は「高木氏の最初送り来たりし綱領の下書ごときものには、売婬の字までもありし。しかるに、今度の貴状を見るに、猥鄙なことは紙上に上さぬ由、これまた道のためには然るべきことなり。しかしながら、ここに申し上げ置くは、世態のことを論ずるに、猥鄙のことを全く除外しては、その論少しも奥所を究め得ぬなり」（同年五月十四日付）とのべている。

さらにつづけて書いた手紙で、熊楠は「鄙猥なる文ありて出しにくきものは、全部御返還下されたく候」と言い、「『郷土研究』などに、男女間のことを仏律よりも引きたりとて、小生等は反ってこれを荘厳なことと思う。しかるに、これをすら鄙猥云々というは、その人よほど鄙猥ずきの人ならざるべからず」と論難していた（同五月十六日付）。

そのことのもつ意味について、谷川健一はつぎのように指摘する。

今にしておもえば南方の言葉は、彼が猥雑な言を放恣に弄するという批難に答えての弁疏であるというだけでなく、柳田民俗学の出発にあたってはやくもその限界をするどく指摘したものにほかならなかった。なぜなら庶民の生活は猥雑さを抜きにしてあり得なく、また猥雑さによってしか、支配階級を撃つことはできないからである。南方は神主や若者による処女の破素の事例をしきりにあげているが、これを支配と被支配の関係におきかえると、神といけにえの関係に追いつめることができる。そして人身供犠の風習は天皇制の思想と無関係ではあり得ない。柳田民俗学は性の問題を忌避したがために天皇制に肉迫する衝撃性を失ったのである。

（谷川健一「『縛られた巨人』のまなざし」、『南方熊楠全集』第八巻解説）

大蔵経の一面

熊楠は自分が好んで性の話題をとりあげることについて、しばしばつぎのように語っている。

文中卑猥なこと多少あるも、小生は従来尊貴の御方、大臣ども、日傭人足、乞食と話すにも、一件のことを雑《まじ》えるから、内々は悦服して話がよく分かり申し候。これを雑えぬと、書くものも読む者も堅くるしくて、たちまち飽きが来たり申し候。
（矢吹義夫にあてた一九二四年十一月二十九日付の手紙の末尾）

このような場合はこれで、その言い分を認めないわけにはいかないだろうが、熊楠にとっての性の問題にはもっと別の深い奥行きがあるように思われる。

すでにふれたように、イギリス時代の『ロンドン抜書』ではセクソロジー関係の抜書が大きな比重を占めている。同様の傾向は、神社合祀反対運動と並行して進められた『田辺抜書』での大蔵経の抜書にも認められる。

もともと説話の比較研究のために始めた大蔵経の抜書であったが、読んでいくにつれて熊楠の目に止まったのは、おびただしい数の男女の愛欲や逸脱した性の様態、とくに禁じられた事例としての自慰、不倫、同性愛、近親相姦、獣姦などであった。その結果を見ると、説話の比較のための抜書きよりも、このような性にかかわる記載の方が量的には多いように見受けられる。

このような漢訳仏典を中心とした抜書に見える近親相姦の材料を、さながら図絵の陳列のように並べてみせた観のある文章が、罰金刑をうけた「月下氷人――系図紛乱の話」（一九一三年）である。この傾向は、晩年ともいうべき一九三二年に書かれた「塩茄子の笑話」や「余り茶を飲んで孕んだ話と手孕村の故事」あたりまでつづいていく。

このような熊楠の「性」をめぐる問題については、原田健一の著書に創見にみちた考察がある。

3 「十二支考」

『太陽』への執筆

「猫一疋の力に憑って大富となりし人の話」が『太陽』一九一二年一月号に掲載されたのは、すでにふれたように、熊楠としては初めての商業雑誌への登場であった。最初は福本日南が紹介してくれて、一九一一年七月に植物の随筆でもという依頼状が来ていた。熊楠は「小生は雑誌などに通俗のこと書くのは大下手だが、柳田氏帰京せばその校閲をへて何か出すべしと言い置きし」（八月十日付）と柳田国男あての手紙にのべていた。

『南方二書』などについて文章が分かりにくいという柳田の評を受けて、それを気にしていた熊楠は、「小生は『太陽』とかなんとか、凡衆相手のものにまじめな学説を見せるをはなはだ好まぬに候」（一九一一年十月十三日付）と言いながらも、いよいよ「猫の話」の原稿を送るさいには、「もし貴下御一覧の上、かかる書き様では『太陽』に受け取りくれぬこと必然との御思召に候わば、抜かぬ太刀の高名と申すこと有之《これあり》、『太陽』へは廻さず、考古学会の方へ御廻し下されたく候」（同年十月二十五日付）とも書き添えていた。

さすがに、これほどのやりとりをへて書かれた「猫の話」は読みやすく書かれていた。柳田からの手紙でも、自分の校閲に不備があったことを詫びているだけで内容には言及がなく、熊楠からの礼状にも、重要なまちがいはなかったとして「御骨折りのほど謝し奉り候」と記すだけであった。

その二年後、くわしい経過は分からないが、一九一四（大正三）年の虎年から「十二支考」の連載が始まった。ただし虎の話を書いたのは、『太陽』だけではなかった。

虎の話を書きつぐ

虎の話の準備は「月下氷人」第三節（これは雑誌には掲載されなかった）の執筆が終わった一九一三年十一月八日から始まっている。十一月二十三日に『太陽』編輯部の鈴木徳太郎にあてて原稿を送った。二日後の二十五日には『日本及日本人』の森田義郎あてに「虎に関する俚伝と迷信」の原稿を送り、この日には二つの原稿完成を祝って、「卵やき入りすし拵《こしら》える」と日記にある。

このあと十二月三～四日に書いた虎の話も、つづけて『太陽』に送っている。十二月二十二日には『日刊不二』元日号の「虎に関する笑話」を書いている。

十二月二十五日には掲載誌の『日本及日本人』がとどき（三日後に原稿料六円の為替）、二十九日に『太陽』がとどき、こちらは原稿料四十二円の為替が翌三十日に着く。数か月前に不二新聞社から前払いしてもらった原稿料にくらべても高額である。まことに文運隆盛の始まりであった。

この三十日夜に柳田国男が来訪している。柳田としては最高のタイミングを選んだのかもしれないが、熊楠としては柳田にあらためて「御骨折りのほど謝し奉り候」と言わざるをえない状況で、ひたすら泥酔するしかなかったのかもしれない。

本来はおそらく一回読み切りの新年号向けの依頼であったと思われる。したがって、十二月になってから送った原稿は、おそらく掲載できず残されていたのであろう。ところが熊楠は、さらに一九一四年の一月後半から二月初旬にかけて虎の話の続稿を書いて、編輯部に送っている。これらの分が同誌の五月号と七月号に分載されることになり、原稿料は三十円と二十五円が送られてきている。

「十二支考」の構成

虎の話に限らず、以下の一覧に見られるように、以後の連載でも数回にわたるのが常態となった。雑誌で見ると、羊と猪の最終回には（未完）と記されてある。また、ほかにも猴、鶏、犬についても書き足したい気持ちのあったことを語っている（岡茂雄にあてた一九二六年三月二日付の手紙）。

虎に関する史話と伝説、民俗（三回、一九一四・一、五、七）（年・月を示す、号数ではない）
兎に関する民俗と伝説（一回、一九一五・一）
田原藤太竜宮入りの譚（三回、一九一六・一、二、三）
蛇に関する民俗と伝説（四回、一九一七・一、二、六、一二）
馬に関する民俗と伝説（七回、一九一八・一、二、四、五、六、九、一二）
羊に関する民俗と伝説（一回、一九一九・一）
猴に関する民俗と伝説（五回、一九二〇・一、二、五、一一、一二）
鶏に関する民俗と伝説（五回、一九二一・一、二、三、五、一二）
犬に関する民俗と伝説（四回、一九二二・二、三、四、一二）
猪に関する民俗と伝説（四回、一九二三・一、四、六、九）

鼠に関する民俗と信念　（『太陽』未掲載）

このうち鼠については、熊楠は例年どおりの原稿を準備して一九二三年十二月に送ったが、同年九月の関東大震災のあと雑誌の編集方針を変えたため掲載できないとして返送されてきた（中途から担当していた編輯部の浅田江村が退社したためもあったかもしれない）。

のちに熊楠は、そのうち大黒天に関する部分を『集古』丙寅四号（一九二六・九）に、子の日に関する部分を『民俗学』二巻一号（一九三〇・一）に発表した。平凡社版全集では、その部分が雑誌に掲載されたさいの加筆などをふくめて再編集したものを収録している。

熊楠としては、まだ書かれていなかった牛の項目を執筆し、羊、猴等の不足分を修補し、「十二支」についての解説を序論として加える考えであった。一九二四年、精神医学者の中村古峡から、その出版権の譲渡を求められたさいに、版権料千円、植物研究所への寄付金百円、合わせて千百円で取り決め、とりあえず内金として五百円をもらい、以上の追補が完結した段階で全額をもらうことにした。しかし、熊楠は内金を受け取りながらも、その追補を完結させることはできなかった。

人獣交渉の民俗誌

「十二支考」は熊楠の執筆活動がいちばん盛んな時期に書かれている。そこに熊楠の世界が凝縮して展示されているという意味では、量質ともに代表作とすべきであろう。それまでに熊楠の書いた論文が、さまざまな形で解体されて投入されているだけではなく、動植物と人間とのかかわり方についての熊楠の独自の見解が全篇に展開されている。

単なる知識の羅列に終わることなく、伝承や民俗とのかかわりから動植物をとらえる態度は、東洋の本草学が育ててきた方法でもあった。『本草綱目』や『和漢三才図会』の世界から出発した熊楠の学問の一つの到達点が、このような文章にあったのではないかとも考えられる。

難解といわれる南方熊楠の世界は、学問領域としては自然科学のうちの生物学と、人文科学のうちで民俗学が代表格にあり、両者の巧みな融合から独特な魅力がもたらされている。さまざまな主題がそこに展開するうちで、本書はもっとも民俗学的な話題にあふれており、南方が読破してきた古今東西にわたる文献類のうちで、人間と動物・植物との交流を表現する記事を、文字通り縦横無尽に駆使しながら、人獣交渉の民俗誌を世界大的な広がりのなかで浮彫させている。

（宮田登「『十二支考』解説」、岩波文庫）

宮田はさらに、「それぞれの動物の生態を詳論するというよりは、動物の心性を究めようとする意図がある」点に注目し、さらに例として挙げられる具体的な伝承について、「想像力が駆使される根拠に、科学的に処理し得る客観的事実の存在をあえて指摘しており、その態度が本書の内容を逆に生き生きとさせている」と評価している。

第八章　植物研究所前後

1　植物の採集

採集行の日々

熊楠の多端な仕事ぶりにもかかわらず、その成人してからの人生では、おそらく半分に近い時間は植物の採集と図記についやされたものと推定される。そのなかで比較的まとまった時間をかけて植物採集をおこなった時期とおもな地域を書き出してみる。

一八八五年四月・七月　鎌倉・江ノ島（四月）、日光（七月）
一八八八年夏〜九一年春　ランシング近郊、アナーバー郊外（ヒューロン川流域）
一八九一年五月〜九月　フロリダ半島ジャクソンヴィル、キーウェスト島
一八九一年九月〜九二年一月　キューバ島

一九〇〇年十一月〜〇一年十月　和歌山市周辺（とくに和歌浦、愛宕山など）
一九〇一年十月〜〇二年三月　勝浦、那智
一九〇二年五月〜十一月　田辺周辺（神島をふくむ）、湯崎温泉（鉛山）周辺
一九〇二年十二月〜〇四年十月　串本、古座、勝浦、那智、中辺路
（田辺定住以後は日帰りで往来できる田辺内外、隣接町村は特記せず）
一九〇八年十一月〜十二月　中辺路、瀞峡、玉置山
一九一〇年十一月〜十二月　安堵峰（西面家）
一九二〇年八月〜九月　高野山行（第一回）
一九二一年十一月　高野山行（第二回）
一九二二年七月〜八月　日光（東京から）
一九二八年十月〜二九年一月　川又官林、妹尾官林、塩屋（山田家）

自宅の庭をふくめて田辺周辺での採集と図記、それに知人に依頼された粘菌（変形菌）の調査は、ここに書いた以外にも晩年にいたるまで日常的に続けられていた。神島についてはあとでふれたい。いずれにしても一九〇四年秋の田辺定住以後は長期の採集に出る機会は少なくなっている。

七千点に近い高等植物標本

それにしても、アメリカ（後半期）とキューバ、それに那智・勝浦周辺での、それぞれ三年ほどの期間は、採集そのものが生活の中心であっただけに、四十歳になる

以前の熊楠にとって重要な意味をもっていたことが想像される。

この二つの時期の日記を見ると、そこに連日のように記されている採集した植物の学名や和名と、くりかえし計算されている一定期間ごとの採集数の集計に驚かされる。また、大半はまだくわしく調査されていないノート類に、これまたくりかえし書き出されている採集した標本の学名一覧、既成の目録類との異同についての照合の痕跡には、ある地域についての悉皆調査的な採集志向に対する執念に近いものを感じさせられる。

熊楠邸に残されていた洋書一七六二冊のうち、シダ類・藻類・蘚苔類・地衣類・菌類関係が四九八冊、それ以外の植物学関係が一三〇冊、動物学関係が五七冊で、合わせて六八五冊の生物学関係書が洋書全体の四割に近いことも注目される（『南方熊楠邸蔵書目録』）。そのなかにはアメリカ時代に購入したものも多い。独学で植物学の世界に踏みこみ、とくに分類学の分野に関心の深かった熊楠は、これらの文献を不可欠の参考書として、かなり無理をして買い求めていたはずである。

南方熊楠顕彰館にはシダ植物や種子植物などの高等植物の押し葉標本が六五六二点残されている。このなかに大半がアメリカ時代のものと思われる外国産の植物標本が一九二一点あって、一部には見本として購入したものもふくまれているが、全標本のなかでは高い比率を占めていて、熊楠が当時採集した標本に保存価値を認めていた証拠ともいえる。

このほかの標本の推定採集年次では、やはり帰国後の勝浦・那智時代のものが圧倒的に多く、田辺定住以後の数年間がこれに次ぎ、とくに神社合祀反対運動の山場であった一九一〇年が目立っている。

それ以降は採集数が少なくなって没年までつづくが、植物研究所の準備が始まる一九二一年がやや多いという。しかし、つぎにふれる粘菌標本では、これとはちがった傾向が見られる。

以上は土永知子の中間報告を参照したもので、その後も調査は進められているが、最終的な保存資料のデータはまだ公表されていない。これらの植物標本のなかには、現在の採集地周辺では見つけることのできないものも数多くふくまれていて、百年にわたる山野の推移の激しさを物語っている。

六千余点の粘菌標本

熊楠の粘菌（変形菌）標本については、萩原博光による報告が何回かなされている。

それによると、アメリカ時代には、粘菌を初めて動物として扱ったド・バリーの著書を購入し、羽山蕃次郎あての手紙で粘菌の解説を書いている。しかし、日記に見える採集品が二三点、現存する標本も二四点ということで、フロリダやキューバでおもに地衣類や菌（キノコ）類を採集したさいに、少し採集しただけであったという。

帰国して勝浦・那智で採集をしていた時期も、淡水藻やキノコ類に主力がおかれ、粘菌は日記に数十点採集したことが見えるだけで、まだ本格的には開始されていない。のちに粘菌研究の最大の協力者となる小畔四郎と那智で初めて出会った時も、粘菌を採集していたわけではなかった。

第六章でもふれたように、一九〇六年にリスター父娘との往来が始まってから数年間は粘菌を精力的に採集している。それ以後では粘菌目録の訂正稿をまとめる一九一五年や、第一回高野山行の一九二〇年に比較的多いが、その後は摂政宮への進献（一九二六年）や昭和天皇への進講（一九二九年）をへて、一九三〇年ごろで熊楠自身の採集は一段落し、以後はごく少数でつづいているだけである。萩原の集計によると、「南方隠花コレクション」の変形菌標本は記念館所蔵の九六点と科学博物館所蔵の六六〇〇点を加えて六六九六点あって、その内訳は南方採集分一〇三五点、リスター寄贈分一三〇点、小畔採集分二三九五点、残りが小畔らによる同定依頼標本であるという。いまのべた年次別の動向は南方分についてだが、小畔分は一九二〇年代後半の数年間に集中している。

熊楠の発見した粘菌

山本幸憲によると、熊楠の発見した変形菌（粘菌）は、つぎの八つの分類群と現在では認められていない二つの分類群、あわせて十の分類群になるという（「変形菌研究と南方熊楠」）。

〈現在認められている分類群〉

1　アオウツボホコリ　*Arcyria glauca* A. Lister
2　ハイフウセンホコリ *Badhamia capsulifera* var. *repens* G. Lister
3　アカフシサカズキホコリ　*Craterium rubronodum* G. Lister
4　コヌカホコリ　*Hemitrichia minor* G. Lister
5　イボヌカホコリ　*Hemitrichia minor* var. *pardina* Minakata ex G. Lister
6　ミナカタホコリ　*Minakatella longifila* G. Lister
7　キモジホコリ　*Physarum psittacinum* var. *fulvum* A. & G. Lister

8　イタモジホコリ　*Physarum rigidum*（G. Lister）G. Lister

〈現在認められていない分類群〉

1　*Comatricha longa* var. *flaccida* Minakata ex G. Lister

2　*Craterium leucocephalum* var. *rufum* G. Lister

このうち1のアオウツボホコリは、第六章でふれたように糸田の猿神祠で採集したものである。また6のミナカタホコリは、一九一六年七月九日に自宅の庭にある柿の生木で発見したとされる。それが新属新種である通知（一九二〇年十一月二十二日付）がG・リスターから届いたのは、一九二一年一月三日であった。山本によると、最近ではミナカタホコリ（*Minakatella*）属を認めず、この種をヒモホコリ（*Perichaena*）属に移す学者もいるという。

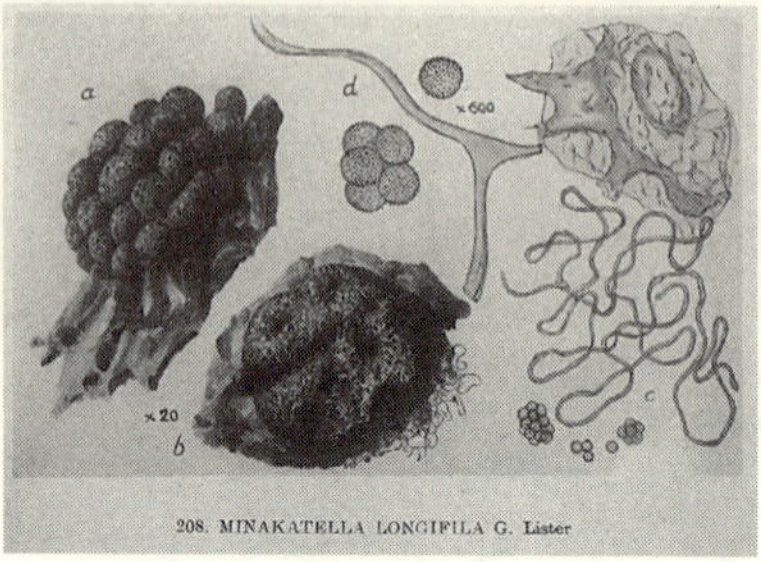

ミナカテラ・ロンギフィラ
（A・リスター『粘菌図譜』第3版，1925年）

学名の表記にも明らかなように、いずれも命名者はリスター父娘である。田村義也が指摘するように、「彼（熊楠）が見出したいくつかの未知種は、変形菌の場合のリスターのような適切な報告相手がいた分野でのみ、その報告相手の手で学界に発表された」（「南方熊楠と自然科学」）。カルキンスからニランデルへ転送されて認定された地衣のグアレクタ・クバナも同様の例であった。

しかし熊楠は、高等植物やキノコ類や藻類などの分野については、このような新種認定のための報告相手を持つことができなかった。

「三羽烏」の支援

一九二〇年代になって、熊楠の粘菌採集に協力者として加わったのは、小畔四郎（一八七五〜一九五一）のほか、上松蓊《しげる》（一八七五〜一九五八）、平沼大三郎（一九〇〇〜一九四二）の「三羽烏」と呼ばれた人たちであった。三人ともそれぞれひとかどの地位のある人物でありながら、気むずかしい熊楠の雑用処理を辛抱強く引き受け、粘菌採集にかぎらず物心両面で熊楠の支援者としての役割を没後までつとめることになった。

小畔の幼いころからの友人であった上松は、一九一四年にキノコの胞子の保存などに使う雲母をさがしてくれたことがきっかけで往来がはじまった。六年後の一九二〇年五月に田辺に来訪し、数日間滞在した時に上松と熊楠は初めて顔を合わせている。

平沼は、一九二二年三月、熊楠が平瀬作五郎とともに松葉蘭の研究をしているのを知って、突然手紙と『松葉蘭譜』を贈ってくれたのが、最初のきっかけとなった。翌年、熊楠が上京したさいに初めて出会い、上松、六鵜保とともに日光に同行している。一九二七年二月には、イタリアの菌学者ブレサドラ大僧正の八十歳の祝賀出版である『菌譜』の賛助金二十五ドルを平沼に出してもらっている。のちには、植物研究所のために募金した基金の信託による運用も依頼している。

この三人はいずれも田辺とは離れた土地に住んでいたため、粘菌の調査やさまざまな物品購入の依頼などで、一九一〇年代から没年にいたる熊楠の身辺を証言する書簡が多数残ることになった。その三人と往復したもので、熊楠邸（平沼あての書簡には記念館所蔵分をふくむ）に現存する書簡の概数（封書、葉書、電報を合計）と期間はつぎのとおりである（『南方熊楠邸資料目録』による）。

- 小畔あての書簡　九五三通（一九一四〜四一）　小畔からの来簡　五五六通（一九〇二〜四一）
- 上松あての書簡　三六一通（一九一九〜四一）　上松からの来簡　三七一通（一九一五〜四一）
- 平沼あての書簡　一〇八通（一九二六〜四一）　平沼からの来簡　五三七通（一九二一〜四一）

それぞれに欠落部分があるのは当然としても、この「三羽烏」あての書簡だけで熊楠邸と記念館に残された熊楠の書簡合計二一六四通の三分の二を占めている。このうち上松あての書簡は大半が紹介されているが、小畔あての書簡は一部分が、平沼あては数通が紹介されただけである。小畔あての書簡を使って、熊楠の粘菌研究の分類についての考え方を分析したものに原田健一の論考がある。

この「三羽烏」と同様に、地元での植物採集、とくに菌類（キノコ類）の採集に協力した人たちは、「四天王」と呼ばれていた。

「四天王」の協力

多年相手にする樫山嘉一（これは夫妻と娘）、北島脩一郎、田上《たのうえ》茂八《もはち》、平田寿男《としお》という四人が、休日ごとに少なくも五、六品、多きは三、四十品も菌をとり、即日自転車また汽車にて持ち来たる。いずれも毎度講釈を小生よりきくより、日本文字で相応の記載ノートを作り添え来たるゆえ、小生と連署して命名するから、ことのほか出精する。したがって小生も少しもこの人々の採集品を等閑に付するわけに参らず、なるべく一品をも逸せず図記して、この人々が来たるごとに示すを要する。（中略）故に小生は写生と記載をつづくるの久しきため、腰が固まり背の肉が亀の甲ごとく硬化して屈伸ならず、また手足に時々劇烈なる神経痛を起こす。

（上松蓊にあてた一九三七年八月十一日付の手紙）

この「四天王」のうち、樫山（一八八八〜一九六三）、田上（一九〇三〜六八）、平田（一九〇五〜七二）は、いずれも地元の小学校の訓導、校長を歴任し、北島（一八九〇〜一九五五）もおなじく小学校の訓導、校長のあと高女の教師となっている。

この人たちはかならずしも文通を必要としない田辺近辺に住んでいたわけだが、先とおなじく熊楠邸に保存されている手紙の年代を見ると、樫山あては二五通（一九一四〜三二）、北島あては四五通（一九三〇〜四二）、平田あては三通（一九三一〜三八）、田上あては三六通（一九三四〜四一）となっていて、熊楠のところに出入りしはじめた時期には少しずつちがいがあったことが分かる。

キノコ類の彩色図譜

熊楠が晩年の歳月を傾注したキノコ類の図譜が日の目を見ることになったのは、戦後の一九四七年に渋沢敬三らによってミナカタ・ソサエティが結成されてからであった。

まず企画されたのが『日本産高等菌類図譜稿本』で、最初に図に添えられた記載文を浄書する仕事が岡本清造から東大出身の松木豊夫に依頼された。三、四年して二千点ほどが完成した段階で、国立科学博物館にいた菌類分類学者の小林義雄に相談が持ちこまれたが、当時の小林には編集にたずさわる余裕がなく、出版事情も厳しかったために、その刊行は見送られた。

二十数年後、小林は博物館を定年でやめたあと、数人の専門家と平凡社版全集の編集者であった長谷川興蔵の協力をえて、『南方熊楠菌誌』第一〜五巻（一は小林義雄・大谷吉雄・萩原博光編、一九八七年。二は小林義雄編、一九八九年。以後は萩原博光編、一九九六年）と『南方熊楠菌類彩色図譜百選』（小林義雄監修、萩原博光・長沢栄史編集・解説、エンタプライズ、一九八九年）を刊行した。

その『菌誌』一〜二巻が完成したあと、熊楠邸にある隠花植物標本が南方文枝から国立科学博物館に寄贈されることになった。一九八九年九月、段ボール箱六十三個が、つくば市にある国立科学博物館筑波実験植物園の萩原博光のもとに、大型トラック一台で運びこまれた。

その後、半年かけて萩原が調べた「南方隠花コレクション」の内訳は、つぎのとおりであった（その後の追加受入などで粘菌は六六〇〇点となり、ほかの標本数にも精査後の増減がある）。

乾燥標本
　粘菌類　六〇〇一点　真菌類（キノコ類など）　六五八八点
　地衣類　二〇六点　藻類三一〇点　蘚苔類　三四五点
プレパラート標本
　真菌類、藻類、その他　四六八二点　（以上合計一八、一三二点）

このうちキノコ類の標本に付された図と記載文の価値について、萩原はこう書いている。

南方の標本の数は、約一万八千点。この数は決して驚くほどに多い数ではない。一生のうちに万単位の標本を採集した研究者は少なくない。しかし、南方ほど多くの図と記載文を残した研究者は少ないだろう。科学的な目を通して正確に描く鉛筆画と大胆な彩色、そして細い字の詳細な記載文。このような記載文付きのキノコ彩色図が約三千五百枚も残されている。一日一枚の図と記載文を仕上げるとしても丸十年の歳月を要する。

（萩原博光「『博物学者』南方熊楠」）

二〇〇二～〇三年にかけて、萩原、岩崎仁、田中伸也らによって菌類彩色図譜三三四三枚と記載文二六八九点がスキャニングでデジタル化された。その報告によると、図譜の書かれた年代は、一九〇三年の那智、一九二〇～二一年の高野山、一九二八年の川又・妹尾官林が、それぞれピークとなっていて、進講のあった一九二九年とその後数年が少なく、一九三五年からまた増加しているという。

仮眠しながら写生

このようなキノコ類の図記については、熊楠が六十代の後半になって目が悪くなりはじめた一九二七年ごろから、娘の文枝にも手伝わせるようになった。文枝は後年に「非常に根気のいる仕事で、いくら精魂をこめて書いても、父はなかなか気に入らず、そうですね、二百枚ぐらい描いてようやく合格しました」（「父南方熊楠を語る」）と回想している。博物館にある図記のなかには、文枝のほかに、長男の熊弥、画家の川島友吉、おなじく画家の楠本秀男（推定）によって書かれたものもある。

昼間は主として変形菌を顕微鏡で見ながら記載の仕事を続け、夕方から夜にかけて茸《きのこ》の写生と自分できめているようであった。習慣になったのか、電気をずっと下げて、まず画用紙に胡粉《ごふん》を塗り、それが乾くまで、その場で横になり睡眠をとった。ちょうど程よい頃に目覚めて写生にかかるのであるが、裏側のヒダの先がどのように分かれているか、ツバの付き方はどうか、絹かけ類ならば、クキ、またはツバのどの辺から絹がかかっているかなどに重点をおいていた。絵筆にたっぷり絵具をつけて巧みに彩色をして、それが乾くまでまた横になり睡眠をとる。一つの絵にこの動作を幾回か繰り返すのである。会心《えしん》の作が出来るまで、時には一つの茸に三日もかかり、夏は仮眠を貪るだけで三日くらいの徹夜は平気であった。それから解剖するのであるが、いつも愛用のイギリスで求めたナイフを用いていた。すべてにおいて真に無器用な人であったが、茸の解剖だけは実に巧みであった。そして最後に胞子を取り出すのである。胞子を画用紙に貼りつけるのに昔は雲母を用いた。雲母を針で薄く剝がすのが母と私の役目であった。

（南方文枝「父のキノコ画のこと」、『南方熊楠菌類彩色図譜百選』別冊）

なお昭和天皇への進講がおこなわれた一九二九年の十一月に、北海道大学農学部の今井三子《さんし》（一九〇〇〜七六）から熊楠あてにキノコの標本についての来信があり、二年後に田辺を訪問したあと、数年間にわたってキノコの研究をめぐってひんぱんな手紙のやりとりがあった。のちに今井は日本産キノコ類研究の一人者となった。

莫大な数の標本や図を整理し、その図に添えられた記載の一部を翻字したこともある萩原は、その体験を通して、つぎのような感想をのべている。

熊楠の『本草綱目』

一つ一つのキノコをこれほどまで丹念に描画、記載することは凡人では倦んで続かない。幼少の頃に『和漢三才図会』や『本草綱目』を諳んじて写し取ったことに素地があるのだろう。読者は、南方氏の記載文が個体の記載であって種の記載ではないと思われるかもしれない。まさに南方氏にとっては個体の記載が大事であったのである。（中略）もし彼が『菌蕈類彩色図譜』を出版していたならば、彼の体系が一気に噴き出し、彼独特の文体で彼の頭の中にある道しるべのキノコが次々に傍証として登場しただろう。キノコが何と活き活きしていることか。考えるだけでも楽しくなる。おそらく読者に強烈なインパクトを与えたにちがいない。しかし、それは彼の死によって夢となってしまった。

（萩原博光『南方熊楠菌類彩色図譜百選』別冊、編集後記）

写生中の熊楠
（1931年11月13日，今井三子撮影）

このような感想は、熊楠と自然科学とのかかわりを追跡しながら、つぎのような予測をのべるに至った田村義也の見解とも、通じあっているものではないだろうか。

彼（熊楠）が作りたかった「日本産種図譜」とは、ひょっとすると、リスターの『粘菌モノグラフ（図譜）』よりも、『本草綱目』や『和漢三才図会』に似ていたのかもしれない。熊楠は、少年期の夢を追い続けるように、自分がよしとする姿形をそなえた書物の世界を作り上げることに、後半生のほとんどの研究時間を生物研究に費やしたのである。

（田村義也「南方熊楠と自然科学」）

熊楠が誇示する必要があるさいに挙げている新種発見の事例はいくつかあるにしても、一方で自分の採集がかならずしも新種発見を目ざしていないことをくりかえし語っている。その間の事情については、田村義也の「新種ぎらいの分類学――南方熊楠の変形菌研究」が、くわしく分析している。

2　新居の日々

四百坪の新居

一九一六年、熊楠は数えで五十歳になった。同じ中屋敷町の通りの向こう側にある家屋敷が売りに出ていると聞き、それを買い取る相談のために二月十六日から十九日まで和歌山市の常楠を訪ねた。まだ寒かったためか、帰りの船中で熊楠は感冒にかかり、こじらせて肺炎となり寝こんでしまった。ひと月ほどは日記もほとんど空白である。喜多幅医師に「大体平癒」したと言われたのは四月五日で、熊楠にしては珍しい大病で、「履歴書」には「疾むこと九十日ばかり、それより酒をやめ申せし」とまで書いてある。このまま禁酒がつづいたわけではないが、熊弥の発病以前にも、こういう形で禁酒していた時期はしばしばあった。

中屋敷町三十六番地にあたる約四百坪の屋敷と家屋の代価四千五百円は、五月一日に常楠から支払ってもらったので、その名義となった。それまでの借家の庭に自分で建てて「博物室」や「研究室」などと呼んでいた一間だけの離れを五月中旬に移築したのが、いまも残る書斎である。新居への移転は五月一杯かかって終わっている。

もとは一千坪ほどあった士族の宅地を三分割した中央部分で、二階建の母屋や土蔵は幕末ごろ建てたものらしいが、入居にあたって相当手入れの必要であった様子が日記にも見える。庭の東南側の貸家二軒も当初からあったらしい。このうち北側の隣りの宅地は、近年になって田辺市役所が買い入れて、二〇〇六年五月に開館した南方熊楠顕彰館の敷地となった。

移転して三年後の一九一九年一月、熊楠のもとの借家を買った人が二階の増築工事を始めたのか、熊楠の新居の二階から東南方向（海の見える方角）の眺めを悪くするというので、関係者に見てもらった上で、なるべく眺望を遮断しないように工事をしてほしいと申し入れるやりとりがあった。二年後に起こる南側の隣家との日照権紛争にもつながる出来事であった。

研究者たちとの交流

大正期に入ると、熊楠が多くの刊行物に登場するようになったため、全国各地の研究者たちからさまざまな内容の手紙が田辺までとどくようになった。

柳田国男の『遠野物語』の語り手である佐々木喜善から、山の神として祭られるオコゼの送付を柳田氏経由でお願いしておりますがという手紙がとどいたのは、一九一五年十二月であった。柳田が熊楠への手紙で頼んでから九か月が経過していた。佐々木は近くに住む伊能嘉矩から借りた雑誌で、熊楠の書いたものを読んでいると書いてあった。伊能は台湾研究で知られた人物であった。

熊楠は翌一九一六年一月、二匹の「山の神魚」オコゼを佐々木に送った。その箱には十六種の菌類（キノコ類）が見本として同封してあり、この箱に遠野にある菌類の標本を採って送り返してくれるとありがたいと書き添えた。佐々木がさっそく十二種の採集品を送ったところ、その一種については熊楠から問い合わせがあった。四月になって、熊楠はさらに要望のあった一寸という小さいものをふくむオコゼ六匹を送った。佐々木からは「永代の宝物」とする由の礼状がとどいている。

その佐々木のところにオシラサマの研究をしていたロシア人の東洋学者ニコライ・ネフスキーが滞在したのは一九一七年八〜九月のことである。ネフスキーが熊楠にはじめて手紙をよこしたのは、一九一七年十二月である。「日本神社の起源は森林《もり》に帰すと存じ居り候。御意見は如何に候哉」と、なかなか正面きった質問をしている。手紙をもらって一週間後に出した返事で、熊楠が「樹木崇拝や伝説に関する書目」を教えてやったことは、ネフスキーからの礼状で分かる。

佐々木喜善に送ったと同じオコゼ三匹を、二十八種の粘菌見本とともに箱入りで送られたのは、長野に住む胡桃沢《くるみざわ》勘内であった。「アルプスの積氷雪際なる矮小の植物に付く粘菌に特異なるもの多く、当国などにては見当らぬものに候」（胡桃沢にあてた一九一六年七月四日付の手紙）という趣旨による依頼で、粘菌についての解説もしている。

ちがった土地で暮らす人たちから標本の提供を受けたいというのが、熊楠の気持ちであった。飛騨の野鳥研究者として知られる川口孫次郎も、川でとれるノリやカワモズクを送ってきている。

寺石正路は、大学予備門の一級下にいて、熊楠とは面識があった。病気で高知に帰ってから、旧制中学の教師をしながら、歴史や民俗に関心を寄せ、さまざまなテーマについて熊楠と手紙をかわすことになる。とくに寺石が一八八八年に書いた「食人風習ニ就テ述ブ」という論文をアメリカで読んでいた熊楠は、一九〇三年におなじテーマの論文を『ネイチャー』誌に投稿するが返却された。のちに寺石から単行本『食人風俗志』（一九一五年）を贈られて、二人の文通が始まった。

「英米その他の盛邦は、学問などで一了《ひと》見あるものが田舎地方に多く散在するに引きかえ、わが邦では東京のみに学者などいうもの多く、地方の人はただただ東京の人の唯命《ただめい》に惟聞《これき》く様なるは、すこぶる欠陥事と存じ候」（寺石にあてた一九一六年八月二十五日付の手紙）というのは、かねてから柳田にも述べたことのある熊楠の持論であった。

やがて寺石あての手紙には、熊楠の柳田国男批判が具体例を挙げて語られるようになる。時期は少しあとになるが、一九二七年に早稲田大学教授の西村真次に宛てて書いた二通の手紙にも、同じような柳田批判の事例が列挙されている。

「琉球人末吉安恭」

異色の文通相手は沖縄在住の俳人で「琉球学の開拓者」とされる末吉安恭であった。

『日本及日本人』誌上に熊楠が登場しているのを知って、末吉麦門冬（麦門冬は俳号、麦生の筆名も多く使った）は同誌一九一七年七月十五日号に書いた「劫《ごう》の虫より経水《けいすい》」という短文で熊楠の文章に言及した。熊楠はこれを読んで、「月経に関する旧説（末吉君に答う）」を九月十一日付で書いて送ったが、かなりの長文であったためか掲載されず、熊楠に返却された。

そうとは知らず末吉は、こんどは翌一九一八年二月十二日（消印）に『太陽』編輯部気付で熊楠あての手紙を書き、同誌一月号の「馬に関する民俗と伝説」第一回を見た上で、沖縄の馬についての伝説を記した『球陽』五項と『琉球国旧記』一項を書き写して送った。同じ日に追いかけて投函した手紙には、不毛を「カハラケ」ということが『松屋筆記』に出ていることを書いた（この末吉の教示をふくむ『太陽』五月号「心理」項の「カハラケ」の記述について、警視庁から注意を受けたことが日記に見える）。この二通は回送されて二月二十五日に熊楠にとどいた。

このあと熊楠の住所を教えてもらった末吉は、同年九月にかけて送った二十余通の手紙と絵葉書のなかで、月経の禁忌、屁の伝説（『遺老説伝』の黄金瓜子の話）、馬の去勢、馬の交尾、亀甲墓、男色、ノロとユタ、キジモン、陰部の呼び名、豚の化け物、山羊などについて、文献の抜書や見聞を伝えている。二人の関心が共通していたのか、とくに性についての話題が多い。

のち一九二一年に柳田国男と知りあってから、末吉が柳田に送った「角《つの》と男根」という短文は掲載されずに返送されたそうだが、熊楠の「羊に関する民俗と伝説」の記事から話をはじめて、角を姦通の標示にまで使うことを書いたもので、似た傾向の内容であった（新城栄徳による）。

末吉の熊楠への傾倒ぶりは、末吉がよく引用する『球陽』はどんな本かと聞かれて、貴重な写本全二十五冊を熊楠に贈った一事からもうかがえる（一九一八年七月二十三日着）。当時、末吉は琉球王府の正史資料である『球陽』の校訂作業に関係していて、その作成した原稿本が残されている。その校訂に使った原本を、熊楠に寄贈した可能性があるという。写本には「沖縄県図書印」が押されている。

末吉と熊楠の文通は一年もたたずに途絶えるが、『日本及日本人』誌上での応酬はつづいた。

六年後の一九二四年十二月、那覇港で発見された水死体が身元不明のまま埋葬され、数日後、縁者が掘り出して安恭と確認した。通堂《とんどう》橋のあたりで酔って足を踏みはずして海に落ちたとされている。まだ三十九歳であった。その年二月、安恭は妻の真松《ままつ》に先立たれていた。

民俗研究者ではなかった末吉安恭が沖縄の民俗に関心を向けるにあたっては熊楠の影響が大きかった、と粟国恭子は書いている。一九一〇年開館の県立図書館館長伊波普猷《ふゆう》と同館の二代目館長で歴史学者の真境名安興と並べて、「琉球学者の三羽烏」と呼ばれたこともあったという。

琉球学者の三羽烏

柳田国男がはじめて沖縄を訪ねたのは一九二〇年、折口信夫は一九二一年で、彼らによる「南島研究」はそこから始まっている。しかし、さきにふれた投稿の件にも見られるように、末吉は柳田に対して肌合いのちがいを感じていたらしい。

一九二二年に研究所基金の募集のために熊楠が上京したさいに、折口は熊楠の宿をたずね、伊波の代表作『古琉球』（三版、一九二二年）と、同じ郷土研究社の「炉辺叢書」に入っている伊波の『古琉球の政治』をふくむ数冊も贈っている（日記、五月十八日）。その広告を見た熊楠は、佐喜真興英の『南島説話』も、六鵜保に頼んで丸善から買ってもらっている。

熊楠邸蔵書にある一九二四年に出た沖縄県立沖縄図書館の『琉球史料目録』の表紙には「呈南方先生」とのペン書きがあるが、これは伊波か、さもなければ真境名の可能性があると粟国はいう。柳田の「南島研究」と対比して、熊楠の沖縄への関心の持ち方について、つぎのような見方がある。

熊楠は沖縄を日本で失われた原郷に見立てるようなとらえ方はしなかった。熊楠の焦点は沖縄の民俗習慣、生活、動植物の生態等々の文化や自然の学的総体にあり、そこにナショナル・アイデンティティをさぐるような姿勢はうかがえない。あくまで世界を相対化してみていく、その一環に沖縄があるにすぎない。いわば、異文化としての琉球を博物学的にとらえる基本線で終始一貫している。

（小峯和明「熊楠と沖縄――安恭書簡と『球陽』写本をめぐる」）

日本統治下の朝鮮で警察署長等の職についていたことのある今村鞆と文通をかわし（一九三〇～三七年）、「千疋狼」などをめぐる話題を交換していたのも、また中国の民俗学者江紹原と文通をかわしたのも（一九三〇年）、このような姿勢の延長線上のことであったと思われる。

町村合併反対など

大正に入ってからも、熊楠の社会的活動への参加がまったくなくなったわけではなかった。

一九一四年六月、和歌山城の堀を埋め立てて宅地にする案が市議会に出されて、市議会議員である常楠が反対しているのを知って、熊楠は貴族院書記官長である柳田国男に徳川頼倫侯へ資料を渡してほしいと依頼している。「小生は神社一件以後大いに食いつめ、閉戸して世事に関せぬところ、今回の城埋埋立てはいかにも不埒極まる」(柳田国男にあてた一九一四年六月二十九日付)と考えての行動であったが、同年十月に議案は撤回された。

一九一六年七月五日、結婚式以来というかたびらに袴の礼装をつけて、闘鶏神社で祭礼準備中の町部長や宮総代を前にして、菌の標本などを示し、神社林のことや台場公園についての講話をした(「菌類学上より見たる田辺及台場公園保存論」)。

一九一七年五月、闘鶏神社の近くに作られた湊村の三郡製糸会社の工場から出る煤煙が神社にふさわしくないとし、湊村小学校にも悪影響を与えるという意見を、熊楠みずから県庁をたずねて鹿子木県知事、竹井内務部長、和田警察部長を相手に陳情し、同月に設立許可条件の有効期限を一九一九年末とし、汽缶に使う燃料を石炭ではなく雑木とする指令が県知事から出された(「三郡製糸会社設立許可条件について」他)。この問題は、一九二〇年に同社が南海製糸会社を買収した機会によそへ移転してからも、その残った工場が買収されるなどして解決は長引いた。

一九一八年七月には、田辺町と湊村の合併に反対する長文の池松知事あての意見書を、『牟婁新報』紙上に連載した。この時の合併は一応中止となったが、一九二四年に田辺町に西ノ谷村と湊村が合併したさいには熊楠は何も発言していない。なお町村合併については、のち一九三六年八〜十月に『牟婁新聞』に発表した文章で、田辺町と新庄村の合併に反対しているが、この合併は中止された。

一九一八年八月の米騒動のさいには、十五日の号外に和歌山市で宇治田宅と常楠宅が暴徒に襲われたと出ていると知り、熊楠は午後の船便で和歌浦に向かった。兵士たちの厳しい警備のなかを、徒歩で常楠宅にたどり着き、十四日夜に二十人ほどが来て障子ガラスを七、八枚割られたが、常楠が応対して大事には至らなかったことを聞いて、翌日、田辺に帰っている。

なお田辺では、八月十七日夜に、知人で飲み仲間の楠本楢造が十人ほどを連れてきて、「米店、価を定めぬ故調停してくれ」と言われたが断わっている（以上米騒動の件は「日記」による）。

研究所設立の動きがしだいに具体化しかけたころ、熊楠は高野山で二年つづけて植物採集をおこなっている。帰国以来、一度も顔を合わせていなかった土宜法龍が真言宗高野派管長となった機会に、滞在の勧めもあったので、久しぶりの長期旅行を計画した。

二度の高野山行

一九二〇年は夏の八月二十三日から九月四日まで高野山の一乗院に滞在し、田辺からは画家の川島草堂が同行した。和歌山市から加わった小畔四郎（那智以来の二度目の対面）、海草中学教諭の坂口総一郎（のち和歌山師範教諭）と宇野確雄は、山内の見学などが終えると二十六日に下山し、あとに残った熊楠と草堂の二人は菌類の採集をつづけた。

熊楠は「縦縞の浴衣に博多帯をしめ、草履を穿いて」いた。そこへ「和服に羽織まで着た紳士風」の小畔、「洋服に胴乱」で「学者気取り」の宇野、背負いかばんのほか写真機や胴乱をさげて「荷持ち」の坂口の異様な四人づれで入山したというが（「高野登山随行記」）、熊楠は土宜法龍に二度会って旧交を温めたほかは、もっぱら採集と図記をしていたらしい。

翌一九二一年は初冬の十一月一日夜から二十八日朝までで、こんどは画家の楠本龍仙（秀男）が同行している。寺の僧にも採集を手伝ってもらった菌類は、楠本が画を描き、熊楠が記載を書くという手順で、記録したものが多かったらしい。

三日目の夜半に書いた絵入り葉書のなかでは、小畔四郎あての「くさびらは幾劫《いくごう》へたる宿対ぞ」（絵は「南方先生、菌を盆に盛り、左手に筆、右手に徳利」の自画像）が知られている。

また宿坊の風呂には男女の別がなかったらしく、洋人のような「大女」の母娘（姉妹）と風呂で二度いっしょになり、強い印象を受けたらしい。日記には半年ほどあとの追記があり、その長女の裸身を描いた画が現存するが、自分が当夜か翌夜に描いたと記憶しているとある。

十一月十八日には金剛峯寺を訪ねて土宜法龍に対面したが、酒気をおびた熊楠は部屋があまり暖かくて居眠りをして鼻水をたらし、それを土宜に拭きとってもらったという。土宜が死去したのは、わずか一年二か月あとの一九二三年一月であったため、これが最後の出会いとなった。

牧野富太郎とのかかわり

話はさかのぼるが、一八八七年に創刊された『植物学雑誌』の巻頭を飾り、さらに翌年秋から刊行されはじめた『日本植物志図篇』に掲載されたのは、まだ二十代なかばの牧野富太郎が独自の手法で書いた高等植物の図であった。

アメリカのアナーバーで植物採集を始めていた熊楠は、植物の同定に必要な参考書を買うだけでなく、日本の研究動向が知りたくて、『植物学雑誌』や『日本植物志図篇』なども常楠に頼んで送ってもらっていた。自分より五歳年上の牧野が、大学の学歴がないにもかかわらず東大の植物学教室に出入りしながら本格的な仕事を始めているのを、熊楠は同時代に知っていたわけである。

これ以後、熊楠の研究対象が高等植物から隠花植物へと限定されていくのは、この時期の牧野の仕事を見ていたためではなかったか、と土永知子は推測している(「南方熊楠邸の植物標本」)。隠花植物という選択には、熊楠の資質も大いに関与していると思うが、牧野の仕事が当時から熊楠の視野に入っていたことは確かである。

神社合祀反対運動のさなかに、牧野と師弟関係にある宇井縫蔵を介して植物の同定を依頼し、そのあと熊楠と牧野のあいだに文通のあったことは、すでにふれた。熊楠が手紙を書く動機であった合祀反対への協力は実現しなかったが、そのために二人の関係がこじれたわけではなかったと思われる。日記によると、このとき熊楠が宇井に託した高等植物の標本は四百余点もあり、前後して岡村周諦に送った蘚類標本もほぼ同数であったのは、熊楠としては、もはやそれらの分野の標本整理には手がまわらないので、他人に提供してもいいという意味合いもあったのかもしれない。

宇井がのちに出した『紀州植物誌』(一九二九年)には、熊楠の採集標本を参照した記載も多い。しかし、たとえば同書のリウビンタイの項で宇井が牧野の意見を採用した部分について、熊楠は「この牧野という人は顕花植物や羊歯類の鑑定は至って熟したものながら、甚だ狭い度量の人で」と批判的な意見をのべている(宇井縫蔵にあてた一九三一年十月二十九日付の手紙、『増補南方熊楠書簡集』)。

一九二四年に牧野が植物採集会に招かれて田辺に来て、宇井宅に十日ほど滞在したことがあった。牧野にしてみると、多数の植物の同定を引き受けたこともあるのだから相手が訪ねてくるのが当然という気持ちもあって自分からは出向かなかった。ところが帰京後に、熊楠から家内が病気であったために失礼したという手紙をもらったという。

熊楠の没後に書いた文章で、その時のことを記した牧野は、さらに熊楠を「大なる文学者でこそあったが、決して大なる植物学者ではなかった」としている。牧野のように多くの図鑑や著書を出してきた人からすれば当然の発言であったろう。おなじく学歴なしで植物を研究の対象としながらも、牧野と熊楠とでは気質も仕事の流儀もまったくちがっていた。

一九一六年、牧野が累積した三万円の借金のために三十万点の標本を海外に売ろうとしていることが新聞で取り上げられた。それを見た京都帝国大学の学生池長孟《はじめ》が、父親の遺産から三万円を出して牧野の標本を買い取ると申し出て、神戸の会下山《えげやま》公園の登り口にある池長会館を池長植物研究所として、そこに標本を収めた。牧野は月一回、そこを訪れて植物講話をすることになった。しかし、牧野の金銭の使途についてのよからぬ噂が原因で、数年後に池長と牧野の関係は決裂して終わった。

『大阪朝日』にのった池長の援助の話は熊楠の耳に入っていたであろうか。田中長三郎からの手紙には、「牧野富太郎如きに二《ママ》万円も出す篤志家ある世の中に就き、貴下の状を世に訴えなば同情者必ず集まるべしと存じ候」とあった（南方熊楠にあてた一九二一年一月十六日付の手紙）。

スウィングルの来日

アメリカ農務省のスウィングル（一八七一～一九五二）から一九〇九年に来た手紙が、熊楠がアメリカ政府に招聘されるという話題を新聞に提供したことは、すでにふれた。もともと中国とアメリカ大陸との栽培植物（たとえばトウモロコシ）の交流に関心のあったスウィングルは、中国語と英語ができて中国書（たとえば『植物名実図考』）の翻訳ができる研究者を求めていたのであった。

そのスウィングルが一九一五年に日本と中国を訪問し、五月には田辺に来ることになった。

和歌山市で常楠に会ってから、スウィングルは、田中長三郎（信州蚕糸専門学校助教授）、朝倉金彦（和歌山県農事試験場技師）とともに、五月五日昼の船便で田辺に着いた。まず神島に渡り、その日は近所にある柑橘類の珍木や稲成村の稲荷神社の神林を案内した。翌六日は、熊楠宅で家族に会い、熊楠からフロリダ、キューバ時代の採集品などを贈られ、闘鶏神社を訪ねたあと昼の船便で帰った。

スウィングルの撮影した熊楠一家
（左から熊弥，熊楠，松枝と文枝，女中，1915年5月6日）

この時も、スウィングルはアメリカへの招聘を打診し、熊楠は断わったらしい。東大で白井光太郎の助手をしていたこともある柑橘類専門の田中は、日記によると一九一一年から熊楠に手紙をよこしていたが、これが初対面であった。その田中が熊楠に代わるかのように、帰国するスウィングルに同行して、同年八月にアメリカへ渡り、農務省で働くことになった。

三年後の一九一八年には、ふたたび来日中のスウィングルに合わせて、田中は帰国している。スウィングルはこの時にも手紙をくれているが、熊楠とは会うことができなかった。

3　研究所への道

田中長三郎の構想

熊楠邸に残されている田中長三郎（一八八五〜一九七六）からの手紙は、一九一五年に来訪した時の礼状に始まり一九三二年に台北帝大にいた田中からの安藤ミカンの礼状までの六十三通（上松蓊、毛利清雅あてをふくむ）にのぼるが、熊楠から田中にあてた手紙は一通も残っていない。田中の手紙の主要部分を翻字し、植物研究所の計画との関与を跡づけたものに川島昭夫の労作がある。

それまでは「履歴書」などでの熊楠の解説から、植物研究所は田中と常楠が主唱して計画し、田中が趣意書を書いたが、田中がふたたびアメリカに渡ってから「なんとなく退いて」しまった、とされていた。その実際の経過は予想以上に複雑であった。

一九一六年、アメリカに渡ってまもない田中からは、アメリカでは農務省そのものが「一の博物館」であり、日本でも「農業博物館」あるいは「物産博物館」の設立が急務であると説く手紙がとどいている。その後、二年以上の空白をへて一九一八年に田中が帰国してから、また往来が始まる。

一九一九年四月下旬、田中が田辺に来訪し、熊楠宅をふくめて数日間宿泊する。そのまま五月に入って、田中とともに和歌山市に赴き、さらに神戸で見学した上で、常楠を加えて相談している。この時は田辺出身の実業家長井辰士九の援助による柑橘園が画策された。その案は実現しなかったが、このさいの相談がのちの研究所の計画につながることになった。

一九二一年には、文部省による海外出張で田中がふたたびアメリカに渡ることが決まり、田中はこの機会に計画実現の段取りをつけたいと考え、手紙でのやりとりのあと、同年二月に和歌山市の常楠宅に一泊して、田中を入れて三者が相談をした。さらに三月にも、田中が田辺へ来て一泊した。この時、熊楠は田中の書いた趣意書原案に手を入れ、かなり短くしたらしい。

田中の当初の構想では、殖産のための博物館を設立し、熊楠には館長に就任してもらいたいと考えていた。のちには、熊楠の標本を保存し、研究業績を公表するための研究所でもいいという意見に傾いたこともあった。それに応じて資金の目標も、初期には三〇～四〇万円とされていたが、最後には五万円にまで縮小された。（印刷された趣意書での募金目標は十万円となっていた。）

一九二一年四月、乗船直前に研究所名が「財団法人南方植物研究所」と印刷された趣意書を受けとった田中は、自分の草案ではこの名称を使っていなかったと指摘し、常楠が全額の十万円を出資して作るわけでもないし、財団法人なのに熊楠の私的研究所と見なされるのも困るから、「南方」の二字を入れるのには反対だ、と船上から抗議の手紙をよこした。

さらに田中はアメリカに着いてから、ドイツの植物学者オットー・ペンチヒの一万百二十五点の蔵書を五千ドルで買い取る計画をたて、熊楠の了承も得て、まず一千ドルの予約金を支払った。そして熊楠側に、まだ研究所としての募金も進んでいない段階で二千五百ドルの送金を求めた。熊楠が常楠にようやく融通してもらって送った二千七百円は千三百ドルにしか相当せず、田中は窮地に立った。

しかし熊楠としても、それ以上の手を打つことはできず、この件をきっかけに、一九二一年八月以降、熊楠と田中は絶縁状態となった。（のちにペンチヒ文庫は田中が個人で購入し、田中が図書館長をつとめた日本統治時代の台北帝国大学に保管されていて、敗戦で接収されたため、現在は台湾国立大学の田中文庫に収められているという。）

研究所への期待

田中から提唱された研究所の計画に、熊楠が相当乗り気になっていたのは、熊楠の側にもそれなりの心境の変化があったためと思われる。近年になって吉川壽洋の手で翻字されて紹介されている常楠あての手紙にも、その様子は見てとれる。

> 小生は植物の方のしらべは略々《ほぼ》終結致し候。この二十年、熊野に居て、およそ一万ほどの植物をしらべ終わり申し候。西洋にてもあまり例多からぬ事に御座候。この結果を世界中へ公表したら、小生は恨みなし。すなわち天下晴れて大学者になるなり。（中略）生物学に至りては、種類が無数にあるものなれば、なるほど諸国で発見同士の衝突が多く、随って、この事は誰か自身より先に公表してなきかというを知るにもっとも苦しみ申し候。自分で考えて知り得ることに非ずして、広く世間の報告を手に入れねば、どんなに考えてもこの事は分かり申さず。
>
> （南方常楠にあてた一九二〇年十二月二十一日付の手紙）

書物を購入する資金の依頼状であるため誇張した表現が使われているとしても、幾分かの真情は語られているると見るべきであろう。牧野へ植物標本を送った話のときにもふれたが、熊楠にもこのあたりで一区切りつけるという気持ちはあったかもしれない。「十二支考」の連載で物書きとしての地位も固まり、常楠の援助による新居への移転で生活も安定しかけていた。

熊楠の仕事を高く評価していた田中は、植物関係の多くの仕事が未完結であることを惜しみ、それを学問的に認めさせるためにも研究所を作りたいと考えていた。田中からの渡米前の手紙では、最後には研究誌の名前から熊楠家の生活設計までもふくまれていて、常楠や上松蓊などが田中の相談にかなりの程度加担したのも無理からぬところがあった。

一九二一年二月の話し合いの前には、熊楠自身も、田中のいなくなる期間に事を進める不安はありながら、「小生留守師団長ごときものとなりて、研究所長ととにかくなることに致し」と語ったり、柳田国男が『東京朝日』に民俗学者として雇われたように、自分も『大阪毎日』の客員になりたいなどと揺れ動く心境を語っている（南方常楠にあてた一九二一年二月六日付の手紙）。

「日照権」紛争

一九二五年一月三十一日に書きはじめられて、日本郵船大阪支店副長である矢吹義夫にあてて全長七八〇センチの巻紙に書いた手紙は、日記にもすでに「予履歴書様の長文」とあり、乾元社版全集以後、「履歴書」と名づけられている。

土宜法龍や柳田国男のような胸襟を開いた相手に対しては、まず自分の来歴を語るのが熊楠のならわしであった。「履歴書」はいわばその総集篇で、それに先立つ矢吹からの綿の神についての問い合わせに答えて五十円の謝礼を受け取ったことへのお返しの気持ちをこめたものでもあった。

この「履歴書」で、研究所設立のきっかけとして大きく取り上げられているのが、南側の隣家との「日照権」紛争である。一九二〇年七月に南側の家に入居した野中権蔵宅では、熊楠宅の庭に隣接する場所に長屋があり、そこで人を雇ってミカン箱の製造をおこなっていた。

一九二一年の一月二十五日に、野中宅から長屋をこわして二階建にするという話があった。熊楠はあわてて隣家との境界に、石友を頼んで杭を打ってもらった。たまたまこの日には末弟楠次郎の病死した知らせが常楠からとどき、熊楠は二日後に和歌山市に向かっている。

翌日さっそく訪ねてきた野中に、熊楠が粘菌標本を持ち出して自分の研究の説明をしたところ、「同氏笑い出し、予大いに怒り、追い出す」（「日記」）という出来事があった。ましてや二階建の日かげになって被害をこうむる「試験畑」についての説明は、納得してもらうどころではなかったろう。「履歴書」での説明によると、その「試験畑」では、空中の窒素を取るための実験で藻類の繁殖と日照時間の関係を調査したり、粘菌の変化を日夜観察したりしていたという。

一筋縄では行かないと考えた熊楠は、和歌山市で県庁の藤岡勧業課長と会い、小原県知事に野中あての諭書を書いてもらうことにした。二月四日には、毛利清雅に頼んで伊藤郡長にも来てもらい、県知事の諭書を持参した藤岡課長とともに、野中を説得しようとしたが、相手は中央部分の屋根を低くすると言ってその場をつくろい、役人たちが帰ってしまうと、予定どおりの工事を始めた。

二月二十六日には、建物に板を張るため宅地に入れさせてくれと大工が頼みに来たが、熊楠は断わった。三月二日には熊楠側で境界に鉄条網を張ったため、両方の関係者がもみあい、警察も来た。十七日になって、野中側は工夫して屋根から板を下ろし、何とか作業をおえた。結局、いろいろ手間取ったものの、相手はやりたいように二階建ての建物を作ってしまったのであった。

「履歴書」では、「右の次第にて小生は、南隣の主人の無法のために五年来の試験を打ち切らざるを得ざることとなりしにつき、県知事始め友人ら、これ全く小生多年あまりに世間とかけ離れて仙人棲《すま》居《い》をせし結果なれば、何とかして多少世間に目立ち、世人より敬せられ保護さるるようの方法を講ずべしとのことにて、協議の末生まれたのが植物研究所で」（「履歴書」）と記している。

たしかに、このあたりが熊楠にとっても研究所設立への最初の動機であったかもしれない。

平瀬作五郎との共同研究

一九二一年二月、研究所設立の相談で会っていた田中長三郎の口から、熊楠は思いがけない話を聞いた。それは京都在住の平瀬作五郎と熊楠が十数年来共同で研究を進めてきた松葉蘭の発生過程について、オーストラリアの研究者が解明したという記事がアメリカの雑誌にあったと東大教授の池野成一郎から教えられたという話であった。

熊楠から手紙をもらった平瀬が、イチョウの精子を発見した時の報告書の共同執筆者である池野に問い合わせたところ、たしかに一昨年秋にオーストラリアの二人の研究者による報告があるということであった。それを聞いた平瀬は、落胆して松葉蘭の研究をやめてしまった。

中瀬喜陽によると、熊楠がはじめて松葉蘭を採集したのは、一九〇三年四月四日、那智の陰陽の滝付近でのことであった。その後、熊楠は紀州の各地で目にしているが、松葉蘭は日本では暖地の岩場などにしか見られない珍しい植物で、その発生の仕組みがよく分かっていなかった。

平瀬から手紙をもらって熊楠との文通が始まったのは一九〇七年秋で、翌年三月には熊楠が松葉蘭の胞子を平瀬に送ったことが『日記』に見える。一九一二年八月には、平瀬は息子を連れて松葉蘭の採集のために初めて田辺を訪れた。以後、平瀬は何度か田辺を訪れている。（一九一二年五月には、イチョウの精子発見で池野とともに平瀬は帝国学士院から恩賜賞を受けていた。）

研究を中止する一九二一年までに、平瀬から来た手紙は五十数通残っていて、両者の研究にかけた熱意をうかがうことができる。中止になる直前、熊楠はカツオの煮汁から生じた菌をオモトの根で繁殖させ、そこに松葉蘭の胞子をまくと発生するところまでつきとめていたという（「履歴書」）。

牧野富太郎と同じ年に東大の助手となった平瀬は、三年後にイチョウの精子を発見したが、その論文を発表したあと東大には残れず、滋賀県の旧制中学の教師をへて、京都の花園学院に晩年まで勤務していた。細々と研究はつづけていたものの、家庭的にも不幸の相次ぐ一生であったらしい。

平瀬が松葉蘭の研究を止めてからも、熊楠は自分の研究は発見の方途がちがうのだからと続行を宣言し、次のようなアカデミズム批判を口にしていた。（しかし、研究所設立の構想もまた、一面でアカデミズムへの接近という矛盾をはらんでいたと思われるが。）

さて平瀬にこのことを報じたる某博士は、小生がこの田舎にありて今に屈せず研究を続けおるを愍然《びんぜん》なことと笑いおると聞けり。小生はそんな博士を愍然と冷笑するなり。身幸いに大学に奉職して、この田舎にあり万事不如意なる小生よりは早く外国にこの研究を遂げたる者あるの報に接したりとて、その人が何のえらきにあらず。（中略）御殿女中のごとく朋党結托して甲を乙が排し、丙がまた乙を陥るる、蕞爾《さいじ》たる東大などに百五十円や二百円の月給で巣を失わじと守るばかりがその能《のう》で、仕事といえば外国雑誌の抜き読み受け売りの外になき博士、教授などこそ真に万人の愍笑の的《まと》なれ。
（「履歴書」）

4　募金のため上京

頼みにしていた田中長三郎との関係は絶縁状態のまま、植物研究所の募金活動は動きだした。

三十数年ぶりの東京

一九二二年の春から夏まで、熊楠は募金のために上京する。渡米の時以来三十数年ぶりの東京で、降りたのが新橋駅だと思ったら東京駅だったので驚いたと語っている。

植物研究所設立趣意書には、一九二一年三月の案では十六人の発起人が挙げられていた。その後、同年六月印刷のものでは三十三人となり、のちに熊楠が書き入れた五人の人名もある。募金にあたっては、共立学校や大学予備門時代、さらにアメリカ、ロンドン時代に面識のある人脈を巧みに活用している。応対のさいの硬軟とりまぜた話題は、「履歴書」にも語られているとおりであったろう。

三月二十六日に田辺を出た熊楠は二十八日朝、東京に着いた。予定した訪問は二か月足らずで大半すんで、六月末には引き上げる相談までしていた。しかし、目標まで集めたいという気持ちと、もう二度と上京の機会はないと考えたためか、日光行きをふくめて八月十四日までの長期滞在となった。

宿泊した銀座二丁目の高田屋旅館は、酒を出さない建て前の旅館だというので関係者がここに決めたらしいが、やがて来訪者たちの持ち込みがはじまり、そのうち宿からも適量の酒が差し入れされるようになった。

政治家からの募金

以下に発起人の紹介をかねて、煩雑ではあるが、おもな訪問先、募金額などをあげてみる。（前年六月印刷の趣意書の発起人には＋印、熊楠の書き入れ分には＋＋印を付し、肩書も大半はそれを使った。募金額は「上京日記」と同年の日記で判明するもののみ記入した。）


地元関係では、東京まで同行して最初の時期に手伝ってくれた牟婁新聞社長毛利清雅＋、上京前に会った和歌山県知事小原新三＋のほか、同内務部長竹井貞太郎＋、同理事官藤岡長和＋、同県会議長木本主一郎＋、和歌山市長遠藤慎司＋が発起人にあげられている。

和歌山関係では徳川頼倫侯＋から「破格の寄付」（一万円）をうけた。寄付は三浦英太郎男＋の手を経てもらい、お礼に大磯の別邸を訪れたさいには長い訪問記を綴っている（「上京日記」）。この二年後に、徳川侯が五十四歳で亡くなった時は、熊楠もたいへん落胆している。

政治家への案内役は神社合祀反対の演説をしてくれた前代議士中村啓次郎＋がつとめているが、六月二十一日には築地の洋食屋で開かれた在京和歌山県人の会に出席し、浜口吉兵衛とも話をかわしている。堂野前種松＋は、日常の世話役を手伝っている。

前年十一月に暗殺された首相原敬＋の名は、同年六月印刷の趣意書のまま発起人として残されていた。原にかわって首相となった高橋是清（蔵相兼任。一九二二年六月に総辞職）は「共立学校で予に英語を授けられたる縁あるにより往事を談じ、一笑ののち寄付金あり」（千円）。

ロンドンで会った外務大臣内田康哉（五百円）と農商務大臣山本達雄＋（五百円）、文部大臣中橋徳五郎＋（千円）、衆議院議員岡崎邦輔＋（千円）の寄付をうけ、貴族院議員・慶応義塾塾長鎌田栄吉＋、内務大臣床次竹次郎＋＋にも面会した。農商務省農務局長鶴見左吉雄とは啓明会の補助金について相談し、菌学者原摂祐への援助を図ろうとするが、本人から履歴書は出せないと断わられた。

三菱合名会社（社として一万円）、同社木村久寿弥太（千円）、亡父君が知人の木村平右衛門＋（千円）の寄付をうけ、浜口担＋＋とは快談した。また渋沢栄一子爵を訪問している。

旧友や出版・文筆関係者

そのほか、旧友や、出版・文筆関係などの多彩な人物とも対面している。東京時代に「予と名を斉《ひと》しうした乱暴少年なりし」という井林広政、高田商会松原鏡蔵（百円）、前明治大学学長木下友三郎、中松盛雄（百円）、小松省吾、竹川寅次郎、渡米前ともに高野山へ行った林学博士川瀬善太郎、三十六年ぶりに再会の東京朝日新聞社調査部員杉村広太郎＋などの旧友たちとは大いに話がはずんだ。

出版関係では、「十二支考」連載中の『太陽』主筆浅田江村（彦一）＋（百円）、『婦人世界』主筆鈴木徳太郎と『家庭雑誌』主筆中山太郎が来訪した。『日本及日本人』の政教社三田村鳶魚（玄龍）＋＋も来訪し、頭山満や三宅雄二郎（雪嶺）＋との講演会を提言しているが、これは実現しなかった。

『集古』の集古会長三村清三郎＋＋と林若樹＋＋、『性之研究』の北野博美、『現代』の広瀬照太郎などは、いずれも熊楠が寄稿したことのある雑誌の編集者である。

のちに「十二支考」の出版をめぐって交渉の生ずる『変態心理』の中村古峡は、この時初めて熊楠と会った。また中山太郎は金田一京助、折口信夫を連れてきて、そのあと折口はあらためて高崎正秀や今泉忠義をふくむ郷土研究会員七人を連れてきて少額の寄付もしている。かねて文通のあった日本滞在中のロシア人民俗学者ニコライ・ネフスキーも、あわただしく来談している。

交詢社へ行き、竹越与三郎と『二千五百年史』の加藤清正評価にふれた話をした。早稲田大学へ行き、法学博士高田早苗＋、市島謙吉に会った。早稲田大学教授安部磯雄＋からはハワイの野球団と京阪地方へ行くので会えないと連絡があった由。大隈重信侯＋も発起人となっている。

理科大学教授渡瀬庄三郎とは紀州の豆狸の話をし、理学博士白井光太郎＋、三井物産六鵜保、紋章学の沼田頼輔、控訴院判事尾佐竹猛、ロンドンで交遊のあった木村駿吉博士（百円）、岡村金太郎博士の助手で水産講習所東道太郎も来訪した。理科大学助教授で魚類研究の田中茂穂が来談中、スウィングルに贈った「山の神草紙」の表具をしてくれた木村仙秀（捨三）も来て、ともに歓談した。

少しひまになったころ、ひんぱんに遊びにきていたのは平沢哲雄、末広一雄の二人であった。

小畔四郎＋（千円）と中島滋太郎（百円）は日本郵船諸氏の寄付の世話もしている。上松蓊＋も、友人たちの寄付を何度も届け、平沼大三郎（三年分五百円）もくりかえし旅館を訪れている。（なお平沼の母さく子からは、のち進献のあった一九二五年に三万円の寄付があり、同年初に四万円をこえていた募金額は七万余円になったという。笠井清『南方熊楠——人と学問』六十二ページによる。)

このうち上松と平沼に、六鵜保を加えた三人が熊楠に同行して、七月十七日から八月七日まで日光へ行き、中禅寺温泉の米屋旅館に泊って、熱心な植物採集をつづけている。八月十四日夕に東京を発ち、十五日夜半近くには田辺に帰着するという強行日程の付添いは、南方酒造の東京支店で働く神谷文太であった。

以上のほか、発起人にあげられているのは、土宜法龍+、田中長三郎+、大阪毎日新聞社長本山彦一+(のちに五千円)、文学博士幸田成行(露伴)+、台湾民政長官下村宏+、理学博士(京都帝大、植物学)小松茂+、神奈川県農事試験場員宮沢文吾+、長崎高等商業学校長田崎仁義+の諸氏で、そのうち最後の四氏は田中の推薦であった。(熊楠の書き入れた人名は和歌山市博物館所蔵本によったが、南方熊楠記念館所蔵本では床次竹二郎、三土忠造、平沼大三郎となっている。)

幸田露伴と熊楠は面識はないが、常楠が東京で開いた「世界一統」の命名祝賀会に露伴が出席したことがあり、また『現代』一九二一年四月号に露伴が「紀州田辺に過ぎたるもの二つ、南方熊楠君と日本一美味の鮨(縄巻鮨)」と書いていた。その縁で、『現代』の広瀬記者をへて依頼したという。

講演・写真・大女

断わりきれずに引き受けた感じの国学院大学での五月十四日の講演は、徳川侯邸訪問のため急に一日延期してもらった上に、「予夕飯すませ、日本酒のみ、(車に)同乗して国学院えゆく。院の控え席にて、また日本酒のむ。講堂に芳賀[矢一]博士来る。折口[信夫]及び中山[太郎]氏話し、予も少しく話せしが、酔いてよい加減なこととし、大酔して帰宅。（中略）この夜、芳賀博士より『今昔物語』下巻もらう。松村武雄氏にあう」（日記）という次第で、翌日はほとんど寝てばかりいた。人前で話すことはよほど苦手であったらしい。

熊楠の滞在中の取材では、読売新聞内田栄記者には熊楠も好意的で、写真撮影も許している。同紙四月十八～二十三日付に「金策に苦しむ今仙人」の見出しで五回連載された記事は丁寧な内容で、第一回に横顔の写真がのっている。一方、東京日日新聞の取材では（平沢哲雄の知人の記者だったにもかかわらず）写真撮影をことわり、記事を見て「予の事よい加減に書きあり」と日記に記している。

また熊楠は、ある日、女中の一人に友人の持ちこんだ酒のつまみにチーズを買ってきてもらった。それが「ことのほかの大女」である杉山菊で、十八なのに二十四、五には見えた。『里見八犬伝』にゆかりのある安房の東条で育ち、三歳のとき父に死なれて、母親は針仕事で生計をたててきたが、いまは菊が世話をしているという。この菊を熊楠はよほど気に入っていたらしく、末広一雄の世話で画家の北沢楽天が熊楠の絵を描きにきた時には、菊の立像と坐像も各一枚ずつ描いてもらっている。スタイルがいいというので、平沢大三郎に頼んでくわしい身体測定までして、日記に記している。

熊楠の大柄な女に対する執心は、すでにふれたように二度目の高野山行でも示されている。このあと日光へ行った時にも、二十二歳の大女の女中の名前などを書きとめている。とくに杉山菊のことはかなり後年まで心にかけ、上松などに頼んで何度もお金を渡してもらっている。

研究所の印鑑

募金旅行の成果は、熊楠によると「只今集金すべて三万五千三百円ほど有之、これに常楠の二万円と小生の田地を売り払い、また二万円ほど加うれば（他にも京都、大阪等にて五千円までは出来る見込みあり）、八万円は優に出来申すべく、然る上は小生立派に研究所を経営し得るなり」とあった（上松蓊にあてた一九二三年一月十一日付の手紙）。

このうち常楠の二万円分は、「金子《きんす》を出さず五年賦に致し利子を出すとのことにて、（一九二二年）十一月来小生へ一切送金せず、小生一家活計立たず」（同上の手紙）ということになり、当初研究所の基金を生活費には使えないと考えていた熊楠は、常楠の処置を認めようとしなかった。

常楠にしてみれば、家屋の購入代金四千五百円とペンチヒ文庫購入費の一部二千七百円（のちに田中長三郎から千円返却されたともいわれるが）を立て替えているし、熊楠が募金に上京したさいの旅館の滞在費や交通費なども支払っている。田中の出した計画には熊楠家の生活費を研究所から出す案もあったことだし、常楠がここで一息つきたいと考えたのも無理はない。しかし、熊楠はそれを背信行為と見なして、「履歴書」に記されたような常楠一家への非難をくりかえした。

以後、研究所として新しい構成員を加えたり新しい事業を展開することはなかったものの、熊楠の後半生の日常的な研究生活を維持するために、その基金は大いに役立ったものと思われる。

南方植物研究所は過渡的にはたしかに存在したわけだが、結果としては存在しなかったというべきかもしれない。川島昭夫によると、熊楠の蔵書中には「南方植物研究所」の刻印を背に押した書物がただ一冊だけ残されているという。

第九章　大正から昭和へ

1　熊弥の発病

関東大震災

一九二三年九月一日の関東大震災について、熊楠は「東京、昨日強震、京浜及び関東阿鼻《あび》世界化し、宮城の一部にも火移り、山本首相親任式止めになりし由、『紀伊新報』号外にて知る」と、二日の日記に書いている。二、三日来、粘菌の鏡検のため昼夜を逆転して過ごしていた熊楠は、翌三日には「東京大災に付き、原稿等書きたりとて宛て所なく、何もせずに居る」という心境であった。

さいわい知人の小畔四郎や上松蓊、それに東京滞在中の毛利清雅の無事も分かり、平沼大三郎は重傷を受けたが助かったという連絡があった。

『太陽』に掲載する「十二支考」の原稿は、毎年その時期になると依頼状が来るという形であったため、それを予定して早めに準備をすることが多かった。十月下旬からネズミについての資料を集めていた熊楠は、十一月下旬に書きはじめた原稿を、十二月三日と十一日の二回に分けて六十枚ほど送っている。ところが、十二月二十一日に『太陽』編輯部の長谷川誠也から「『太陽』は従来とかわり通俗的なものにするに付、予の原稿は返す」との連絡があったという。なじみの編輯部員が入れかわったこともあるが、それ以上に雑誌の編集方針を変えざるをえなかったのであろう。

大正の初年から投稿していた『日本及日本人』についても、熊楠は一九二五年十二月に「小生久しく無料で寄書せしが、今年より小生の寄書を出さずなりぬ」と語っていて（実際にはまだ二年ほど掲載されているが）、こちらでも変化は始まっていたのである。

さまざまな曲折をへて「十二支考」が単行本に入るのは戦後の乾元社全集になってからだが、その連載中止と一九二六年に三冊の著書が刊行されることで、物書きとしての熊楠にとっては一つの時代が終わったといっていい。それは日本にとっても一つの曲がり角であったようだが。

旧制高校受験

一九二四年春には、文枝が小学校を卒業して県立田辺高女に進学した。田辺町では男女とも小学校の高等科に残るものは少数で、ほとんどが中学校、女学校、実業学校などに進んだ。（なお文枝は、高女卒業後、看護婦と助産婦の試験を受けて合格しているが、それを職業とすることはなかった。）

翌一九二五年春には、熊弥が県立田辺中学を卒業するので、一月には高知と熊本にある旧制高校に受験の手続きをとり、結局高知高校を受けることにした。

前年暮から正月にかけて熊楠は和歌山市に滞在して、植物研究所への寄付金、すでに常楠名義に変更されていた土地、田辺の家屋敷の権利などの件で、常楠とかけあっていた。事態に進展が見られなかったためか、直後の二月に書いた「履歴書」には常楠に対する激しい非難がとびかっている。

熊楠は家屋敷の購入で常楠に頼みごとをしたあとにも、すでにふれたように感冒を悪化させているが、こんども常楠との折衝に疲れて、さらに「履歴書」を書きおえたあと、また流感にかかって半月ほど苦しんでいる。心身の連鎖がいかにも過敏であることをうかがわせる。

おまけに、その流感が松枝にも、さらに受験を控えた熊弥にもうつってしまった。

喜多幅医師の全快という診断を前日に受けた上で、三月十三日の昼過ぎに、熊弥はおなじく高知高校を受験する友人二人と乗船して大阪に向かった。大阪で友人の親戚の家に一泊し、十四日には風波のある荒天に乗船して、十五日に高知に着いた。

ところが、十五日の夜七時、高知から「クマヤビヨキスグコイ」という電報が田辺にとどいた。熊楠はすぐに宇井縫蔵をたずね、同氏知人で高知に住む吉永虎馬に電報で世話を頼んでもらい、自分も文通のある寺石正路に手紙を書いた。十六日には石友（佐武友吉）と金崎宇吉が熊楠に依頼されて高知に向かった。熊弥が二人に付き添われて田辺にもどったのは十九日夜であった。家の門を入る時、「ここはどこかと問いし由」にて、熊楠を見ると頭を下げて礼をしたという。

妹の文枝は「右の電信に接し涙も出ず、顔蒼ざめ無言にて通しおり申し候」（寺石正路にあてた一九二五年三月十六日付の手紙）という様子であった。

熊楠は、熊弥が流感の病み上がりで体調が悪かった上に荒天の船旅をしたために、船中で発病したのであろう、と寺石あての手紙に書いている。

浴衣姿の女性

旧制高校の入試はかなり水準が高く、田辺中学でとくに成績優秀とはいえなかったらしい熊弥は、自分には合格はむつかしいと思っていた可能性があり、それが最大の不安要因であったことは疑いない。しかし、精神障害の発症の原因は、実際には特定することの困難な場合がほとんどである。むしろあまり重要ではない、ささいな出来事が引き金となることが多い。

熊弥が田辺にもどる前日の十八日、具合の悪くなる前後に熊弥の出した葉書が二枚とどき、その文面が熊楠の日記に写しとられている。そのなかには、脈絡ははっきりしないが、「嗚呼私はこの世を去ります。女なんかに関係して居なかったのは真実です」、「しかし野卑な思想は寸毫もありませぬ」、「私はお父さんにもお母さんにも不孝でした」などとあって、女性のことで何か言われたのを理由にして（そうすれば受験もしなくてすむという）自死願望の募っていた様子が見受けられる。

このことと関係があるかどうかは不明だが、帰宅後しばらく自宅で療養していた三月末に、熊弥が写真機を欲しいと言い出し、二十円と付属品（乾板などか）十円で買ってもらっている。近年に文枝が亡くなったあと、遺品のなかに熊弥と書いた写真機があり、撮影ずみの乾板が一枚入っていた。親族の人が現像に出してみたところ、海岸らしい松の木の下で二人の浴衣姿の若い女性が写されていたという。誰かは分からなかったそうだが、浴衣姿から考えると、和歌山市での入院よりもあとの季節のものと思われる。現像に出しそびれて、そのままになったのであろうか。

熊弥が小学校に入った二日目の日記に「熊弥、平生怯なる故、学校行きいかがと案ぜしに、もっての外勇ましく行き、事すみたり」とあって、熊弥の「怯なる」ことをすでに熊楠が心配していたことが分かる。その数日後に、担任の森先生が画のうまい熊弥に犬の別態を五つも石盤に描かせ、ほめて頭をなでてくれたとか、また夏休み明けには同じ先生が、熊弥に犬の画を描かせ、ほかの生徒にこのとおり描けと言ったことも、うれしかったらしく熊楠は日記に書きとめている。

熊弥の「珍画」

熊弥の画のうまいのは有名であったのか、遊び友だちの同級生がこんな話も思い出している。

小学校へはいって間もない頃、担任は井戸先生といって妙齢の、そしてとても美しい多少グラマーな先生だったが、何かのはずみに熊弥君に黒板へ絵を書くように命じた。ところが彼が書いたのは井戸先生にとっても全く思いもかけぬ犬の交尾図だった。その上急所は御丁寧に赤いチョークで塗りたくった。先生は当然真赤になって「そんなの、そんなの早く消しなさい」と叫んだ。クラスが騒然となったのは言うまでもない。熊弥君は舌を出しながら席にもどって来た。

（楠本定一「南方熊弥君の思い出（上）」『紀伊民報』一九八〇年三月六日）

海外にいたころの日記を見ると、熊楠がしばしば「珍画」を描いて友人たちに見せ、時には見料《けんりょう》を巻きあげていることを想起させる。そんな熊弥も、「中学生時代は何故かおとなしくなった」と楠本は回想している。

熊楠は、中学の英語教師が熊楠の息子だというのでまともに教えてくれなかったとか、熊弥が教師のいうことなど相手にしていない様子を知って、また自分のような人間になっては困ると思って高校を受験させたとも語っている。熊弥はすでに何分の一かは明らかに熊楠の分身であった。

高知から帰って間もないころは、家族もまだ病状を深刻には受け止めていなかった。気ばらしにでもと考え、松枝は妹田村広恵の夫の甥にあたる一つ年上の安部辨雄に熊弥を和歌山市へ連れていってもらった。その時、友人たちと夜の繁華街を歩き、不良にからまれる体験もしたらしい。

その翌日、安部家の人たちに近くの桜花の咲く庭園を案内してもらっていた熊弥が、突然失神して昏迷状態となった。医者に見てもらった結果、秋葉山の東南麓にある和歌浦精神病院に入院した。病院で落ち着きをとりもどした時の熊弥は、見舞いにいった安部と裏山に登って談笑したりすることもあったという。この病院には四月十二日から五月一日まで入院し、また田辺に帰った。

熊弥の入院

初期の熊弥の症状にはかなり安定している時期があったため、熊楠もあれこれ対策を考えたようだ。

> 止むを得ず自宅にて自修せしめ、年来貯うるところの淡水藻をことごとく写生せしむることと致し候。出来次第われら父子の連合として公表するつもりなり。（中略）只今芭蕉、其角を始め諸人の俳句集をあり来たり写させおれり。はじめはさっぱりなりしが、只今は日々六、七枚は写す。字

行もやや正しくなれり。この分ならば春までに口授の筆記くらいは出来ることと存じ申し候。

（上松蓊にあてた一九二五年十二月三日付の手紙）

熊楠の念頭には、かつて柳田国男にあてて語った、つぎのような思いがあったのであろう。

小生は元来はなはだしき疳積《かんしゃく》持ちにて、狂人になることを人々患《うれ》えたり。自分このことに気がつき、他人が病質を治せんとて種々遊戯に身を入るるもつまらず、宜しく遊戯同様の面白き学問より始むべしと思い、博物標本をみずから集むることにかかれり。これはなかなか面白く、また疳積など少しも起こさば、解剖等微細の研究は一つも成らず、この方法にて疳積をおさうるになれて今日まで狂人にならざりし。

（柳田国男にあてた一九一一年十月二十五日付の手紙）

しかし、一時は「拙児は全快致し候」とまで書いた熊楠の期待は、しだいに暗雲にかき消されていった。自宅療養中の熊弥の世話は石友夫妻に頼んでいたが、一九二六年の暮ごろには、無断で外へ出ていってよその家に入ったり、放歌して駆けまわったりする行動がふえてきた。一九二七年五月には、熊楠の書斎に置いてあった手紙と粘菌の図譜が多数引き裂かれるという事態となった。向精神薬の開発されていなかった当時としては、これ以上自宅療養では支えきれなかったにちがいない。

発病して三年二か月後の一九二八年五月、熊弥は京都の岩倉病院に入院した。岩倉病院は、古来の由緒のある土地に作られたコロニー型の精神医療施設として知られていた。入院後しばらくして、熊楠も京都を訪れて医師に会っている。一九三七年には、京都で世話になっていた看護人が年をとって病院をやめた機会に、その夫婦とともに海南市藤白の借家に移ることになった。藤白は熊楠にとってもゆかりのある土地であった。

戦後には、自宅にもどってもと書斎の離れで暮らしていた時期もあったが、母の松枝が一九五五年に亡くなったあとは、近くの病院に入院して一九六〇年に亡くなった。熊弥の療養のための出費は、熊楠の没後にいたるまで、一家の家計に重くのしかかっていたものと思われる。

2 著書の刊行

『南方閑話』

一九二六年二月二十五日、「これ予日本で始めての公《おおやけ》の刊行書なり」と日記に書いた『南方閑話』が東京の坂本書店からとどいた。編集した本山桂川（豊治）は、長崎で隔月刊の趣味雑誌『土の鈴』（一九二〇～二三年刊）を出したあと、茨城に移って雑誌『日本土俗資料』（一九二四～二五年刊）を出し、その間、原稿料なしの両誌に熊楠は多数の寄稿をしていた。

本山桂川氏が今回「閑話叢書」とか申すものとして出すに付き、売り切り、今朝三十円送り来たり申され候。小生只今貧乏にて今少しほしかりしも、本山君も土俗学熱心のあまり敗亡して東国に走られ、その折また震災にあい、大いに尾羽打ち枯らしおる由承り、同貧乏怜れむの情に堪えず、三十円で売り切り申し候もの、すなわち金は現なまで今朝受け取り申し候。

（中山太郎にあてた一九二六年一月三十日付の手紙）

日記では、そのひと月ほど前に許可を求めてきたとあるので、最初の出版にしてはあわただしい進行ぶりであった。「人柱について」（『変態心理』）をのぞいては、本山の編集する雑誌に掲載されたものから選択されていた。熊楠にとってはのちに加筆したい部分がたくさん出てきたのか、邸にある手沢本の『南方閑話』には多数の書きこみが残されている。

『南方随筆』

おなじ一九二六年の五月に『南方随筆』が、同年十一月には『続南方随筆』が、ともに岡書院から刊行された。『南方閑話』が内容体裁ともにコンパクトであるのに引きかえ、『南方随筆』の正続二冊は熊楠の代表的な論文を収めていて、活字もつまっていて読みごたえがあった。「十二支考」の単行本化が実現しなかったため、熊楠の生前に刊行された著書はこの三冊だけであった。

『南方随筆』の出版についての交渉を岡書院の岡茂雄から頼まれたのが中山太郎であった。（編集の実務は岡村千秋が担当した。）一九二二年に上京したさい、講談社の編集者であった中山は熊楠の宿をひんぱんに訪れていた。その気安さで出した依頼状には、さっそく承知するという返事が来た。稿料五百円でという中山の申し入れには、イギリスの本屋への借金も払いたいので五百五十円にしてほしいと熊楠が希望し、それで決まったらしい。さらに高田屋旅館にいた杉山菊にも二百円ほどやってもらえないだろうか、と岡茂雄に頼んでいる（もとの手紙には、菊の「大黒柱にもたれて片脚を立てた折掛け姿」の脚の部分のスケッチが描かれていたという）。

この『南方随筆』の初版本には、中山の執筆した「編者序」と「私の知っている南方熊楠氏」という文章があった。後者には、熊楠自身の語っていたさまざまな「伝説」のほかに、伝聞と誤解をもとにした叙述が多数あった。とくに柳田の田辺訪問をめぐる前後関係の取り違えなどについては、本人から抗議の手紙がとどき、あとから店頭に出た本には、「中山君の小生が言というもの僅十行内外の中に左の諸点は事実に反し居り候」という柳田のことわり書きが添えられていた。ただし熊楠はかならずしも全面否定はせず、「小生も中山君の一篇を小生の名を題した小説稗史と見るものに候」と考えており、今後も編纂の仕事は中山に頼んでほしい、と岡茂雄あての手紙で語っている。

なお、中山の文章に対する異議は小畔四郎からも出ていた。のちに熊楠没後の一九四三年二月に荻原星文館から出た再版本の『南方随筆』では、中山の二つの文章が削除され、小畔の「再版に序す」が入っていた。

岡茂雄は『南方随筆』の初版が出たあとにはじめて田辺を訪ねた。その後、文通をかさねるにしたがって、しだいに熊楠に信頼される相談相手となっていった。

一九二六年の末ごろから数年がかりで、正続二冊につづいて続々編、次編との二冊を刊行する計画が岡茂雄とのやりとりで進められた。熊楠は、正続二冊には雑誌掲載のままの論文をのせたが、あとの分はもっと分かりやすく書きあらためたいと考え、その作業に着手していた。しかし、既発表分に加筆するほか、新たに執筆するものも加えるため、作業はなかなか捗らなかった。その分量は数冊分にもなると予測されたが、生前には完成に至らなかった。（これら『続々南方随筆』の残された原稿は、一部が全集に収録されたほか、大半はのちに『くちくまの』や『熊楠研究』などで活字化された。）

3　昭和天皇への進献・進講

皇太子への進献

一九二六年十一月十日、午後二時から宮中ではじまる菊花の宴に皇太子（のちの昭和天皇）は三十分おくれて出席した。その日、午前十時すぎに小畔四郎から粘菌標本九十点が献上されたことを知って、出かける前にそれを取り寄せて熱心に見ていたのでおくれたのであった。

父の大正天皇が病気のため、一九二一年、ヨーロッパ視察から帰った直後に二十歳で摂政となった皇太子裕仁は、余暇に生物学への関心を深めていた。一九二五年六月には赤坂離宮内に生物学御研究室（二八年に研究所となる）を設置し、学習院教授の服部広太郎理学博士を主任として迎えていた。

粘菌に興味をもっていた皇太子はすでにリスター父娘の文献を所蔵していた。その皇太子に講義をしていた服部から小畔の採集した標本を見たいという話が、服部の甥が当時小畔の取締役をしていた内外通運にいた関係で、一九二六年二月に小畔を経由して熊楠に伝えられた。十月には皇太子から大演習に出かける前に見たいという要望が伝わり、献上を待ちわびていたことが分かる。

献上したのは日本産を主とする粘菌標本九十点とその目録、表啓文、熊楠自筆の二種の図と解説であった。表啓文には「標本献上者小畔四郎、品種選定者南方熊楠、邦字筆者上松蓊、欧字筆者平沼大三郎」と関係者の役割が併記されていた。熊楠の書いたもとの文には粘菌は「原始動物」の一種としていたのを、服部の意見で「原始生物」と改めたことを、熊楠は不満に思っていた。

小畔の肩書きに「従七位勲五等功五級」と位階勲等が記されているのは、中瀬喜陽によると、一九三〇年まで献上は従六位勲六等以上の有資格者に限るという規定があったためではないかという（その扱い変更の新聞切抜が日記にある）。小畔は日露戦争に従軍して陸軍中尉となっていた。

標本の選定にあたった熊楠は、自宅療養中の熊弥の世話をしながら、日本産の主要な品種を網羅すべく苦心して作業を進めた。献上標本の採集者は、小畔五十九点、熊楠十七点、平沼三点、朝比奈泰彦二点、あとは柴田桂太、上松、六鵜保、金崎宇吉、楠本秀男、中道等、和川仲治郎、アーサー・リスター、J・M・ワールが各一点となっていた。熊楠らしい配慮をうかがわせる選択であった。

熊弥が自宅療養をしていた三年あまり、一家は門をとざして来客を迎えることもなかった。ちょうどその期間に、小畔は日本の各地で精力的に粘菌の採集をつづけていた。その成果が一九二六年の皇太子への進献にも反映していた。

妹尾官林行き

一九二八年、熊弥が入院した年の秋になると、熊楠もしばらくぶりに採集旅行へと出かけ、八月には亡兄藤吉の遺児栄一（北大出身）を連れて川又官林（現、印南町）へ調査におもむいた。

九月には、小畔が東大大学院で藻類を研究している渡辺篤《あつし》を連れて来訪した。熊楠は二人に田辺近辺の採集地を案内している。そのあと二人は川又官林などへ採集に行った。

十月には平沼と上松が来訪した。この二人には人に頼んで田辺近辺を案内してもらってから、熊楠は上松を連れて、川又官林から妹尾官林（川上村。現、日高川町）へと採集旅行をおこなった。これは田辺営林署からの国有林の植物調査という依頼に応じたものであったとされる。

上松が十月二十一日に帰ったあとは、熊楠は翌年一月五日までの約八十日ほどを、一人で山中の官《かん》行斫伐《こうしゃくばつ》事務所に泊りこみ、ここで越年している。菌類（キノコ類）は所員の大江喜一郎がもっぱら採集にあたり、熊楠は坐りっきりでそれを鏡検し、図記をつづけた。朝六、七時から夜九、十時までかかっても、平均一日に五枚ほどしか書けなかったという。

それでも、「三年以上も病人介抱のために閉戸致しおりたる身に取りては、目下極楽国土に生きながら遊ぶ趣き有之《これあり》候」（宮武省三にあてた同年十一月六日付の手紙）という境地であった。すでに六十二歳になっていた熊楠は、厳しい寒さで十一月下旬から十二月初めにかけてリウマチによる腰痛に悩まされている。山祭りの宴を開くために人夫たち数十人が事務所に集まるさいには、近くの人家の二階に移り、筆先が氷結して墨が使えなかったこともある。それでも目標の三百枚をこえる三百二十枚の図を書きあげたと喜んでいる。これが熊楠にとって最後の長期間にわたる採集旅行となった。

帰途には、塩屋村の山田栄太郎家に立ち寄って二泊し、大歓迎を受けている。栄太郎の妻信恵は亡くなった友人羽山繁太郎、蕃次郎兄弟の妹であった。また翌日には羽山家も訪ねている。

進講の知らせ

一九二九年一月八日、熊楠は両手両腕に凍傷を生じた状態で帰宅した。

二か月後の三月五日、生物学御研究所の服部広太郎が、警察署長の案内でなんの予告もなしに熊楠邸を訪れた。五月（実際には少し遅れて六月になった）に予定されている昭和天皇の南紀行幸についての下見分で、仮定の形で天皇への進講ができるかと打診されたらしい。服部と二人の侍従は、そのあと白浜の京大臨海研究所へまわって帰っている。

さまざまな憶測がとびかった末に、熊楠の進講が確定したという知らせが服部からとどいたのは四月二十五日であった。たまたま熊楠家を訪れていた岡茂雄と谷井保は、手ばなしで喜ぶ熊楠の姿を目のあたりにしている。この前後、高野山へ同行したことのある和歌山師範の坂口総一郎が野手耐県知事の代理として二度来訪し、さらに県知事自身も一度来訪したが、熊楠には二人の対応ぶりが気に入らず、彼らにはまともに相手をしなかったらしい。

遅れた日程について県からの正式通知がとどいたのは五月二十七日夕刻で、「六月一日、御召艦へ夕刻参上すべきこと。進講は二十五分。携帯品は自ら持ち得るだけのもの」とあった。限られた日数での準備のため、熊楠は四昼夜のうちに数時間しか寝なかったという。三十日には海洞に棲む蜘蛛をつかまえるために荒天に必死の覚悟で船を出してもらったりもしている。

また熊楠は、イギリスにいた時に仕立てたフロック・コートを貸家に住んでいた洋服屋の金崎宇吉に修理してもらい着用した（吉田芳輝の考証による、『関西英学史研究』創刊号）。

天皇に供奉《ぐぶ》してくる人たちのなかに、海軍軍令部長の加藤寛治大将がいた。熊楠がロンドンで往来していた軍人の一人で、久々の再会を楽しみにしているという手紙がとどいていた。

御召艦での進講

五月二十八日に東京を出た天皇は、八丈島と大島へ行ったあと、六月一日に御召艦長門で田辺湾に到着した。前日から警備艦一艦と駆逐艦五艦が待ち受けており、長門も二艦を従えていた。

午前九時半ごろ綱不知《つなしらず》の桟橋に上陸した天皇の一行は、小雨のなかを四十分ほどの道を歩いて京大の臨海研究所に向かった。ここでは所長の駒井卓教授ほか五名から計一時間の講義を受けて、見学ののち昼食をとった。午後は一時二十分ごろ採集服姿に着換え、番所崎の近くにある四双島や塔島のあたりで海士たちが海底から標本を採集する現場に立ち会っている。

熊楠は午後一時ごろから網中鶴吉の持ち船玉丸で待機していた。三時ごろになって御座船が神島に着いて、天皇が上陸してから、少しおくれて熊楠は浅瀬で網中に背負われて上陸した。

天皇は熊楠たちの挨拶を受けたあと、新庄村の田上治郎吉村長の先導で北島脩一郎田辺高女教諭や中島濤三田辺中学教諭らが付き添い、神祠の残る頂上まで天皇を案内した。熊楠は脚が悪いため海岸で待っていた。雨天の上に通路が「清掃」されていたため、粘菌の採集はできなかったらしい。

神島のあと、天皇は隣りあった畠島にも渡っている。ここは徳川家の所有地であるため、三浦英太郎男爵らが出迎えた。たまたま晴れ間も出たので、貝の化石を見たり簡単な採集をしたりした。

御召艦長門にもどった天皇の前で、熊楠の進講は五時半ごろから始まり、二十五分の予定のところを五分か十分超過しておこなわれた。三人の大臣や加藤軍令部長など二十人ほどが陪聴した。

進講後の熊楠・松枝夫妻
（1929年6月1日）

　献上したのは粘菌標本百十点のほか、白浜の海洞で取った蜘蛛、白浜産の樹にもあがる陸上ヤドカリであった。あとは海産の蛇であるウガ、キューバで発見した地衣のグアレクタ・クバナ、菌類標本帖（カルキンスから贈与・分譲されたものなど）、妹尾官林採集の菌類図三百二十点を、御覧に入れて説明した。予定時間を超過してからは、ワンジュの絶滅を救ったこと、タイトゴメという小草の繁茂と絶滅の話をしたという。

　この時、熊楠が献上する標本をキャラメル入れのボール紙製の大箱に入れたことは、戦後に天皇が渋沢敬三に「それでいいじゃないか」と笑って話されたことで有名となった。

　また当時、熊楠自身が岡茂雄に向かって語ったという、惚れ薬の標本（奇菌ハドリアヌスタケ、今井三子にあてた一九三一年十月十八日付の手紙、および『南方熊楠菌誌』第一巻参照）を天皇に御覧に入れたところ嗅ぐしぐさをしたという話（『本屋風情』）が事実かどうかは、ほかの資料では確認できない。

　熊楠は控え室で加藤軍令部長のねぎらいの言葉を受けてから退出した。

御召艦は田辺湾には停泊せず、六時半ごろ串本町に向かって出発し、串本では電飾や花火などによる賑やかな歓迎を受けている。翌二日と三日はここで見学や採集などもおこなったあと、大阪に向かい、七日に神戸に立ち寄ったさいには、小畔がさらに粘菌標本百五十点を献上している。

熊楠にとって、まさに一世一代の晴れの舞台ともいうべき進講は、こうして無事に終わった。

神島の行幸記念碑

わが一門の光栄これに過ぎず。ことにじきじきの御説明を申し上ぐるは、無上の面目たり。（中略）長生きはすべきものなり。小生ごとき薄運のものすら長生きすれば、また天日を仰ぐの日もあるなり。

（古田幸吉にあてた一九二九年五月十五日付の手紙）

しばらく前に出会った塩屋村の山田信恵と御坊町に住む妹の中川季《すえ》は、蓄膿症の熊楠が進講中に粗相をすることがないようにと、田辺の海岸まで来て立ちつくして祈ってくれていたという。下賜された菊花紋章入りの菓子十数個も、山田家をもふくむ関係者にきめこまかく分配された。

ところで、神島に天皇が上陸した六月一日は、熊楠が一九〇二年にはじめて田辺を訪れて多屋勝四郎たちと神島に渡ったのと奇しくもおなじ日付である。

その天皇の行幸記念碑を神島に建立するという話が持ち上がり、新庄村の田上村長のほか有志の寄付金で完成し、ちょうど一年後の一九三〇年六月一日に除幕式があった。新たに着任した友部泉蔵県知事以下数名の県職員や、田上村長、県会議員の毛利清雅などが出席した。

その碑文には、つぎのように熊楠の詠んだ歌が力強い筆致で書かれていた。

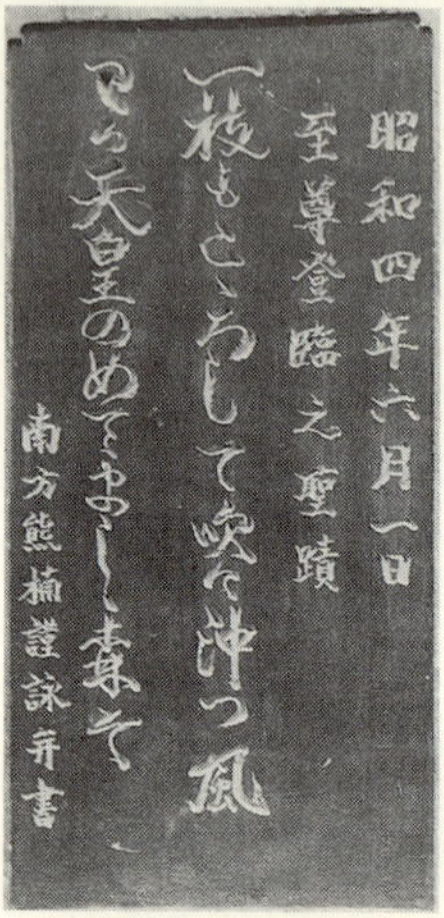

行幸記念碑の碑文
（1930年6月1日建立）

昭和四年六月一日
至尊登臨之聖蹟
一枝もこころして吹け沖つ風
わが天皇《すめらぎ》のめでましし森ぞ
南方熊楠謹詠并書

この建碑後に、熊楠は献金してくれた人たちへの記念品として、建碑式の写真、ワンジュの実、神島の絵葉書とともに、川島草堂の描いた貝類の図や熊野五景図の版画を使い、たまたま六月六日に二度目の田辺訪問をした河東碧梧桐の句を添えた団扇を作らせて配った。

前年に撮影したものか、建碑後のものかはっきりしないが、進講後の記念写真の一枚がすでに絶信状態であった柳田国男にも黙って届けられた。「あの赤裸々を名物の南方さんが、ちゃんと黒紋附に袴をはいて、島の大木の下にしゃがんで居る姿であった。多分は記念の為に後になって写されたものであろうが、私はそのしおらしい容子を見て、測らずも涙を堕《おと》した。」（『ささやかなる昔』）

なお、一九三三年になって、白浜町に行幸記念館を建てる計画が持ちあがったが、熊楠はこれに反対し、建設は中止となった。

天皇の粘菌研究は、熊楠の進講を受けたあともなお熱心に進められており、一九二九年から三〇年にかけて直接リスター女史宛に送った標本が何点か新種として認定されたり、一九三二年にはスウェーデンのリンネ学会の名誉会員に推薦されたりしている。それらの研究については、当時の宮中の雰囲気からほとんど公けにはされなかったと、戦後になって服部広太郎が語っている。

三度目の進献

一九三二年十一月八日、ようやく田辺まで鉄道が通じるようになり、その初日に神戸にいた小畔は日帰りで熊楠のもとを訪ね、進献について相談している。

十日から天皇が観兵式で大阪へ来るのを知り、小畔は三度目の進献を考え、熊楠から御研究所にはないと思われる十四点の標本を送ってもらい、自分の十六点と合わせて三十点の粘菌標本を十六日に献上した。また同時に、上松蓊が発見し、熊楠が査定したコッコデルマ属の粘菌をご覧に入れたところ、さっそく大阪大学から顕微鏡を取り寄せて検鏡して喜んだということであった。

史蹟名勝天然記念物に指定

神島に祭られていたのは建御雷命《たけみかづちのみこと》で、秋津にある竜神《りゅうぜん》山の神と同体であり、神島から立ちのぼった竜が竜神山に下りたともいわれる。高山寺の現住職である曽我部大剛《ひろたけ》から聞いた話によると、現在熊楠の墓地のあるあたりは戦中に整理される前までは樹木が鬱蒼と茂っていて、竜神山の天狗がやってくると、そこにあった天狗松でひと休みしてから神島まで飛んでいったという。竜の話と考えあわせて、古くからの土着の神々の移動する道すじであったことが分かる。例の猿神祠の社叢が、その要《かなめ》となる地点にあったことも思い起こされる。

和歌山から移住したテンギャン・熊楠にとっても、神島は重要な終着点であった。

神社合祀反対運動のさい、神島の弁天社が新庄村の大潟神社に合祀され、島の樹木が乱伐されそうになった時、熊楠は榎本宇三郎村長らを説得し、一九一二年五月には保安林の指定をかちとった。

それから八年して、行幸記念碑の除幕式に訪れた友部知事らに熊楠が訴えた結果、一九三〇年六月三十一日付で和歌山県の天然記念物に指示され、神島の植物群落として保存することが公告された。

神島遠望（熊野の山々を背に）

さらに一九三四年十一月には、田辺営林署による神島の正確な地図が製作され、これを受けて熊楠は北島脩一郎ら四人と神島に渡り、精細な植物所在図を作った。これをもとに同年十二月二十一日付で神島の史蹟名勝天然記念物指定申請書が藤岡長和県知事から文部大臣に提出された。

翌一九三五年五月、和歌山県東南部調査のため来訪した東大名誉教授脇水鉄五郎理学博士は、神島に渡って、熊楠が三十三年前に発見していた珍石を香合石と判定し、のちに天然記念物に指定した。（翌年七月には、その絶滅を確認している。）

また同年八月には、史蹟名勝天然記念物調査員として東大名誉教授三好学理学博士が神島の調査に派遣されて来訪した。三好は熊楠と神島に渡り、歓談をかわしながら調査した。その結果、十一月の委員会で正式決定がなされ、翌一九三六年一月十五日付で文部省の認可が公表された。

しかし晩年の熊楠が保存に尽力した神島も、時代の変化には抗うことができなかった。長く熊野の照葉樹林に立ち入ってきた後藤伸（一九二九〜二〇〇三）は、その後の神島についてこう語っている。

その後の神島

神島の森は熊楠の没後から次第に荒廃し始め、それが一九六〇年代後半からさらに急激に進行し、現在では熊楠当時の面影さえも推察できない状態になっている。養殖漁業や輸入木材等によって田辺湾が汚染し、そこに群がるカワウの糞が森林を荒廃させた。（中略）一九九〇年代に入って（中略）周辺の海域一帯も荒廃してドブネズミの異常な大発生をみた。（中略）やがてキツネやフクロウなどが陸地側から渡来して、ドブネズミを激減させたため、森林には回復の兆候が出てきた。ところが、一九九八年の台風によって、森林の大部分の樹木が倒壊するという大損傷を受けた。二〇〇〇年を迎えた現在、それでも神島の林内には神島本来の動植物は、けなげにも逞しく生き続けている。

（後藤伸『虫たちの熊野』）

4 戦時下の日々

「満州事変」

一九三一年には、中国でいう「九・一八」、いわゆる満州事変がおこり、翌一九三二年一月には、いわゆる上海事変がおこっている。

翌［一九三一年九月］十九日はさしいそぐ菌類の写生をなし、午後三時すぎよりまた［『続々南方随筆』の］原稿浄写にかからんと筆をとりに本宅へゆきしに、『大毎』紙の号外来たりあり、その日の午前〇時過ぎに奉天で椿事出来交戦状態となりしとのこと。ここにおいて小生唖然としてそれより何事もせず、後報より後報と日々新聞をまちおるうち、どうやら国交断絶となりたる様子に察せられ候。これがいよいよ開戦となりたらんには、（中略）『随筆』の出板などは当分望むべからず。また貴下御自身も兵役に就かるることもあるべく、如何のことやと案じ煩いおり候。

（岡茂雄にあてた一九三一年九月二十四日付の手紙）

熊楠が案じたとおり、岡は一九三二年に召集された。これを一九四五年の敗戦にいたる中国との「十五年戦争」の始まりと考える人はまだ多くなかった。しかし、熊楠は悪い予感がして「唖然」としたのである。『続々南方随筆』が刊行されなかったことについては、別の事情もあるだろうが、それが喜んで迎えられる時代でなくなったのは明らかであった。

中国書の購入

上海事変では、日本軍の攻撃で復刻のため商務印書館に所蔵されていた貴重な古書が多数失われたことが知られている。それに先立つ一九二九年ごろから一九三一年にかけて、熊楠は上海で海損（海上損害保険）精算所を営業している小学校以来の友人中井秀弥に頼んで、中国書の復刻版や古書をたくさん買い入れている。為替相場の関係で上海の本が安く買えるということもあったらしい。

大部のものでは、清代に刊行された中国最大の百科事典である『古今図書集成』一万巻一六二〇冊（ほかに目録三二巻八冊）（銀五百ドル、荷造り費十六ドル）や、線装函入りの活字本「二十四史」三九二冊（銀七十五ドル）などがあった。現在熊楠邸の蔵書目録にある中国書二三〇点のうち、点数で三分の一（冊数では過半か）は、この時期に中井経由で購入したものである。

それまで中国書については、江戸時代の和刻本を古書で買ったり、古書目録を見て知人の援助で買い求めたりしていただけで、かなり不自由をしていた。一九三〇年代以降は、もはやまとまった論文を書くことは少なくなっていたものの、熊楠は菌類の図記などの余暇をさいて、これらの中国書を、時には徹夜してまで通読している。『古今図書集成』の多くの部分に書き込みがあるのも驚きだが、読みにくい石印本の『太平広記』や『聊斎志異』などにも、細字の書き込みがなされている。

おそらくそれらの書き込みを再現することでしか伺うことのできない読書生活が、晩年の熊楠のかなりの部分をしめていたことになる。

岩田準一との往復書簡

おなじく晩年の熊楠が多大の時間をさきながら、戦後に活字化されるまではほとんど知られていなかったものに、岩田準一との男色をめぐる往復書簡がある。

郷里の鳥羽で男色研究に没頭していた岩田準一（一九〇〇〜四五）は、親友平井太郎（江戸川乱歩）に勧められて、『犯罪科学』誌に「本朝男色考」（一九三〇〜三一年）や「室町時代男色史」（一九三一年）を連載していた。その綿密な書きぶりに感銘を受けた熊楠は、一九三一年八月、みずから中山太郎を介して岩田あてに手紙を書き、それから十年にわたる二人の文通が始まった。

岩田の返信をもらってから書いた同年八月二十日付の手紙は、およそ三万字に及ぶ長さで自己の来歴を語っている。かつて土宜法龍や柳田国男に対してもそうであったように、相手を信頼しての所為であろう。中学や予備門のころにはじまる熊楠の男色への関心が、このような形で語られることは少なかった。しだいに戦時色を深めていく時代に、この往復があったことは奇跡にさえ思える。

岩田にあてた熊楠の手紙は一七六通残っていて、乾元社版全集では岩田がテーマ別に整理した五八通と長文の一通が紹介され、平凡社版全集には全文をもとの手紙の形で収めている。稲垣足穂は、乾元社版全集をもとにして、『南方熊楠児《ちご》談義』をまとめ、平凡社版全集第九巻の解説に「男色考余談」も書いている。また、熊楠の六九通と岩田からの五二通を合わせて、長谷川興蔵・月川和雄編『南方熊楠男色談義——岩田準一往復書簡』が出されて、関連する文献、年譜なども併載している。

一九三七年の盧溝橋事件以後の日中戦争全面化にあたっては、熊楠が「時節柄貴下にもあるいは召集され出陣遊ばされたるなど存じ候まま御機嫌伺いまでに」と問い合わせると、岩田は「時局の気運はわれわれ兵籍にある者を常に落ちつかしめず、今夏以来その一事にのみ気を奪われ、几上生活をほとんど放擲致しおる有様に御座候」と返事をしている。岩田は翌三八年九月応召するが、病気のため即日帰郷している。

また熊楠が亡くなる三か月前に書いた手紙には、大正のころ逮捕された二人の人物が廃人同様になったという伝聞をあげて、「この軍国多事、危急の際に貴下の思し召し置かるるようなこと、いささかも世に洩れ聞こえては、貴下のために不測の禍を招かれんことを惧るるに付き、ちょっと申し添え候なり。願わくは、同じ精究さるるにしても、今少しく高上な冀望を懐《いだ》かれ、哲学とか美学とか心理学上を一通り心得られた上のことに遊ばされたきことと存じ候」（岩田にあてた一九四一年九月二十六日付の手紙）と忠告している。

二つの拒絶

一九三八年ごろ、国際報道写真協会で海外へ報道写真を送る仕事をしていた岡田桑三は、「日本の百人の顔」を出す計画を立てて、熊楠に依頼状を出した。同年七月三十一日付で岡田にあてて書かれた熊楠の返信には、「しかるに小生は海外に十四年漂浪し、帰朝以来すでに三十八年この辺鄙の地におり、彼方における旧交の人士も過半死に失せ、加之《しかのみならず》十余年来種々の災禍と病気のため何一つ学術上の成績も挙がらず、徒《いたず》らに月日を過ごすのみに有之《これあり》、全く今日の日本文化などとは毛頭関係のなきものに有之」と、写真技師の来訪を断わっている。

一九四〇年十一月十日に東京で開かれる紀元二六〇〇年記念式典への招請状は、総理大臣近衛文麿の名義で来ていた。熊楠の手紙によると、県下で学芸で招請されたのは自分一人ということで知り合いの人がいないので、「足が不自由なるゆえ、至って懇交ある人三、五人と同行するにあらずんば、危険この上もなければ、ついに遺憾ながら不参の旨を県庁へ通告致し置き候」（上松蓊にあてた一九四〇年十月三十一日付の手紙）ということであった。

おそらくこの式典と関連したものと思われるが、熊楠邸には同年十一月十日付で賞勲局の発行した「紀元二千六百年祝典記念章之証」があり、第三万千六百五十五号をもって記念賞簿冊に記入したとある。宮城前広場で開かれた同日の式典には五万人が参加したとされているので、これはその招請者全員に配られたものであろうか。

息子と娘への形見

言いわけとしてだけでなく、実際に熊楠の健康状態もしだいに悪化しはじめていた。晩年は自宅の風呂に一時間以上も入っている習慣であったが、一九四〇年ごろから、時としてそのまま昏睡状態になることがあるようになった。なにかのはずみに転ぶようなこともしばしばであった。

一九四〇年十月に川島友吉が御坊の旅館で胃潰瘍で亡くなり、四一年三月には喜多幅武三郎が亡くなった。身近かな友人の死は相当こたえた様子であったという。

十一月七日に注文した書籍数点が十六日に届くと、『今昔物語』上巻（辻本尚古堂、一八九六年、江戸時代の井沢長秀の纂註本を活字にしたもの）に、「此今昔物語二冊、代金三円、昭和十六年十一月十六日東京神田神保町一誠堂書店ヨリ購収、娘文枝ニ与フル者也、南方熊楠」と書き入れた。何かあった時に「私の娘である証拠に大切に持っているように」という配慮であった。

それに先立って藤白にいる熊弥には、十一月二日に『日本動物図鑑』を届けたことが日記にある。これは上松蓊に頼んで十月二十五日に入手している「動物図鑑」で、やはりわざわざ取り寄せたものであろう。いま邸に残る北隆館、一九二七年刊の同名の本には、熊楠の書き込みは見当たらない。

十二月になってからは萎縮腎に肝硬変、黄疸の兆候も現われ、医師からは重態と告げられていたという。十二月八日の真珠湾攻撃の報道を知っていたかどうか、当日には何の記載もない。しかし、このあと十一日に「始めて綿入れきる。下女十時二十分、予は十一時臥す。発信、小畔四郎ハ［ハガキ］一」とあり、十二日にも古書店にハガキで注文したことが記されていて、以後は記載がない。

臨終の幻影

文枝の回想によると、亡くなる前日には「天井に紫の花が一面に咲き実に気分が良い。頼むから今日は決して医師を呼ばないでおくれ。医師が来ればすぐ天井の花が消えてしまうから」と頼み、夜になってからは「私はこれからぐっすり眠るから誰も私に手を触れないでおくれ。縁の下に白い小鳥が死んでいるから、明朝手厚く葬ってほしい」と謎のことばを残したという（「終焉回想」）。

文枝はその紫の花から、天皇に進講をした日に咲いていたオウチの花を連想している。

そのあと夜中の二時すぎであったか、急に荒い息の下から「文枝、文枝」、「野口、野口」と大声で叫んだとされる（この時、「文枝、文枝」でなく「熊弥、熊弥」と叫んだと記した文章もあるが、それは文枝の気づかいによる後年の加工であったらしい）。野口利太郎は、雑賀貞次郎とともに、親し

南方熊楠の墓碑

く身辺の世話をしていて、毎月の熊弥に関する支払いなども藤白に届けていた。

十二月二十九日午前六時半、東の空の白みかけたころ、熊楠は七十五歳の生涯を閉じた。

二十九日には、彫刻家の保田龍門が夜中までかかってデスマスクをとった。

三十日には、大阪大学の森上修造博士ほか学生数名に田辺の外科医数名も加わって、庭の縁台の上で遺言どおりに脳の解剖がおこなわれた。その後、脳はアルコール漬にされて大阪大学で保存されている。重さは一四二五グラムで、成人の平均値（一三〇〇～一四〇〇グラム）よりやや重い程度であった。脳溝がたいへん深くできており、後頭部辺に動脈硬化の兆しがあるという所見であった。

告別式は三十一日に自宅でおこなわれ、遺骨は稲成村（現、田辺市稲成町）の真言宗高山寺に埋葬された。翌年五月、和歌山市内延命院の南方家の墓にも分骨された。法名は智荘厳院鑁覚顕真居士。後日、墓石に「南方熊楠墓」と刻むことになり、雑賀貞次郎が熊楠の原稿のなかから苦心して文字を選び出した。後面の没年月日は上松蓊の筆である。並び立つ「南方家之墓」は、のちに岡本清造が立てた。すぐそばには喜多幅家の墓が、少し離れて毛利家の墓もある。

熊楠の墓のある丘陵からは、田辺湾の神島がよく見え、白浜のあたりまで遠望することができる。

5　没後の顕彰

乾元社版全集

熊楠の亡くなる一年ほど前の一九四〇年十二月、中央公論社出版部員であった木村亭が郷里の新宮からの帰途立ち寄り、全集刊行についての相談をしている。大正末の中村古峡の「十二支考」刊行の話が頓挫し、その後横山重が中村から譲り受けて全集を刊行するという話も出ていたが、これも実現しなかった。熊楠の没後には、岡茂雄が世話をして岩波書店から毎月経費を出してもらい、雑賀貞次郎に「十二支考」などの原稿を整理してもらう仕事が進んでいた。「日本の百人の顔」の企画で熊楠に断わられたさいに「七十歳を過ぎたる半死の老人の写真よりも、幾十年も続け来たれる藻学上の多少の成績を他日取り纏めて」と言われたことが気になっていた岡田桑三は、戦後に満州から引き揚げてきて、まず熊楠の関係者を訪ね歩いた。そして一九四七年十月に準備会をもち、翌四八年一月に渋沢敬三を代表とするミナカタ・ソサエティを設立した。

当初考えていた図譜の出版が困難と分かって、中央公論社をやめた牧野武夫の乾元社から全集を出すことになった。雑賀の整理した仕事もこちらで使うことになり、岩波書店には二千余円を返還したという（笠井清『南方熊楠外伝』）。文枝と一九四六年に結婚した岡本清造も全面的に協力し、多くの協力者を得て大がかりな準備が進められた。当時の出版事情から一九五一年から五二年にかけて十二巻の全集しか出せなかったが、そのさいの資料はのちの全集でも利用されるものとなった。全集の刊行と同時に「ミナカタ・クマグス展」が東京、大阪、神戸、田辺などを巡回して開かれた。

南方熊楠記念館

南方熊楠記念館

熊楠にとってもゆかりの土地である白浜町の景勝の地・番所山に、地元関係者の努力で貴重な資料を展示する南方熊楠記念館が開館したのは、一九六五年四月であった。屋上からは三六〇度の展望が開け、紀伊水道から白浜の温泉街、神島の向こうの田辺市街が一望のもとに見渡すことができる。

その三年前の一九六二年五月、伊勢神宮参拝ののち南紀に行幸をした昭和天皇は、白浜の古賀の井ホテルの屋上から田辺湾を眺めたおりに熊楠を思い出して詠んだ歌を、翌年の正月に発表した。

雨にけぶる神島を見て紀伊の国の生みし南方熊楠を思ふ

この御製の発表を機に記念館の設立が発議されたため、いま記念館の入口には和歌山出身の元海軍大将野村吉三郎の筆になる右の歌の石碑が建立されている。

財団法人南方熊楠記念館は、一時休館をよぎなくされた時期もあったが、近年は順調に運営され、二〇〇五年には四十周年記念の行事もおこなわれた。

南方熊楠顕彰館

戦後まもなくの乾元社版全集から二十年をへて、一九七一年から七五年にかけて平凡社版全集が刊行された。冊数はおなじ十二冊だが、雑誌などに発表された文章をほぼ網羅して、乾元社版全集の二倍の規模をもっていた。それでも書簡や新聞掲載の文章などはまだ一部分しか収録されなかった。これにつづく時期には、本書の参考文献にあげたような日記、書簡集、資料集など、さらに伝記、評論、論文集などの刊行も相次ぐようになった。

このような機運のなかから、一九八七年には田辺市に南方熊楠邸保存顕彰会が設立され、その事業の一つとして、邸の書庫に保存されている蔵書や資料の整理が進められた。二〇〇〇年六月には南方文枝が亡くなり、その蔵品と家屋敷がすべて田辺市に寄贈された。十余年にわたる蔵書や資料の調査が終わって、二〇〇四年から〇五年にかけて二冊の目録が刊行された。記念館の目録とあわせて、自然科学関係以外の資料はほぼ一覧できるようになった。

田辺の旧邸（左）に隣接して建設された南方熊楠顕彰館（右）

二〇〇六年五月には、旧邸の北側の敷地に南方熊楠顕彰館が開館し、整理された蔵書や資料を収めて、一般公開の体制が整えられた。南方熊楠邸保存顕彰会も南方熊楠顕彰会と改組された。熊楠の住んでいた当時の面影を残す旧邸の家屋敷も整備されて、遠近からの客人の訪れを待っている。

参考文献

本書全般の基本資料

『南方熊楠全集』（飯倉照平校訂）、全十巻別巻二冊（平凡社、一九七一～七五）

熊楠の文章の引用は、新字新かなで送りがななどの表記にも手を加えた右のテキストを用い、全集未収録の文章や手紙を引用する場合にも、原則として、これに準じて新字新かなに改め、表記にも手を加えた。

本書の引用が右の全集による場合は巻数などを特記せず、それ以外はなるべく所在を注記した。

『南方熊楠英文論考［ネイチャー］誌篇』（松居竜五・田村義也・中西須美訳、飯倉照平監修、集英社、二〇〇五・一二）（［ノーツ・アンド・クエリーズ］誌篇も続刊の予定）

『南方熊楠日記』（長谷川興蔵校訂）、全四巻（八坂書房、一九八七～八九）

一八八五～一九一三年分を収録。一時行方不明であった一八九六年分は中瀬喜陽校訂で『くちくまの』九五号に発表。なお、一九一四～二〇、二一（部分）、二二～二三、二四（部分）年分は岡本清造による筆写原稿がある。このほか、翻字が進行中の一九一九、一九二六、一九四一年の一部は『熊楠研究』などに発表。

『熊楠漫筆――南方熊楠未刊文集』（飯倉照平・鶴見和子・長谷川興蔵編、八坂書房、一九九一・一〇）

『南方熊楠全集』全十二巻（乾元社、一九五一～五二）

『南方熊楠コレクション』全五巻（河出文庫、一九九一～九二）（平凡社版全集の本文を使って、中沢新一が分野別に再編集し、解題を加えた選集）

『南方熊楠を知る事典』（松居竜五・月川和雄・中瀬喜陽・桐本東太編、講談社現代新書、一九九三・四）
『南方熊楠記念館蔵品目録　資料・蔵書編』（財団法人南方熊楠記念館、一九九八・三）
『南方熊楠邸蔵書目録』（田辺市・南方熊楠邸保存顕彰会、二〇〇四・八）
『南方熊楠邸資料目録』（田辺市・南方熊楠邸保存顕彰会、二〇〇五・三）

本書全般に関連するもの

笠井清『南方熊楠』（人物叢書、吉川弘文館、一九六七・九、新装版一九八五・九）
笠井清『南方熊楠――人と学問』（吉川弘文館、一九八〇・五）（天皇、海外諸学者、福沢諭吉、柳田国男のこと）
笠井清『南方熊楠――親しき人々』（吉川弘文館、一九八二・一）（孫文、徳川頼倫、河東碧梧桐、六鵜保のこと）
笠井清『南方熊楠外伝』（吉川弘文館、一九八六・一〇）
鶴見和子『南方熊楠――地球志向の比較学』（講談社、一九七八・九初版、講談社学術文庫版・一九八一・一）
『鶴見和子曼荼羅』Ⅴ水の巻「南方熊楠のコスモロジー」（藤原書店、一九九八・一）
鶴見和子『南方熊楠・萃点の思想』（藤原書店、二〇〇一・五）
『柳田国男南方熊楠往復書簡集』（飯倉照平編、平凡社、一九七六・三初版、『南方熊楠選集』別巻、一九八五・三、平凡社ライブラリー版、上下二冊、松居竜五解説、一九九四・六）
『南方熊楠土宜法竜往復書簡』（飯倉照平・長谷川興蔵編、中沢新一解説、八坂書房、一九九〇・一一）（近く大幅に増補改訂した新版が刊行される予定）
南方文枝他『父南方熊楠を語る　付神社合祀反対運動未公刊資料』（日本エディタースクール出版部、一九八一・七）
『第一次南方熊楠計画　コンティンジェント・メッセージ群』（第一次南方熊楠計画熊野スタッフ、一九八五・四）

『南方熊楠書簡抄――宮武省三宛』（笠井清編、吉川弘文館、一九八八・一）
『増補南方熊楠書簡集』（紀南文化財研究会編、紀南郷土叢書第十一輯、一九八八・三）
『南方熊楠書簡――盟友毛利清雅へ』（中瀬喜陽編、日本エディタースクール出版部、一九八八・七）
『門弟への手紙――上松蓊へ』（中瀬喜陽編、日本エディタースクール出版部、一九九〇・一一）
中瀬喜陽『覚書　南方熊楠』（八坂書房、一九九三・四）
松居竜五『南方熊楠一切智の夢』（朝日選書、朝日新聞社、一九九一・七）
中沢新一『森のバロック』（せりか書房、一九九二・一〇）
仁科悟朗（西勝）『南方熊楠の生涯』（新人物往来社、一九九四・五）
飯倉照平『南方熊楠――森羅万象を見つめた少年』（岩波ジュニア新書、一九九六・三）
原田健一『南方熊楠――進化論・政治・性』（平凡社、二〇〇三・一一）
『南方熊楠アルバム』（中瀬喜陽・長谷川興蔵編、写真集、八坂書房、一九九〇・五）
『南方熊楠』（新潮日本文学アルバム58）（中瀬喜陽編、写真集、新潮社、一九九五・四）
『南方熊楠　人と思想』（飯倉照平編、平凡社、一九七四・九）
『南方熊楠百話』（飯倉照平・長谷川興蔵編、八坂書房、一九九一・四）
『超人南方熊楠展』図録（朝日新聞社、一九九一・七）
『南方熊楠とその時代』図録（和歌山市立博物館、二〇〇〇・一〇）
『南方熊楠へのいざない』1・2（南方熊楠記念館、二〇〇〇・一〇、二〇〇一・三）（『課餘随筆』巻一～巻六、
その他の目次を掲載）（『課餘随筆』巻七～巻九の要目は『熊楠研究』五～八号を参照）
『南方熊楠に学ぶ』（奈良女子大学人間文化研究科「南方熊楠の学際的研究」プロジェクト、二〇〇四・三）
『南方熊楠の森』（CD―ROM付、松居竜五・岩崎仁編、方丈堂出版、二〇〇五・一二）

『現代思想』南方熊楠特集号（青土社、一九九二・七）（飯倉「熊楠の親しんだ中国の古籍」を収める）
『新文芸読本・南方熊楠』（河出書房新社、一九九三・四）（飯倉「南方熊楠小伝」を収める）
『文学』南方熊楠特集号（季刊、岩波書店、八巻一号、一九九七・冬）（飯倉「『酉陽雑俎』の世界」を収める）
『国文学・解釈と教材の研究』「南方熊楠―ナチュラルヒストリーの文体」特集号（学燈社、二〇〇五・八）
『熊楠研究』（南方熊楠資料研究会編、第八号のみ『熊楠研究』編集委員会編、一号＝一九九九・二、二号＝二〇〇〇・二、三号＝二〇〇一・三、四号＝二〇〇二・三、五号＝二〇〇三・三、六号＝二〇〇四・三、七号＝二〇〇五・三、八号＝二〇〇六・三）
「南方熊楠文献目録(1)（一九八〇〜一九九七）」（原田健一編、『熊楠研究』一号）（2以降は未刊）

＊

中山太郎『学界偉人南方熊楠』（冨山房、一九四三・一）
平野威馬雄『博物学者南方熊楠の生涯』（牧書房、一九四四・七）（のちに『くまくす外伝』濤書房、一九七二、『大博物学者南方熊楠の生涯』リブロポート、一九八二なども刊行されている）
神坂次郎『縛られた巨人――南方熊楠の生涯』（新潮社、一九八七・六初版、新潮文庫版・一九九一）
津本陽『巨人伝』（文藝春秋、一九八九・七初版、文春文庫版・一九九二）
近藤俊文『天才の誕生』（岩波書店、一九九六・五）
後藤正人『南方熊楠の思想と運動』（世界思想社、二〇〇二・六）
千田智子『森と建築の空間史　南方熊楠と近代日本』（東信堂、二〇〇二・一二）
水木しげる『猫楠　南方熊楠の生涯』（角川文庫ソフィア、一九九六・一〇）
水木しげる「水木しげるの人生絵巻」（『大水木しげる展』図録、朝日新聞社、二〇〇四）
内田春菊画・山村基毅原作『クマグスのミナカテラ』（新潮文庫、一九九八・三）

第一章　和歌山時代

『紀伊続風土記』第二輯（日高郡等）（仁井田好古他編、一八三九完成、和歌山県神職取締所、一九一〇）
『紀伊国名所図会』（高市志友他編、一八一二〜一八五一、名著出版の復刊本もある）
『和歌山県誌』下巻「第一篇教育誌」（和歌山県、一九一四・一一）
「南方熊楠辞――『和漢三才図会』へのアナーバー時代書き入れ」（『熊楠研究』八号）
南方文枝「父熊楠のプロフィール」（一九八二・三、前出『南方熊楠百話』所収）

第二章　東京時代

『佐野鼎と共立学校』（開成学園創立一三〇周年記念行事運営委員会校史編纂委員会編、二〇〇一・一一）
『開成学園九十年史』（開成学園、一九六一）
正岡子規『墨汁一滴』（岩波文庫、一九八四・三）
「明治十九年東京南方熊楠蔵書目録」（原田健一編、『熊楠研究』三号）
雑賀貞次郎「南方熊楠先生略伝」（原稿、『南方熊楠邸資料目録』所収［関連００６２］）
坪内祐三『慶応三年生まれ七人の旋毛曲り』（マガジンハウス、二〇〇一・三）

第三章　アメリカ時代

松居竜五「サンフランシスコにおける南方熊楠」（『熊楠研究』六号）
中西須美・横山茂雄・松居竜五「ランシング・アナーバー時代の南方熊楠」（『熊楠研究』五号）
武内善信「南方熊楠のミシガン州立農学校入学事情」（『熊楠研究』五号）
長谷川興蔵・武内善信『南方熊楠珍事評論』（平凡社、一九九五・五）（武内「若き熊楠再考」を掲載）

新井勝紘「アメリカで発行された新聞『大日本』考」（『田中正造とその時代』三号、一九八二・一〇）
武内善信「南方熊楠におけるアメリカ時代――『大日本』の再検討を通して」（『熊楠研究』三号）
武内善信「在米民権新聞『新日本』と南方熊楠」（『ヒストリア』一三六号、大阪歴史学会、一九九二・一〇）
武内善信「新日本新聞社からの手紙」（前出『文学』特集号所収）
武内善信「南方熊楠対長坂邦輔」（『熊楠研究』一号）
武内善信「条約改正反対意見秘密出版書について」（『熊楠研究』二号）
川島昭夫「熊楠と洋書」（前出『国文学』特集号所収）
土永知子「植物標本から見えてくるもの」（前出『国文学』特集号所収）
ハンス・フィッシャー『ゲスナー　生涯と著作』（今泉みね子訳、博品社、一九九四・四）
小池満秀「アメリカにおける南方熊楠――土宜法龍宛書簡をつなぐもの」（修士論文）

第四章　イギリス時代

牧田健史「ロンドンの南方熊楠」（連載十二回）（『目の眼』一九九九年三月号～二〇〇〇年二月号、里文出版）
松居竜五・小山騰・牧田健史『達人たちの大英博物館』（講談社選書メチエ、一九九六・七）
宮崎忍海編『木母堂全集』（六大新報社、一九二四、大空社の複刊本もある）
奥山直司「土宜法龍と南方熊楠」（前出『南方熊楠の森』所収）
神田英昭「土宜法龍往復書簡――第一書簡の紹介」（前出『国文学』特集号所収）
神田英昭「土宜法龍宛新書簡の発見と翻刻の解説」（前出『南方熊楠の森』所収）
月川和雄「黎明期の「性科学」と相渉る熊楠」（前出『文学』特集号所収）
松居竜五「『ロンドン抜書』考」一、二（『熊楠研究』一～二号）

陳錫祺主編『孫中山年譜長編』全二冊（北京・中華書局、一九九一・八）
武上真理子「孫文と南方熊楠」（『熊楠研究』八号）
弓場紀知「バウアー・コレクションと富田熊作」（『バウアー・コレクション中国陶磁名品展』出光美術館、一九九四）
武内善信「南方熊楠のロンドン生活再考」（和歌山市立博物館『研究紀要』9、一九九四・一〇）
小笠原謙三「熊楠の帰国はロンドン港から阿波丸で」（『番所山通信』一四号、一九九六・一）
澁澤龍彦「悦ばしき知恵あるいは南方熊楠について」（『朝日新聞』一九七六年二月一三日、前出『南方熊楠百話』所収）

第五章　熊野の森に入る

『竹馬の友へ　南方熊楠小笠原誉至夫宛書簡』（長谷川興蔵・小笠原謙三編、武内善信解説、八坂書房、一九九三）
土永知子「最小の高等植物ミジンコウキクサ」（『熊楠ワークス』二六号、二〇〇五・九）
久原脩司「南方熊楠ゆかりの地、那智勝浦町」（前出『南方熊楠へのいざない』1、所収）
松居竜五「藻類調査の光と影」（前出『南方熊楠の森』所収）
ルソー『告白』（桑原武夫訳、筑摩世界文学大系22、一九七三）第四巻、一〇六ページ。
橋爪博幸『南方熊楠と「事の学」』（鳥影社、二〇〇五・一一）
松居竜五「南方マンダラの形成」（前出『南方熊楠の森』所収）
小泉博一「熊楠の英訳『方丈記』の草稿」（『熊楠研究』四号）
岩村忍「南方熊楠の英文著作」（『南方熊楠全集』第十巻解説、一九七三・一一）

第六章　神社合祀に反対

山本幸憲「南方熊楠の粘菌研究」（『田辺文化財』二三号、一九八〇・三）
山本幸憲編『南方熊楠・リスター往復書簡』（南方熊楠邸保存顕彰会、一九九四・七）
橋爪博幸「南方熊楠と「糸田猿神祠」合祀事件」（『人間・環境学』六巻、一九九七）
中瀬喜陽編「『牟婁新報』寄稿、神社合祀反対・自然保護論集」（前出『父南方熊楠を語る』所収）
中瀬喜陽編「神社合祀反対論初期資料について」（前出『覚書　南方熊楠』所収）
中瀬喜陽編「神社合祀反対・自然保護論集」（『田辺市史』九巻・史料編Ⅵ、一九九五・五）
「神社合祀問題関係議事速記録」、長谷川興蔵「南方熊楠の神社合祀反対運動」（前出『南方熊楠日記』3、所収）
武内善信「南方熊楠の神社合祀反対運動初期資料」（『和歌山地方史研究』二二号、一九九二・五）
武内善信「南方熊楠と『牟婁新報』」（復刻版『牟婁新報』第Ⅱ期・第Ⅲ期、解説、不二出版、二〇〇六・一）
武内善信「南方熊楠と世界の環境保護運動」（『熊楠研究』六号）
杉中浩一郎「南方熊楠と大逆事件」（『くちくまの』八三号、一九九〇・一〇、前出『南方熊楠百話』所収）
杉中浩一郎「大逆事件と田辺地方」（『田辺文化財』七号、一九六三・一〇、『紀南雑考』一九八一・一二所収）
吉川壽洋「神社合祀反対運動と南方熊楠」（『くちくまの』三二号、一九七七・二、前出『南方熊楠百話』所収）
吉川壽洋編「大山神社合祀反対に関する古田幸吉宛書簡」（前出『父南方熊楠を語る』所収）
畔上直樹「明治末・神社合祀問題における農村社会の対応形態」（『日本史研究』四二三号、一九九七・一）
中瀬喜陽編「西面欽一郎・西面寛五郎宛南方熊楠書簡」（『熊楠研究』八号）
土永知子「南方熊楠、牧野富太郎往復書簡にみる植物」（『熊楠研究』六号）
土永知子「牧野標本館に収蔵されている南方熊楠の腊葉標本」（『熊楠研究』三号）
「『南方二書』関係書簡」（『熊楠研究』一号）「小島烏水等来簡二通」（『熊楠研究』四号）

原田健一編「参考資料「神社合祀反対運動」をめぐる新聞掲載文章」(『熊楠研究』七号)
『原本翻刻「南方二書」』(南方熊楠顕彰会、二〇〇六・五)

第七章　フォクロアの世界へ

飯倉照平「『酉陽雑俎』の世界――南方熊楠と中国説話」(前出『文学』南方熊楠特集号)
飯倉照平「南方熊楠にとっての説話研究」(『口承文芸研究』一七号、一九九四・三)
中瀬喜陽「田辺抜書と「随聞録」」(『フォクロア』一号、一九九四・三)
中瀬喜陽「南方熊楠・田辺聞書抄」(『田辺市史研究』七号)
飯倉照平編「南方熊楠・高木敏雄往復書簡」(『熊楠研究』五号)
小峯和明「南方熊楠の今昔物語集」(前出『文学』南方熊楠特集号および『熊楠研究』一号～八号)
飯倉照平「南方熊楠と大蔵経」(『熊楠研究』一号、四号)
飯倉照平「平凡社版南方熊楠全集大蔵経索引」(『熊楠研究』三号)
木本至『評伝宮武外骨』(社会思想社、一九八四・一〇)
吉野孝雄「宮武外骨の熊楠宛書簡について」(『熊楠研究』四号)
柳田国男『故郷七十年』(朝日選書、一九七四・三)
飯倉照平「南方熊楠」(『伝統と現代』二五号、日本フォークロアの先駆者、一九七四・一)
飯倉照平「南方熊楠と柳田国男――山人論争の前後」(『国文学・解釈と教材の研究』一九九三・七)
益田勝実編『民俗の思想』解説(筑摩書房、一九六四・一)(鈴木日出男・天野紀代子編『益田勝実の仕事』I、ちくま学芸文庫、二〇〇六・五所収)
谷川健一「『縛られた巨人』のまなざし」(『南方熊楠全集』第八巻解説、一九七二・四)

谷川健一「『柳田国男南方熊楠往復書簡集』を読んで」（『朝日新聞』一九七六・四・一二）
飯倉照平「解説」（『十二支考』1、平凡社・東洋文庫、一九七二・八）
宮田登「解説」（『十二支考』下、岩波文庫、一九九四・一）
宮田登「南方と柳田」（『南方熊楠全集』別巻1月報、一九七四・一二）

第八章　植物研究所前後

後藤伸「南方熊楠の昆虫記」（『熊楠研究』一号）
後藤伸「熊楠標本からみた紀州熊野の森」（『熊楠研究』二号）
後藤伸「粘菌への道」（前出『文学』南方熊楠特集号）
後藤伸「紀伊半島の自然と南方熊楠」（前出『南方熊楠に学ぶ』所収）
土永知子「熊楠の高等植物の標本（中間報告）」（『熊楠研究』一号）
土永知子「南方熊楠邸の植物標本」（中間報告）（前出『南方熊楠に学ぶ』所収）
土永知子「生物資料の調査について」（『南方熊楠邸資料目録』あとがき、南方熊楠邸保存顕彰会、二〇〇五・三）
土永知子「植物標本から見えてくるもの」（前出『国文学』特集号）
南方文枝「父のキノコ画のこと」（『南方熊楠菌類彩色図譜百選』別冊、エンタプライズ、一九八九・三）
小林義雄『南方熊楠菌誌』第一巻解説（一九八七・七）
萩原博光「編集後記」（『南方熊楠菌類彩色図譜百選』別冊、エンタプライズ、一九八九・三）
萩原博光「『植物学者』南方熊楠」（荒俣宏・環栄賢編『南方熊楠の図譜』青弓社、一九九一・一一）
萩原博光「南方粘菌学を探る（1）」（『熊楠研究』一号）
萩原博光「熊楠と粘菌研究の軌跡とその波及効果」（前出『南方熊楠に学ぶ』所収）

萩原博光「南方熊楠とキノコ」(前出『南方熊楠の森』所収)
山本幸憲「変形菌研究と南方熊楠」(前出『南方熊楠の森』所収)
原田健一「分類から生命へ、付、粘菌の分類をめぐる南方熊楠書簡」(『熊楠研究』二号)
岩崎仁・田中伸也・萩原博光「研究者指向の南方熊楠菌類データベース」(『熊楠研究』六号)
田村義也「新種ぎらいの分類学――南方熊楠の変形菌研究」(『熊楠研究』六号)
田村義也「南方熊楠と自然科学」(前出『国文学』南方熊楠特集号)
川島昭夫「田中長三郎書簡と『南方植物研究所』」、「同上(承前)」(『熊楠研究』二号、四号)
吉川壽洋「弟常楠宛南方熊楠の手紙(一)(二)」(『熊楠研究』一号、二号)
中瀬喜陽「南方熊楠・平瀬作五郎の松葉蘭の共同研究」(『熊楠研究』一号)
本間健彦『「イチョウ精子発見」の検証――平瀬作五郎の生涯』(新泉社、二〇〇四・一一)
吉川壽洋「ニコライ・ネフスキーの南方熊楠宛書簡」(『熊楠研究』四号)
粟国恭子「南方熊楠と末吉安恭の交流――『球陽』をめぐって」(『地域と文化――沖縄をみなおすために』九一・九二合併号、一九九六・二)
粟国恭子「熊楠と末吉安恭(麦門冬)」(前出『文学』南方熊楠特集号)
池宮正治「南方熊楠宛末吉安恭書簡について」(池宮・崎原綾乃による同書簡の翻字、崎原による解題をふくむ)(前出『南方熊楠に学ぶ』所収)
小峯和明「南方熊楠と沖縄学」(前出『南方熊楠に学ぶ』所収)
小峯和明「熊楠と沖縄――安恭書簡と『球陽』写本をめぐる」(前出『国文学』南方熊楠特集号)
神坂次郎『南方熊楠の宇宙――末吉安恭との交流』(四季社、二〇〇五・二)
田中宏和『南方熊楠高野山登山行奇譚』(白地社、一九九四・九)

第九章　大正から昭和へ

楠本定一「南方熊弥君の思い出」（『紀伊民報』一九八〇・三・六～七、前出『南方熊楠百話』所収）
安部辨雄「かにの穴」（『くちくまの』三一号、一九七六・一二、前出『南方熊楠百話』所収）
岩本由輝・横山茂雄「佐々木喜善の南方熊楠宛書簡」（前出『南方熊楠に学ぶ』所収）
『日本のグリム佐々木喜善』（遠野市立博物館、二〇〇四・九）
吉川壽洋「日高奥妹尾の南方熊楠」（御坊文化財研究会三十周年記念論集『紀州の歴史と風土』一九九六・十一）
岡茂雄『本屋風情』（平凡社、一九七四・七）
笠井清「天皇と熊楠――進献と進講を中心に」（前出『南方熊楠――人と学問』）
後藤伸『虫たちの熊野――照葉樹林にすむ昆虫たち』（紀伊民報社、二〇〇六・六）
長谷川興蔵・月川和雄編『南方熊楠男色談義――岩田準一往復書簡』（八坂書房、一九九一・九）
木村亨「私の南方熊楠訪問記」（『熊野誌』三七号、熊野地方史研究会、一九九一・一二）
川崎賢子・原田健一『岡田桑三　映像の世紀』（平凡社、二〇〇二・九）
岡本清造『岳父・南方熊楠』（飯倉照平・原田健一編、平凡社、一九九五・一一）
『長谷川興蔵集　南方熊楠が撃つもの』（南方熊楠資料研究会、二〇〇一・八）（飯倉「平凡社版全集を手伝って」を収める）
飯倉照平「時流超える南方熊楠の生き方」（『毎日新聞』一九九一・八・六付）
中瀬喜陽「南方熊楠没後の顕彰事業史」1・2（『熊楠研究』四号、五号）
『南方熊楠記念館40周年記念誌』（財団法人南方熊楠記念館、二〇〇五・一一）

おわりに

平凡社版南方熊楠全集の校訂を引き受けたころ、わたしはまだ三十代のなかばであった。作業を始めてみて、すぐ手に負えないことに気づいたが、事情があって止めるわけにはいかなかった。

田辺の土蔵にある資料を運んでもらって校訂をやるべきだと言われたのは、当時から熊楠の仕事を評価していた益田勝実さんであった。実際にわたしができたのは、旧都立大の図書館で書庫に入れてもらったり、それができなくなってからは国会図書館の窓口を利用することだけであった。それでもほぼ四年間にわたって、刊行日程に追われて昼と夜の区別もない校訂作業がつづいた。

その作業が終わって、大学に勤めるようになってからも、頼まれるままに熊楠に関係する仕事を手伝った。やがて一九九二年から南方熊楠邸保存顕彰会による南方邸の資料調査がはじまって、わたしは翌九三年から参加した。校訂の時に益田さんから言われた言葉がまだ耳の底に残っていて、実物を手にとってみたいという気持ちがあったためである。

予想もしなかったことに資料調査は十年以上にわたってつづき、その成果をまとめた二冊の目録刊行にまで関係したわたしは、十三年にわたる共同作業を昨年春に終えたばかりである。(全集の校訂から数えれば四十年に近い歳月が経過したことになる。）

伝記執筆の依頼があったのは調査が終りに近づいたころであった。寄る年波でもはや能力の限界と思わないでもなかったが、調査に参加してまもないころに書いた岩波ジュニア新書からも十年たっていて、もう少し改訂した上で、あとの時期まで書き足しておきたい気持ちもあった。

この間には調査の仲間たちの仕事をふくめて、多くの分野にわたる論考と資料が発表されている。それらのおもなものは参考文献目録にあげたものの、これらを十分に反映した内容にするためには、もう少し規模の大きい伝記が必要である。それはいずれどなたかに書いていただくことにして、わたしとしては調査の置き土産として、この一冊を残しておくことにした。

十余年来の共同調査にかかわった多くの仲間たち、また田辺市でお世話いただいた方々、さらに、もと南方熊楠邸保存顕彰会（現、南方熊楠顕彰会）や南方熊楠記念館の関係者の方々にも、お礼を申し上げたい。とくに原稿にまで眼をとおしていろいろご教示くださった和歌山市立博物館の武内善信氏に感謝したい。

遅々として進捗しない執筆につきあって、田辺や東京に何度も足を運んでくださった堀川健太郎氏には、たいへんお世話になった。

二〇〇六年八月

飯倉照平

南方熊楠略年譜

和暦	西暦	齢	関係事項	一般事項
慶応 三	一八六七	1	4・15（新暦換算5・18）南方弥兵衛・すみの次男として、和歌山城下の橋丁に生まれる。	
慶応 四 明治 元	一八六八	2		11・18明治と改元。
三	一八七〇	4	弟常楠生まれる（一九五四年没）。	
五	一八七二	6	妹藤枝生まれる（一八八七年没）。この年、南方家、橋丁から寄合町に移る。	
六	一八七三	7	3月雄小学校に入学。これとは別に寺子屋、漢学塾、心学塾などにも通う（時期不明）。	1月徴兵令公布。
九	一八七六	10	雄小学校併設の速成高等小学校（のち鍾秀学級と改称）に入学。	
一〇	一八七七	11		西南戦争（西南の役）。
一二	一八七九	13	3月新設の県立和歌山中学に入学。	
一五	一八八二	16	春、家族旅行で初めて高野山の宝物展を見る。	

一六	一八八三	17	3月和歌山中学を卒業し上京、5月共立学校入学。	
一七	一八八四	18	9月東京大学予備門に入学。この年、南方弥右衛門、酒造業を創業する。	
一八	一八八五	19	12月代数で落第点をとる。	
一九	一八八六	20	1月癲癇の重い症状に苦しみ、2月和歌山に帰り、大学予備門退学。12・22横浜から渡米の途につく。	この前後、馬場辰猪ら民権家のアメリカへの亡命相次ぐ。
二〇	一八八七	21	1・8サンフランシスコに上陸、同月、パシフィック・ビジネス・カレッジに入学。8月ミシガン州ランシングの州立農業専門学校に入学。	牧野富太郎ら、『植物学雑誌』を創刊。
二一	一八八八	22	11月州立農業専門学校を退学。以後、アナーバーで暮らし、植物採集を本格的に始める。11・25親友羽山繁太郎病死（翌年初知る）。	
二二	一八八九	23	2月回覧新聞『大日本』一号発行（主筆熊楠）。4月三年ぶりに癲癇が再発する。8～9月個人新聞『珍事評論』一～二号発行。三号は一八九〇年に発行されたというが不明。	大日本帝国憲法発布。同年、改正徴兵令公布。
二三	一八九〇	24	前年に東京専門学校を卒業した常楠が酒造業を継ぎ、四年後に中野ますと結婚。シカゴのカルキンスと文通による往来が始まる（～九四年）。	
二四	一八九一	25	5月フロリダ州ジャクソンヴィルに行き、植物採集	

をする。8月にキーウェスト島、9月にキューバ島に渡り、翌年1月まで滞在する。

二五	一八九二	26	1月ジャクソンヴィルにもどる。8月海路と陸路でニューヨークに到着する。8・14父弥右衛門（弥兵衛改め）死去、64歳（熊楠はロンドンでその知らせを受ける）。9・14に乗船し、21日にイギリスのリヴァプールに着き、26日にロンドン入りする。	
二六	一八九三	27	9月片岡政行の紹介で大英博物館のフランクスとリードに初めて会う。『ネイチャー』10月5日号「東洋の星座」掲載。10・30中井芳楠宅で土宜法龍と知りあい、11・4パリに渡ったのちも文通をかわす。	
二七	一八九四	28	8・31オステン＝サッケン、下宿に来訪。9・26林領事宅での日清戦争戦勝祝賀会に出席（前々日、一ポンドの献金をする）。	～九五、日清戦争。
二八	一八九五	29	4月大英博物館の図書閲覧を正式に許可される。同月、『ロンドン抜書』を書き始める（帰国まで）。10月東洋書籍部長ダグラスを訪ねる。	
二九	一八九六	30	2・27母すみ死去、59歳。3月ロンドン大学事務総長ディキンズから手紙が来て、以後知遇を受ける。	10月孫文、ロンドンの清国公使館に監禁されて、のち釈放。
三〇	一八九七	31	1～3月シュレーゲルとロスマ論争をかわす。3・	11・14ドイツ中国山東省の膠州

			16大英博物館のダグラスの室で孫文に会い、6月末までひんぱんに往来する。11・8大英博物館の閲覧室で殴打事件をおこして利用停止処分を受け、12・24復帰。	湾を占領。
三一	一八九八	32	12・7閲覧室内で女性の高声を制した事件で大英博物館から追放される。以後、自然史博物館や南ケンジントン美術館に出入りする。10月エッピングにあるモリソンの自宅を訪問。	
三二	一八九九	33	1月常楠からの送金打切りの手紙がとどく。6月『ノーツ・アンド・クエリーズ』に初めて投稿（一九三三年までつづく）。8月『ロンドン私記』を書く。	10月ボーア戦争始まる（一九〇二年五月まで）。
三三	一九〇〇	34	9・1ロンドン港で乗船、帰国の途につく。10・15神戸に着き、常楠が出迎える。10・16泉州谷川の理智院に案内される。10・18和歌山の常楠宅を訪ねて宿泊。11月半ばから和歌浦の愛宕山円珠院に移る。	前年に蜂起の義和団北京で連合軍に鎮圧される（義和団事件）。10月恵州蜂起に失敗した孫文、日本に亡命。
三四	一九〇一	35	2・14～15和歌山に来訪した孫文と会う。2～10月まで常楠宅に滞在。10・30船で勝浦に渡り、なぎさ屋で二泊。11・2那智村湯川の新田源吉宿に移る。	
三五	一九〇二	36	1・12那智村市野々の大阪屋旅館に移る。1・15那智滝のそばで小畔四郎と出会う。3～5月歯の治療	日英同盟締結。

			のため和歌山市に滞在。このころ真言宗高等中学林への就職を断わる。5・22田辺に立ち寄り、6・1初めて神島に渡る。12・4船で串本に向かい、古座でも採集。12・23再び那智の大阪屋旅館に宿泊。	
三七	一九〇四	38	10・5二年近く滞在した那智を出て、中辺路経由で10日に田辺に着き、多屋家の部屋を借りる。12月中屋敷町中丁の多屋家の持家を借りる。	～〇五、日露戦争。
三九	一九〇六	40	6月糸田の猿神祠で新種の粘菌を発見する。7・27旧友喜多幅武三郎の世話で、闘鶏神社宮司の娘田村松枝と結婚式をあげる。	8月内務省で神社合祀の方針が示され、和歌山では12月に通牒が出される。
四〇	一九〇七	41	2月『田辺抜書』を書き始める（～一九三四）。6・24長男熊弥生まれる（一九六〇年没）。	
四一	一九〇八	42	11～12月中辺路、瀞峡、玉置山などへ採集行。	
四二	一九〇九	43	9・4スウィングルから渡米要請の来信。9・27『牟婁新報』に神社合祀反対の最初の文章を発表する。11・2台場公園売却反対演説会に赴く。	
四三	一九一〇	44	3・22中村啓次郎代議士、衆議院で神社合祀について質問する。7月中屋敷町の中央坂口小路の角に転居。8・12～20常楠宅へ資料整理のため滞在。8・21和歌山から帰った熊楠が紀伊教育会主催の夏季講	6～7月大逆事件、田辺に波及。8月韓国併合。

			習会閉会式に大酔して乱入。8・22家宅侵入罪で拘引され、9・7まで17日間入監。10・4『牟婁新報』掲載の「人魚の話」が風俗壊乱罪で発禁、罰金刑を受ける。11～12月安堵峰に採集行。	
四四	一九一一	45	3・12、河東碧梧桐来訪（一九三〇年にも）。3月柳田国男と文通が始まる（～一九一七）。4月大蔵経の抄写を始める（～一九一四）。9月柳田が『南方二書』を識者に頒布する。10・13長女文枝生まれる（二〇〇〇年没）。	10・10武昌蜂起（辛亥革命始まる）。
四五 大正元	一九一二	46	3・12中村啓次郎代議士、衆議院で神社合祀について、ふたたび質問する。12月乃木夫妻の殉死について「自殺につき」を「角屋蝙蝠」の筆名で発表。	1月中華民国成立。臨時大総統となった孫文、4月に辞任。7・30大正と改元。
二	一九一三	47	10・11入野の大山神社合祀されて廃滅。11月月刊『不二』掲載の「月下氷人」が風俗壊乱罪で罰金刑を受ける。12・30～31柳田国男、突然田辺に来訪。	2～3月孫文、借款交渉で日本を公式訪問。その後の第二革命鎮圧で8月にまた日本に亡命。
三	一九一四	48	1月『太陽』に「十二支考」の連載が始まる。	～一八、第一次世界大戦。
四	一九一五	49	5月スウィングル、田中長三郎らと来訪。	
五	一九一六	50	5月中屋敷町に四百坪の家屋敷を購入、転居。7月自宅の柿の木で新種の粘菌を発見する。	
六	一九一七	51	5～6月闘鶏神社の隣接地への三郡製糸会社の工場	10月ロシア革命。

			設置に反対する意見を新聞に発表する。	
七	一九一八	52	3・2貴族院で神社合祀廃止を決議。8月米騒動による安否を案じて、常楠宅を見舞う。	
九	一九二〇	54	8～9月高野山への採集行（第一回）。	
一〇	一九二一	55	1～3月南隣の野中家と日照権で争う。11月高野山への採集行（第二回）。	
一一	一九二二	56	3～8月前年から設立準備を進めていた植物研究所の資金募集のため、東京に滞在する。	
一二	一九二三	57	9・1の関東大震災後、「十二支考」の連載中止。	
一四	一九二五	59	3・15熊弥が田辺中学を卒業し、旧制高校受験のため高知に渡って、現地で発病する。	3・12孫文、北京で病没。
一五	一九二六	60	2月『南方閑話』、5月『南方随筆』、11月『続南方随筆』が出版（生前の著書は3冊のみ）。11月摂政宮（のちの昭和天皇）に粘菌標本を進献。	12・25昭和と改元。
昭和元				
三	一九二八	62	5月熊弥、京都の岩倉病院に入院。10月川又官林、妹尾官林に採集行。山中の斫伐事務所で越年。	
四	一九二九	63	1月塩屋村の山田家に二泊して8日に帰宅。6・1昭和天皇を神島に迎え、長門艦上で進講。粘菌標本等も進献。二九年ごろから三一年にかけて、上海在住の中井秀弥に依頼して中国書を多数購入した。	

五	一九三〇	64	6・1神島に建立した行幸記念碑の除幕式。6・31神島、和歌山県天然記念物に指定。	
六	一九三一	65	8月岩田準一と男色についての文通を始める（没年までつづく）。	9月「満州事変」。
七	一九三二	66	11・16小畔四郎、昭和天皇に粘菌標本三十点（熊楠の十四点をふくむ）を大阪で進献。	1月「上海事変」。五・一五事件。11・8田辺まで鉄道開通。
九	一九三四	68	11月神島測量の一環として北島、田上、樫山、平田らとともに精細な植物所在図を作成。12月神島の天然記念物指定申請書を完成。	
一一	一九三六	70	1・15神島、文部省から史蹟名勝天然記念物に指定される。	二・二六事件。
一二	一九三七	71	熊弥、京都から藤白の借家に移り、山本栄吉の世話で療養をつづける（山本は一九四〇年急死）。	7月盧溝橋事件、日中戦争全面化する（「支那事変」）。
一三	一九三八	72	7月「日本の百人の顔」の写真撮影を断わる。	
一五	一九四〇	74	11・10東京での紀元二千六百年記念式典への招請を歩行不自由の理由で断わる。	日独伊三国同盟。
一六	一九四一	75	11・2熊弥に『日本動物図鑑』を贈る。11・16文枝に『今昔物語』を贈る。12・29午前6時半、死去。萎縮腎に黄疸を併発していたとされる。12・31自宅で葬儀ののち、稲成村（現、田辺市）の高山寺に埋葬。	12・8真珠湾奇襲。「大東亜戦争」始まる。

人名索引

あ 行

か 行

さ　行

た 行

な 行

は　行

ま　行

や　行

ら　行

わ 行

事項索引

さ　行

た　行

ま　行

や　行

ら　行

わ　行

《著者紹介》

飯倉照平（いいくら・しょうへい）

1934年　千葉県に生まれる。
1958年　東京都立大学人文学部文学科（中国文学専攻）卒。
出版社勤務ののち，神戸大学文学部教員，雑誌『中国』編集部，平凡社版『南方熊楠全集』校訂者をへて，1974～97年まで東京都立大学教員。
中国の口承文芸と説話文学を研究。
1993～2005年まで旧南方熊楠邸保存顕彰会の資料整理と目録刊行に協力。
2004年　南方熊楠特別賞受賞。
現　在　東京都立大学名誉教授。中国民話の会世話人。
著　書　『南方熊楠――森羅万象を見つめた少年』岩波ジュニア新書，1996年。
『中国の花物語』集英社新書，2002年。
訳　書　『中国民話集』岩波文庫，1993年。
『中国少数民族文学集』（共訳）平凡社，1963年。
『山東民話集』（共訳）平凡社，1975年，など。

ミネルヴァ日本評伝選
南《みな》方《かた》熊《くま》楠《ぐす》
――梟のごとく黙坐しおる――

2006年11月10日　初版第1刷発行
2007年6月10日　初版第2刷発行
〈検印省略〉

定価はカバーに
表示しています

著　者　飯　倉　照　平
発行者　杉　田　啓　三
印刷者　江　戸　宏　介

発行所　株式会社　ミネルヴァ書房
607-8494　京都市山科区日ノ岡堤谷町1
電話（075）581-5191（代表）
振替口座　01020-0-8076番

共同印刷工業・新生製本

ISBN978-4-623-04761-1
Printed in Japan

刊行のことば

歴史を動かすものは人間であり、興趣に富んだ人間の動きを通じて、世の移り変わりを考えるのは、歴史に接する醍醐味である。

しかし過去の歴史学を顧みるとき、人間不在という批判さえ見られたように、歴史における人間のすがたが、必ずしも十分に描かれてきたとはいえない。二十一世紀を迎えた今、歴史の中の人物像を蘇生させようとの要請はいよいよ強く、またそのための条件もしだいに熟してきている。

この「ミネルヴァ日本評伝選」は、正確な史実に基づいて書かれるのはいうまでもないが、単に経歴の羅列にとどまらず、歴史を動かしてきたすぐれた個性をいきいきとよみがえらせたいと考える。そのためには、対象とした人物とじっくりと対話し、ときにはきびしく対決していくことも必要になるだろう。

今日の歴史学が直面している困難の一つに、研究の過度の細分化、瑣末化が挙げられる。それは緻密さを求めるが故に陥った弊害といえるが、その結果として、歴史の大きな見通しが失われ、歴史学を通しての社会への働きかけの途が閉ざされ、人々の歴史への関心を弱める危険性がある。今こそ歴史が何のためにあるのかという、基本的な課題に応える必要があろう。評伝という興味ある方法を通じて、解決の手がかりを見出せないだろうかというのも、この企画の一つのねらいである。

狭義の歴史学の研究者だけでなく、多くの分野ですぐれた業績をあげている著者たちを迎えて、従来見られなかった規模の大きな人物史の叢書として、「ミネルヴァ日本評伝選」の刊行を開始したい。

平成十五年（二〇〇三）九月

ミネルヴァ書房

ミネルヴァ日本評伝選

企画推薦
梅原　猛
ドナルド・キーン
佐伯彰一
角田文衞

監修委員
上横手雅敬
芳賀　徹

編集委員
石川九楊
伊藤之雄
猪木武徳
今谷　明
今橋映子
熊倉功夫
佐伯順子
坂本多加雄
武田佐知子
竹西寛子
西口順子
兵藤裕己
御厨　貴

上代

俾弥呼　古田武彦
日本武尊　西宮秀紀
仁徳天皇　若井敏明
雄略天皇　吉村武彦
*蘇我氏四代　遠山美都男
推古天皇　義江明子
聖徳太子　仁藤敦史
斉明天皇　武田佐知子
小野妹子・毛人　大橋信也
額田王　梶川信行
弘文天皇　遠山美都男
天武天皇　新川登亀男
持統天皇　丸山裕美子
阿倍比羅夫　熊田亮介
柿本人麻呂　古橋信孝
元明・元正天皇　渡部育子
聖武天皇　本郷真紹
光明皇后　寺崎保広
孝謙天皇　勝浦令子
藤原不比等　荒木敏夫
吉備真備　今津勝紀
道　鏡　吉川真司
大伴家持　和田　萃
行　基　吉田靖雄

平安

*桓武天皇　井上満郎
嵯峨天皇　西別府元日
宇多天皇　古藤真平
醍醐天皇　石上英一
村上天皇　京樂真帆子
花山天皇　上島　享
三条天皇　倉本一宏
後白河天皇　美川　圭
藤原薬子　中野渡俊治
小野小町　錦　仁
藤原良房・基経　滝浪貞子
菅原道真　竹居明男
紀貫之　神田龍身
源高明　所　功
慶滋保胤　平林盛得
*安倍晴明　斎藤英喜
藤原実資　橋本義則
*藤原道長　朧谷　寿
清少納言　後藤祥子
紫式部　竹西寛子
和泉式部　ツベタナ・クリステワ
大江匡房　小峯和明
式子内親王　奥野陽子
建礼門院　生形貴重
阿弖流為　樋口知志
坂上田村麻呂　熊谷公男
*源満仲・頼光　元木泰雄
平将門　西山良平
平清盛　田中文英
藤原秀衡　入間田宣夫
平時子・時忠　元木泰雄
平維盛　根井　浄
空　海　頼富本宏
最　澄　吉田一彦
空　也　石井義長
奝　然　上川通夫
*源　信　小原　仁
守覚法親王　阿部泰郎

鎌倉

源頼朝　川合　康
*源義経　近藤好和
後鳥羽天皇　五味文彦
九条兼実　村井康彦
北条時政　野口　実
熊谷直実　佐伯真一
*北条政子　関　幸彦
北条義時　岡田清一

曾我十郎・五郎　杉橋隆夫
北条時宗　近藤成一
安達泰盛　山陰加春夫
平頼綱　細川重男
竹崎季長　堀本一繁
西行　光田和伸
藤原定家　赤瀬信吾
*京極為兼　今谷明
*兼好　島内裕子
重源　横内裕人
運慶　根立研介
法然　今堀太逸
慈円　大隅和雄
明恵　西山厚
親鸞　末木文美士
恵信尼・覚信尼　西口順子
道元　船岡誠
叡尊　細川涼一
*忍性　松尾剛次
*日蓮　佐藤弘夫
一遍　蒲池勢至

夢窓疎石　田中博美
宗峰妙超　竹貫元勝

南北朝・室町

後醍醐天皇　上横手雅敬
護良親王　新井孝重
北畠親房　岡野友彦
楠正成　兵藤裕己
*新田義貞　山本隆志
光厳天皇　深津睦夫
足利尊氏　市沢哲
佐々木道誉　下坂守
円観・文観　田中貴子
足利義満　川嶋將生
足利義教　横井清
大内義弘　平瀬直樹
山名宗全　山本隆志
日野富子　脇田晴子
世阿弥　西野春雄
雪舟等楊　河合正朝
雪村周継　赤澤英二
宗祇　鶴崎裕雄

*満済　森茂暁
一休宗純　原田正俊

戦国・織豊

北条早雲　家永遵嗣
毛利元就　岸田裕之
*今川義元　小和田哲男
*武田信玄　笹本正治
三好長慶　仁木宏
*上杉謙信　矢田俊文
吉田兼倶　西山克
山科言継　松薗斉
織田信長　三鬼清一郎
豊臣秀吉　藤井讓治
北政所おね　田端泰子
*淀殿　福田千鶴
前田利家　東四柳史明
黒田如水　小和田哲男
蒲生氏郷　藤田達生
伊達政宗　伊藤喜良
*支倉常長　田中英道
ルイス・フロイス　エンゲルベルト・ヨリッセン

*長谷川等伯　宮島新一
顕如　神田千里

江戸

徳川家康　笠谷和比古
徳川吉宗　横田冬彦
後水尾天皇　久保貴子
光格天皇　藤田覚
崇伝　杣田善雄
春日局　福田千鶴
池田光政　倉地克直
シャクシャイン　岩崎奈緒子
田沼意次　藤田覚
末次平蔵　岡美穂子
林羅山　鈴木健一
中江藤樹　辻本雅史
山崎闇斎　澤井啓一
*北村季吟　島内景二
貝原益軒　辻本雅史
ケンペル　ボダルト・ベイリー
荻生徂徠　柴田純

雨森芳洲　上田正昭
前野良沢　松田清
平賀源内　石上敏
杉田玄白　吉田忠
上田秋成　佐藤深雪
木村蒹葭堂　有坂道子
*大田南畝　沓掛良彦
菅江真澄　赤坂憲雄
*鶴屋南北　諏訪春雄
良寛　阿部龍一
山東京伝　佐藤至子
*滝沢馬琴　高田衛
平田篤胤　川喜田八潮
シーボルト　宮坂正英
本阿弥光悦　岡佳子
小堀遠州　中村利則
尾形光琳・乾山　河野元昭
*二代目市川團十郎　田口章子
与謝蕪村　佐々木丞平
伊藤若冲　狩野博幸
鈴木春信　小林忠

円山応挙　佐々木正子
*佐竹曙山　成瀬不二雄
葛飾北斎　岸 文和
酒井抱一　玉蟲敏子
オールコック　佐野真由子
*古賀謹一郎　小野寺龍太
*月 性　海原 徹
西郷隆盛　草森紳一
*吉田松陰　海原 徹
*高杉晋作　海原 徹
徳川慶喜　大庭邦彦
和 宮　辻ミチ子
アーネスト・サトウ　奈良岡聰智
冷泉為恭　中部義隆

近代

*明治天皇　伊藤之雄
大正天皇　フレッド・ディキンソン
大久保利通　三谷太一郎
山県有朋　鳥海 靖
木戸孝允　落合弘樹
*松方正義　室山義正
北垣国道　小林丈広
大隈重信　五百旗頭薫
伊藤博文　坂本一登
井上 毅　大石 眞
*桂 太郎　小林道彦
林 董　君塚直隆
高宗・閔妃　木村 幹
山本権兵衛　室山義正
高橋是清　鈴木俊夫
小村寿太郎　簑原俊洋
犬養 毅　小林惟司
加藤高明　櫻井良樹
田中義一　黒沢文貴
平沼騏一郎　堀田慎一郎
宮崎滔天　榎本泰子
*浜口雄幸　川田 稔
幣原喜重郎　西田敏宏
関 一　玉井金五
広田弘毅　井上寿一
安重根　上垣外憲一
グルー　廣部 泉
東條英機　牛村 圭
蔣介石　劉 岸偉
木戸幸一　波多野澄雄
*乃木希典　佐々木英昭
加藤友三郎・寛治　麻田貞雄
宇垣一成　北岡伸一
石原莞爾　山室信一
五代友厚　田付茉莉子
安田善次郎　由井常彦
渋沢栄一　武田晴人
山辺丈夫　宮本又郎
武藤山治　阿部武司・桑原哲也
小林一三　橋爪紳也
大倉恒吉　石川健次郎
大原孫三郎　猪木武徳
河竹黙阿弥　今尾哲也
イザベラ・バード　加納孝代
林 忠正　木々康子
森 鷗外　小堀桂一郎
二葉亭四迷　ヨコタ村上孝之
巌谷小波　千葉信胤
樋口一葉　佐伯順子
島崎藤村　十川信介
泉 鏡花　東郷克美
有島武郎　亀井俊介
永井荷風　川本三郎
北原白秋　平石典子
菊池 寛　山本芳明
宮澤賢治　千葉一幹
正岡子規　夏石番矢
P・クローデル　内藤 高
高浜虚子　坪内稔典
与謝野晶子　佐伯順子
*種田山頭火　村上 護
斎藤茂吉　品田悦一
*高村光太郎　湯原かの子
萩原朔太郎　エリス俊子
原阿佐緒　秋山佐和子
*狩野芳崖・高橋由一　古田 亮
竹内栖鳳　北澤憲昭
黒田清輝　高階秀爾
中村不折　石川九楊
横山大観　高階秀爾
橋本関雪　西原大輔
小出楢重　芳賀 徹
土田麦僊　天野一夫
岸田劉生　北澤憲昭
松旭斎天勝　川添 裕
中山みき　鎌田東二
ニコライ　中村健之介
出口なお・王仁三郎　川村邦光
島地黙雷　阪本是丸
*新島 襄　太田雄三

嘉納治五郎 クリストファー・スピルマン
*澤柳政太郎 新田義之
河口慧海 高山龍三
大谷光瑞 白須淨眞
久米邦武 髙田誠二
フェノロサ 伊藤　豊
三宅雪嶺 長妻三佐雄
内村鑑三 新保祐司
*岡倉天心 木下長宏
志賀重昂 中野目徹
徳富蘇峰 杉原志啓
内藤湖南・桑原隲蔵 礪波　護
岩村　透 今橋映子
西田幾多郎 大橋良介
喜田貞吉 中村生雄
上田　敏 及川　茂
柳田国男 鶴見太郎
厨川白村 張　競
九鬼周造 粕谷一希
辰野　隆 金沢公子
シュタイン 瀧井一博

福澤諭吉 平山　洋
福地桜痴 山田俊治
中江兆民 田島正樹
田口卯吉 鈴木栄樹
陸　羯南 松田宏一郎
竹越與三郎 西田　毅
宮武外骨 山口昌男
*吉野作造 田澤晴子
野間清治 佐藤卓己
山川　均 米原　謙
北　一輝 岡本幸治
杉　亨二 速水　融
北里柴三郎 福田眞人
田辺朔郎 秋元せき
*南方熊楠 飯倉照平
寺田寅彦 金森　修
石原　純 金子　務
J・コンドル 鈴木博之
小川治兵衛 尼崎博正

現代

昭和天皇 御厨　貴

高松宮宣仁親王 後藤致人
吉田　茂 中西　寛
マッカーサー 柴山　太
重光　葵 武田知己
池田勇人 中村隆英
和田博雄 庄司俊作
朴正熙 木村　幹
竹下　登 真渕　勝
*松永安左エ門 橘川武郎
鮎川義介 井口治夫
松下幸之助 米倉誠一郎
渋沢敬三 井上　潤
本田宗一郎 伊丹敬之
井深　大 武田　徹
幸田家の人々 金井景子
*正宗白鳥 大嶋　仁
大佛次郎 福島行一
*川端康成 大久保喬樹

薩摩治郎八 小林　茂
松本清張 杉原志啓
安部公房 成田龍一
三島由紀夫 島内景二
R・H・ブライス 菅原克也
金素雲 林　容澤
柳　宗悦 熊倉功夫
バーナード・リーチ 鈴木禎宏
イサム・ノグチ 酒井忠康
川端龍子 岡部昌幸
藤田嗣治 林　洋子
*井上有一 海上雅臣
手塚治虫 竹内オサム
山田耕筰 後藤暢子
武満　徹 船山　隆
力道山 岡村正史
美空ひばり 朝倉喬司
植村直巳 湯川　豊
西田天香 宮田昌明
安倍能成 中根隆行

李方子 小田部雄次
G・サンソム 牧野陽子
和辻哲郎 小坂国継
青木正児 井波律子
矢代幸雄 稲賀繁美
石田幹之助 岡本さえ
*平泉　澄 若井敏明
前嶋信次 杉田英明
竹山道雄 平川祐弘
保田與重郎 谷崎昭男
佐々木惣一 松尾尊兊
*瀧川幸辰 伊藤孝夫
矢内原忠雄 等松春夫
福本和夫 伊藤　晃
フランク・ロイド・ライト 大久保美春
大宅壮一 有馬　学
清水幾太郎 竹内　洋

*は既刊
二〇〇七年六月現在